Kevin Hawkins

Achtsame Lehrer – achtsame Schule

Ein Weg zu mehr Gelassenheit und Freude im Schulalltag

Aus dem amerikanischen Englisch übertragen
von Christine Sadler

Arbor Verlag
Freiburg im Breisgau

Die Originalausgabe erschien unter dem Titel:
Mindful Teacher, Mindful School

English language edition published by SAGE Publishing of London, Los Angeles, New Delhi, Singapore, Washington DC and Melbourne, © Kevin Hawkins, 2017.

1. Auflage 2018

Lektorat: Georg Grässlin
Druck und Bindung: Kösel, Krugzell
Hergestellt von mediengenossen.de

Dieses Buch wurde auf 100% Altpapier gedruckt und ist alterungsbeständig.
Weitere Informationen über unser Umweltengagement finden Sie unter
www.arbor-verlag.de/umwelt

www.arbor-verlag.de

ISBN 978-3-86781-200-9

Dieses Buch ist allen Lehrenden gewidmet,
die ich gekannt und mit denen ich gearbeitet habe –
sowie allen anderen auch. Danke.

Lehrer,
Lehrt weiter (…)
Bis wir das höchste Niveau erreichen.

(In Anlehnung an Stevie Wonder)

Zur Erinnerung an den vorbildlichen Erzieher William Powell, 1949–2016

Inhalt

Vorwort 11

Einführung 18

1 Den Fokus verlagern 19

Die vergessenen Taxonomien 23

Das Gleichgewicht finden 25

Wie gut geht es uns? 27

Was wir für unsere Kinder wollen, brauchen wir selbst 33

2 Achtsamkeit: Was ist das? Wie kann sie helfen? 39

Fünfzehn Sekunden 41

Was also ist „Achtsamkeit"? 42

Mit dem Schmerz sein 46

Die eigenen Füße spüren 52

Wandern und Wunder 55

Das Sorgen-Gen 56

Achtsamkeit und Stress 59

Achtsamkeit und Depression 60

Gesunde Skepsis 62

An die Öffentlichkeit gehen 63

Quellen und weiterführende Literatur 69

3 Achtsam sein: Stressmanagement und Selbstfürsorge 71

Selbstfürsorge bei Lehrerinnen und Lehrern 73

Die Sauerstoffmaske 74

Die Selbstfürsorge von Lehrerinnen in Schulen unterstützen 77

Stress 78
Ein „neuer Normalzustand“ 79
Stress abbauen 82
Das Gleichgewicht wieder herstellen 84
Achtsame Stressbewältigung 86
Die Forschung zum Lehrerstress und zum Achtsamkeitstraining 88
Achtsam sein 91
Mit dem inneren Kritiker umgehen 101
Die nächsten Schritte 102
Quellen und weiterführende Literatur 105

4 Achtsam unterrichten 107

Teil 1: Achtsames Gewahrsein in unsere Klassenzimmer bringen 109
Lehren aus der sozialen Neurowissenschaft 110
Beginnen Sie dort, wo Sie sind 111
Optimierung von Lernumgebungen 111
Präsenz 120
Den Unterricht durch achtsames Gewahrsein transformieren 123
Entspannte Wachheit 125
Wirkung auf einzelne Schüler ausüben 128
Teil 2: Achtsamkeit und zwischenmenschliche Kompetenz in der Lehrerinnen- und Lehrerausbildung 136
Eine neue Lehrerperspektive 144
Kurse zu den Themen Selbstfürsorge für Lehrer und Achtsames Unterrichten 150
Kurze Übungen, um eine Klasse zu beruhigen oder ihr neue Energie zu geben 153
Quellen und weiterführende Literatur 158

5 Achtsamkeit unterrichten 159

Das ganze Kind 161
Zum Unterrichten verpflichtet 162
Keine durchschnittliche berufliche Weiterbildung 163

Innehalten und atmen 164
Ganz unterschiedliche Dinge –
Training für Erwachsene und Training für Jugendliche 165
Training achtsamen Gewahrseins in Schulen 166
Sei aufmerksam! 167
Fokussieren 171
Herzlichkeit – mehr als nur „bloße Aufmerksamkeit“ 175
Unseren Geist, unseren Körper und unsere Emotionen verstehen 179
Das Negativitätsvorurteil 180
Mustervervollständigung 182
Geborene Geschichtenerzähler 185
Konkurrierenden Erzählungen Rechnung tragen 185
Wie nutzen Schüler ihren eigenen Aussagen nach
achtsames Gewahrsein? 197
Programme zum Unterrichten von Schülern in Achtsamkeit 205

6 Achtsamkeit, sozial-emotionales Lernen (SEL)
und Wohlbefinden 211

**Teil 1: Das Training achtsamen Gewahrseins
in Schulen integrieren** 213
Authentisch und verbunden 213
Ein Rahmen für Wohlbefinden 214
Wie beeinflusst achtsames Gewahrsein das sozial-emotionale Lernen? 215
Achtsamkeitsbasiertes SEL in Aktion 217
Bewusstseinswandel 222
Das Lernen beleben 223
Kehrtwende mitten im Fluss 224
Die Hände um die Flamme 233
Zeit und Raum 235
**Teil 2: Achtsamkeitsbasiertes SEL im Unterricht –
praktische Beispiele** 240
Beispiel 1 – Tiefere Verbindungen fördern 241
Beispiel 2 – Im Fremdsprachenunterricht das Zuhören trainieren 248
Beispiel 3 – Fähigkeiten des tiefen Zuhörens

für die Gruppenarbeit trainieren 252
Quellen und weiterführende Literatur 261

7 Achtsame Lehrer – achtsame Schule: Die Schulkultur verändern 263

Ein anderer Tag 265
Das Tempo der Veränderung steuern 266
Die Schulkultur verändern: Theorie und Praxis 269
Wie können wir den Fokus einer Schule effektiv verlagern? 270
Die Überlappung von beruflicher Weiterbildung und persönlichem Wachstum 279
Die achtsame Schulleiterin 281
Was bringt mir das? 286
Schwierige Gespräche 288
Seite an Seite 289
Was ist mit den Eltern? 290
Kontinuum der beruflichen Weiterbildung im Bereich Achtsamkeit 295
Quellen und weiterführende Literatur 299

8 Außerhalb unserer Klassenzimmer: Sich an der übrigen Welt ausrichten 301

Positive Psychologie 304
Entwicklungen bei Achtsamkeit in der Bildung 305
Internationale Bildung 310
Zulassungsverfahren an Universitäten und Colleges – wendet sich das Blatt? 311
Filtersysteme 312
Wohlbefinden an Universitäten – eine neue Metrik? 313
Das Herz des Lernens 315

Danksagung 321
Literaturverzeichnis 325
Über den Autor 337

Vorwort

Vor einigen Jahren lernte ich Kevin Hawkins bei einem Kongress zu *Mindfulness in Education* kennen. Seine Keynote begann mit einer Folie zur globalen Einkommensverteilung, einem Bild der Superyacht des Google-Gründers Sergey Brin, einem bis zum Sinken überfüllten Flüchtlingsboot und einem Ozean voller Plastik. Kevin kommentierte das in englischem Understatement mit: „There is something out of balance". Alle im Saal kannten diese Fakten oder hätten sie zumindest kennen können, aber zum Teil haben wir uns wohl daran als eine Form von Normalität gewöhnt. Nicht so Kevin. Indem er darauf Bezug nahm, situierte er seinen Beitrag nicht in der Beschaulichkeit eines Klassenzimmers, sondern im Spannungsfeld der drängendsten Probleme der Gegenwart. Er zeigte uns, was es heißt, in einem umfassenden, globalen Sinne achtsam zu sein und die Augen nicht zu verschließen vor erschütternden Fakten und bohrenden Fragen wie: Kann unsere Generation diese Welt den nächsten Generationen in diesem Zustand übergeben und dabei scheinheilig so tun, als wäre alles „einigermaßen okay"? Wir wissen, es ist nicht so, aber wir scheuen die Konsequenzen, die wir ziehen müssten, wenn wir unsere eigenen Ahnungen ernst nähmen. Denn dann müssten wir Bildung völlig neu denken und globales Mitgefühl, kreatives Problemlösen, gerechte Wirtschaft und achtsame Lebensführung zu obersten Prioritäten in unseren Lehrplänen machen. Stattdessen aber beschäftigen wir uns lieber mit Rechtschreibdiktaten, das ist übersichtlicher und wir müssen unsere Komfortzone nicht verlassen.

Später in seiner Keynote sprach Kevin von den Lernzielbereichen nach dem amerikanischen Bildungswissenschaftler Benjamin Bloom. Auf dessen Theorien aus den 1950er Jahren bauen heute praktisch alle Curricula in den westlichen Nationen auf. Bloom unterschied damals drei Bereiche des Lernens – das kognitive, das affektive und das instrumentelle Lernen – und zeichnete die immer komplexer werdenden Ebenen des Erlernens von Wissen, Fertigkeiten und Haltungen nach. Darauf greifen wir heute noch zurück und schmücken unsere Lehrpläne damit. Doch ohne es explizit zu machen, enthalten diese Lehrpläne nur noch Blooms Aussagen zum ersten Bereich, dem des Wissens, während die beiden anderen Bereiche stillschweigend unter den Tisch fallen. Aus einer innovativen Theorie des ganzheitlichen Lernens ist so im Laufe der Zeit ein toter Formalismus zur Beschreibung kognitiver Lernziele geworden, eine Schaufassade scheinbarer Vollständigkeit, die so breit ist, dass man das Fehlende daneben gar nicht mehr vermisst. Kevin führte mit knappen Worten vor Augen, dass dieser Verrat an den nicht-kognitiven Lernzielen ein pädagogischer Skandal ist, durch den wir uns weit vom humanistischen Ideal ganzheitlicher Bildung entfernt haben, und zeigte uns, dass es nicht reicht, dies als Faktum schulterzuckend zur Kenntnis zu nehmen. Wir müssen uns darüber empören – und das tat er ohne jeden agitativen Habitus, mit dem stillen Selbstvertrauen eines Mannes, der aus seiner Erfahrung Konsequenzen zieht. Das war für mich wie für viele andere im Raum eine Lektion, die nahe ging.

Endlich liegt nun sein Buch, in dem alles das und vieles mehr nachzulesen ist, in deutscher Übersetzung vor. Mir erscheint es innerhalb der aktuellen internationalen, d. h. englischsprachigen Literatur wie ein „missing link" zwischen den bisher eingenommenen Perspektiven. In den letzten Jahren sind enorm wichtige Bücher erschienen, aber keines hat bisher so klar wie dieses die Perspektive der LehrerInnen und SchulleiterInnen eingenommen. Das möchte ich mit Bezug zu zwei AutorInnen zeigen, die mir persönlich sehr wichtig sind.

Zum einen schätze ich die Bücher von Daniel Rechtschaffen sehr, der mit *Die achtsame Schule* und *Die achtsame Schule – Praxisbuch* eine Fülle von Übungen und didaktischen Handreichungen zusammengetragen hat.

Man kann sein Praxisbuch gar nicht genug loben. Aber Daniel Rechtschaffen schreibt aus der Perspektive eines externen Referenten, der jahrelang für einzelne Stunden in die Schule ging, um Achtsamkeit zu lehren, dann aber auch wieder wegging. Er musste sich nicht den Querelen mit Kollegen, Eltern und Schulleitung stellen, die leicht entstehen können, wenn etwas Neues implementiert wird. In dieser Situation macht es einen Unterschied, ob jemand die Schule als Lehrperson (sei es als KollegIn unter Gleichgestellten oder als Leitungsperson) oder als Gast betritt. Die Rolle der Lehrperson im System ist viel schwieriger, aber auch viel einflussreicher. Eine Transformation von Schule kann nur gelingen, wenn sie von innen, von den Beteiligten selbst getragen wird, und speziell Achtsamkeit braucht dazu die Basis der kontinuierlichen Übung und des gelebten Vorbilds. Das ist nur im täglichen Miteinander und in einem in seiner Grundstruktur auf Achtsamkeit ausgerichteten Unterricht zu verwirklichen.

Zum anderen schätze ich das Buch *Achtsamkeit im Klassenzimmer* von Patricia Jennings sehr. Die Autorin war selbst Lehrerin, später LehrerInnenausbilderin und ist heute Forscherin zu Achtsamkeit in der Schule. Auch ihr Buch kann ich nicht genug loben. Es setzt Maßstäbe in der Verbindung von Achtsamkeit mit anderen wichtigen Themen der Schulpädagogik wie Classroom Management, pädagogische Beziehung und sozial-emotionales Lernen. Sie erklärt diese Themen einfühlsam und mit großer Sensibilität für die Verbindung von pädagogischer Theorie und schulischer Praxis – aber sie erklärt sie anderen, die dieses Wissen umsetzen können. Sie spricht aus der Perspektive der Forscherin und nicht – zumindest nicht primär – aus der eigenen Erfahrung mit täglicher Umsetzung. Genau das ist bei Kevin Hawkins anders. Es schreibt aus der Perspektive des Lehrers, Schulstufenleiters und Kollegen, also als „Schulmann“ selbst, aus dem Inneren der Organisation und mit Verantwortung für das tägliche Gelingen von Schule und Unterricht. Bei ihm können wir geradezu „live“ verfolgen, wie der Prozess der Implementierung von Achtsamkeit in der Schule abläuft und welche Hürden dabei zu nehmen sind.

So kommt durch Kevins Buch die Perspektive der Lehrpersonen zur Geltung. Der inhaltliche Beitrag dieses Buches ist für mich auf drei zentrale Grundaussagen ausgerichtet:

1. Achtsamkeit ist kein schnell anwendbares Handwerkszeug, sondern ein langfristiger Pfad der Entwicklung, der bei den Lehrpersonen beginnt. Erst auf dieser Basis der Achtsamkeit der LehrerInnen (*be mindful*) können die weiteren Schritte von achtsamem Lehren (*teach mindfully*) und der Vermittlung von Achtsamkeitsübungen (*teach mindfulness*) erfolgen. Lehrpersonen sind, das wissen wir spätestens seit der großen Metaanalyse von John Hattie, der entscheidende Faktor für das Gelingen von Bildung im System Schule, und die personale Beziehung zwischen Lehrenden und Lernenden ist die zentrale Schnittstelle, über die die Lerngelegenheiten zum Erwerb von Wissen, Können und Haltungen vermittelt werden.

   Nur wenn LehrerInnen selbst Achtsamkeit praktizieren und sie verkörpern, können sie sie in die Beziehung zu den SchülerInnen einbringen. Darüber hinaus sind Achtsamkeit und Mitgefühl zentrale pädagogische Grundhaltungen und sozial-emotionale Basiskompetenzen von Lehrpersonen. Der Pfad der Vermittlung von Achtsamkeit fängt daher bei ihnen an, indem sie selbst lernen, achtsam zu sein und im Kontakt wie auch in der langfristigen Beziehung zu den SchülerInnen in achtsamer und mitfühlender Weise präsent zu sein.

2. Achtsamkeit und Mitgefühl sind in der Schule mit vielen anderen Lernzielen und Themen verlinkt. Sie bilden fächerübergreifende Unterrichtsinhalte und sind zugleich ein Unterrichtsprinzip, eine Art des Umgangs, eine ständig mitlaufende Dimension sozial-emotionalen Lernens und ein tragendes Element der Schulkultur. Die integrierende Zieldimension aller dieser Facetten ist für Kevin Hawkins *well-being*, und zwar das *well-being* aller an der Schule beteiligten Personen. *Well-being* ist dabei nicht zu verwechseln mit oberflächlicher Wellness, sondern meint etwas sehr Tiefgreifendes. Die beiden Elemente dieses Begriffes, *well* und *being*, lassen einige große Fragen anklingen, die wir uns in der Schulpädagogik immer wieder stellen sollten:

   Das *well* in *well-being* wirft zum einen die Frage auf: Geht es den SchülerInnen und LehrerInnen gut in der Schule? Ist die Schule für sie ein Lebensraum, in dem sie gedeihen können, in dem sie sich gerne aufhalten, in dem sie lebensrelevante Erfahrungen sammeln und Einsichten gewinnen können, mit dem sie sich verbunden fühlen und den sie auch pflegen und gestalten wollen, in dem zu arbeiten ihnen Freude und Sinn vermittelt? Ist die Zeit, die sie in der Schule verbringen, für sie auch Lebenszeit, in der sie lebendig sein dürfen, voller Neugier und Energie? Ist Schulzeit eine Gegenwart, die nicht gänzlich einem ungewissen Versprechen auf Zukunft geopfert werden darf? Und ebenso: Ist auch die Zeit, die LehrerInnen in der Schule verbringen, für sie Lebenszeit, in der sie gesund bleiben, wachsen und gedeihen können, die sie gerne mit den SchülerInnen verbringen und in der sie lebendig, wissbegierig und kreativ sein dürfen?

Das *well* wirft zum anderen auch die Frage auf: Geht es uns gut mit der Schule? Uns, das sind in diesem Fall die Eltern, die LehrerInnen und die Gesellschaft. Ist die Form von Schule, wie wir sie heute vorfinden und unterhalten, wirklich das, was wir für unsere Kinder wollen? Wenn diese „das Wertvollste sind, was wir besitzen" (ein häufiger Satz in Festreden) – sind dann unsere gegenwärtigen Schulen das Beste, was wir für sie tun können? Investieren wir in die Schulen so viel, wie der behaupteten Priorität der Kinder in unserer Gesellschaft entspricht, in materieller wie in nicht-materieller Hinsicht, z. B. in Bezug auf Offenheit und Aufgeklärtheit des Geistes, Herzlichkeit und Güte des Umgangs oder Engagement und Courage des sozialen Handelns?

Being wirft die Frage nach dem Sein auf, nach dem, was wir wirklich sind, unabhängig von allen Zuschreibungen und Vorstellungen, nach der Wirklichkeit und Tiefe unseres Wesens, nach den wichtigsten Zielen, um die es geht, wenn wir über alles Nebensächliche hinwegsehen, nach unserem atmenden Leben selbst, in seiner Kostbarkeit und Verletzlichkeit, in seiner Intensität und Vergänglichkeit, in seiner Sinnhaftigkeit aus sich selbst heraus. Sind unsere Schulen Orte, die den Kontakt zu dieser Tiefendimension des Seins fördern oder eher behindern? Und wirken sie sich auf die Gesellschaft so aus, dass diese sich zunehmend am Sein ausrichten und dem umfassenden Glück und *well-being* aller dienen kann?

Das sind unbequeme Fragen, die immer neu zu stellen und nie abschließend zu beantworten sind. In Kevins Ansatz werden sie spürbar – auf eine sehr praktische Weise, was zum nächsten Punkt überleitet.

3. Achtsamkeit ist für Kevin Hawkins vor allem Schulentwicklung. Sie ist ein Beitrag zur Transformation einzelner Schulen und des Schulwesens. Schulentwicklung erfordert von den LehrerInnen und SchulleiterInnen neben Kreativität und Beherztheit auch einen langen Atem, viel Umsicht (um nicht zu sagen Taktik), Geduld (um nicht zu sagen Frustrationstoleranz) und das Schmieden von Bündnissen. Kevin Hawkins zeigt uns, wie diese Schulentwicklung mit Hilfe von Achtsamkeit gelingen kann. Er stellt Wege vor, die an einzelnen Schulen bereits erfolgreich begangen worden sind, und Konzepte, die die vielfältigen Aspekte von Achtsamkeit zu handhabbaren Programmen verdichten. Und, was für viele LeserInnen vielleicht das Wichtigste sein wird: Er zeigt uns, wie wir auf diesem Weg mit Widerständen umgehen können, ohne auszubrennen, welche Fehler wir vermeiden können, und welche Etappenziele realistisch sind.

Damit ist sein Buch ein nützlicher Reiseführer auf dem Weg zu einer achtsamen Schule. Bleibt nur noch die Frage: Wer geht ihn mit?

Wien, im März 2018

Dr. Karlheinz Valtl
Zentrum für LehrerInnenbildung der Universität Wien
Leiter des Projekts „Achtsamkeit in der LehrerInnenbildung“

Einführung

Ich habe das Glückt gehabt, von einigen führenden Expertinnen für Achtsamkeit geschult zu werden, doch behaupte ich bestimmt nicht, irgend ein Achtsamkeitsguru zu sein. Ich bin ein Lehrer und Schulleiter, der in seinem Leben auf etwas Wertvolles gestoßen ist – etwas, das sich als von hohem praktischen Nutzen erwies, etwas, das sich wichtig anfühlt. So wichtig, dass ich nicht verstehen konnte, weshalb wir es nicht bereits in Schulen unterrichteten. Als ich meine persönliche Erfahrung mit achtsamem Gewahrsein ausgebaut hatte, schaute ich, ob ich nicht Training für Schüler und Schülerinnen, dann für Lehrerinnen und Lehrer und dann für Eltern anbieten könnte. Das vorliegende Buch hat seinen Ursprung in diesem Weg, und als Erzieher biete ich es anderen Erziehern an, Lehrenden, Unterstützungskräften, Beraterinnen, Psychologen, Schulleiterinnen und Verwaltungsmitarbeitern sowie interessierten Eltern – in der Hoffnung, es möge für etwas Klarheit und Kohärenz sorgen, einige weit verbreitete Irrtümer über Achtsamkeit in der Bildung ausräumen und zu zeigen, wie sie Schulgemeinschaften zugutekommen kann.

Ich kümmere mich deshalb leidenschaftlich gerne um die Entwicklung achtsamen Gewahrseins und sozial-emotionaler Fähigkeiten in Schulen, weil ich den Nutzen erkannt habe, den diese Arbeit in meinem Leben hat, und weil ich so viele andere von ihr habe profitieren sehen. Wenn ich aber behaupte: „Achtsamkeit kann dieses erreichen" oder „sie kann uns helfen, jenes zu tun", will ich damit nicht sagen, dass es sich bei ihr um ein Allheilmittel handelt. Ich glaube nicht, dass sie eines ist. Achtsamkeit muss als ein Element in einer Reihe von Möglichkeiten gesehen werden, darunter zum Beispiel ausreichende Bewegung, gesunde Ernährung und guter Schlaf, die zum allgemeinen Wohlbefinden beitragen. Viele Menschen empfinden Achtsamkeit als hilfreich, manche als lebensverändernd. Es gibt jedoch zahlreiche falsche Vorstellungen rund um Meditation und Achtsamkeit, und diese können Menschen manchmal davon abbringen, auch nur einen Versuch damit zu starten. Meine Hoffnung ist, dass dieses Buch Sie dazu ermutigen wird, Dinge mit offenem Geist selbst auszuprobieren und einfach zu schauen, was passiert.

Am Ende eines jeden Kapitels (mit Ausnahme des ersten und des letzten) finden Sie weiterführende Literaturempfehlungen und Vorschläge für Aktivitäten oder Übungen, die Sie vielleicht selbst testen möchten. Das Buch enthält viele praktische Beispiele und Anregungen, doch ist es kein Handbuch oder Kursbuch – es ist eher ein Ratgeber, mit dem ich Erzieherinnen dazu einladen möchte, sich dem Thema Achtsamkeit zu nähern. Meine Hoffnung ist, dass es Ihnen eine Tür öffnet, Sie veranlasst, einzutreten, um sich umzusehen und ein Gefühl für die Sache zu bekommen. Dann können Sie selbst entscheiden, ob Sie hier möglicherweise etwas vor sich haben, das für Sie, für Ihre Schüler und für Ihre Schule von Wert sein könnte. Falls Sie bereits Ihre eigene Reise angetreten haben, hoffe ich, dass diese Worte, Ideen und Erfahrungen Sie in Ihrem Bemühen bestätigen und unterstützen, den Fokus unserer Schulen auf Bereiche zu verlagern, die in der herkömmlichen Schulbildung allzu lange an den Rand gedrängt wurden – Bereiche, die das Potenzial haben, für die Kultivierung von Fähigkeiten zu sorgen, welche die Welt gerade jetzt dringend braucht.

1 Den Fokus verlagern

Die Bildung steht heutzutage unter so einem großen Druck und ist so überfrachtet, dass wir hin und wieder alles Überflüssige entfernen und zum Wesentlichen zurückkehren – und versuchen müssen, die Dinge zu vereinfachen. Eine Frage, die ich Schülern und Lehrerinnen manchmal zu Beginn eines Schuljahres stelle, ist folgende:

> „Wir sind im Grunde nur ein Haufen Kinder und Erwachsene in einem Gebäude. Tatsächlich lautet die Frage also: ‚Wie verbringen wir am besten unsere Zeit miteinander?'"

Diese Art von Frage, die der Fokussierung dient, kann bei dem Versuch hilfreich sein, das große Ganze zu betrachten, Lehrpläne zu entwickeln oder Verhaltensnormen zu untersuchen. Um diese Frage als Erzieher und Eltern beantworten zu können, müssen wir uns eine weitere stellen:

> „Was ist wirklich wichtig?"

Angesichts der konkurrierenden Anforderungen an Schulprogramme kann uns diese Frage helfen, die Rolle und den Zweck von Schulen auf einer tieferen Ebene zu beleuchten. Da die Lehrpläne überladen und die Schultage überaus arbeitsreich sind, müssen wir lernen, Dinge loszulassen, statt ständig neue hinzuzufügen. Wir können das nicht alles schaffen. Deshalb müssen wir uns darüber im Klaren sein, was wirklich wichtig ist.

Fragen Sie sich jetzt, entweder als Mutter oder Vater, indem Sie an Ihre eigenen Kinder denken, oder als Erzieherin, indem Sie an die Kinder denken, die Sie unterrichten:

> „Was wollen Sie wirklich für Ihre Kinder?"

Fragen Sie sich erneut – antworten Sie nicht überstürzt –, nehmen Sie sich einen Moment Zeit, machen Sie einen Atemzug und lassen Sie eine Antwort auftauchen.

„Was wollen Sie wirklich, aufs Tiefste, für Ihre Kinder?"

Notieren Sie sich Ihre drei wichtigsten Wörter oder Sätze, bevor Sie weiterlesen.

Wenn wir diese an Eltern und Lehrer gerichtete Frage in Workshops stellen, bekommen wir Antworten folgender Art:

Selbstwertgefühl
Mitgefühl
Zufriedenheit
Begeisterung
Wohlbefinden
Erfüllung
Glaube an sich selbst

Fähigkeit, gute Entscheidungen zu treffen
Neugier
Fantasie
Freude
Resilienz
Gut gerüstet, um das Leben zu meistern

Gelegentlich sagt eine Mutter bzw. ein Vater (oder ein Lehrer, eine Lehrerin) „fleißig" oder „erfolgreich", aber diese traditionelleren Ziele der Schulbildung sind sehr stark in der Minderheit. Mag die Art der oben aufgelisteten Antworten auch recht gut zu den glänzenden Leitbildern vieler fortschrittlicher Schulen passen, stellt sich doch die Frage: Wie oft decken sie sich mit den täglichen Lebenserfahrungen unserer Schülerinnen in einer Bildungseinrichtung?

Bei effektivem menschlichen Lernen geht es um so viel mehr als um das Begreifen von Konzepten und das Nachplappern von Inhalt. Die Bedeutung, die das explizite Anerkennen dieser tieferen Qualitäten hat – für das Schaffen von mehr Raum für das Innenleben und für die Erfahrung der oder des Lernenden –, ist ein zentrales Thema dieses Buches. Konzentrieren wir uns in unseren Schulen und unserem Leben tatsächlich stärker auf diese Bereiche, können wir auch mehr erreichen. Lernen wir, unsere Aufmerksamkeit zu vertiefen und unser Selbstgewahrsein zu vergrößern, kann dies unsere akademischen Fertigkeiten verbessern und dafür sorgen, dass das Lernen bedeutungs- und wirkungsvoller wird.

Unsere wesentliche Leitfrage lautet also:

> „Können wir die Schulbildung so verändern, dass sie diese grundlegenden Bedürfnisse nach Wachstum und Entwicklung effektiver befriedigt?"

Unsere Absicht als Lehrende muss nicht darin bestehen, gleich das gesamte System zu ändern – in einem großen Teil dieses Buches geht es darum, wie wir zunächst den Fokus in uns selbst verlagern können, bevor wir uns bemühen, den Rest der Welt zu verändern. Tatsächlich ist dies die einzige Veränderung, die wirklich etwas bewirken kann. Und wenn wir lernen, aus einem breiteren und tieferen Spektrum unserer eigenen Fähigkeiten zu schöpfen, werden wir ganz selbstverständlich beginnen, zur Verlagerung des Fokusses in unseren Schülern und unseren Schulen beizutragen.

Die vergessenen Taxonomien

Blooms Taxonomie des Lernens (Bloom et al., 1972) wurde in den 1950er Jahren erarbeitet, um Lehrenden und Schulen bei der Aufstellung eines Rahmens für die Schlüsselfertigkeiten zu helfen, die durch Bildung entwickelt werden sollten. Viele Lehrende sind mit Blooms Taxonomie groß geworden, und fast alle sind von ihr beeinflusst worden – ob wir es wissen oder nicht. Selbst wenn sie während Ihrer Ausbildung nicht explizit auf dem Programm stand, wird sie wahrscheinlich die Lehrerinnen und Lehrer geprägt haben, die Sie unterrichtet haben, und das Bildungssystem, in dem Sie tätig sind. Es kann gut sein, dass sie indirekt Auswirkungen auf Ihre tieferen Annahmen über das Lernen hatte.

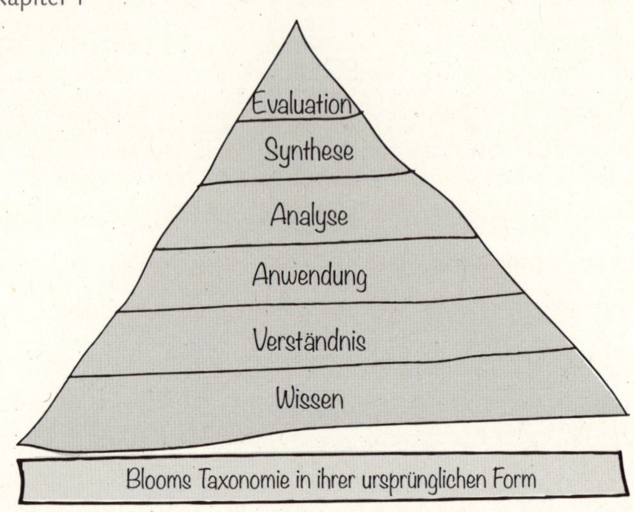

Abbildung 1.1 Blooms Taxonomie – Kognitiver Bereich

Viele Menschen wissen jedoch nicht, dass die Taxonomie, mit der wir vertraut sind, nur *eine von dreien* ist, die damals von Blooms Komitee aufgestellt wurde. Diejenige, die wir alle kennen, ist die Taxonomie der kognitiven Entwicklung – die sich mit *Wissen, Verständnis, Anwenden, Analyse, Synthese und Evaluation* beschäftigt. Aus irgendeinem Grund sind die anderen zwei – bei denen es um die psychomotorischen (physischen) und affektiven (emotionalen) Kompetenzen geht – größtenteils vergessen worden.

Warum haben wir diese zwei Taxonomien vergessen? Das ist kein Zufall; diese Reduzierung ist symptomatisch für Bildungsansätze, die nicht die Entwicklung des gesamten Kindes zum Ziel haben. Viele Schulen legen heutzutage tatsächlich Wert auf körperliche Aktivitäten, und viele haben begonnen, Elemente des sozialen und emotionalen Lernens (SEL) in ihre Programme zu integrieren. Insgesamt aber sind wir noch weit davon entfernt, jungen Menschen eine Schulerfahrung zu bieten, die ihnen bei der Entwicklung zu vielseitigen Individuen hilft, indem sie den Fokus ausgewogen auf Körper, Herz und Geist legt.

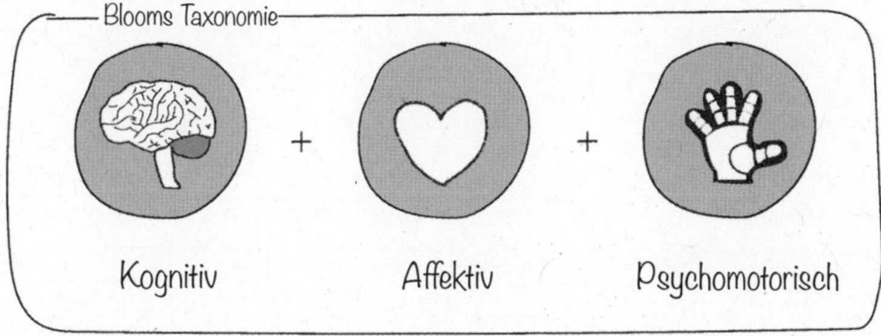

Abbildung 1.2 Blooms Taxonomie – Lernbereiche

Das Gleichgewicht finden

Die eigentliche Besorgnis, die dieses Buch antreibt, ist folgende: Die Welt ist aus dem Gleichgewicht geraten:

- Es stellen sich ernste Fragen bezüglich unserer kollektiven psychischen Gesundheit.
- Als Spezies sind wir sehr klug, doch fehlt es uns an Weisheit.
- Viele Bildungssysteme reflektieren dieses Ungleichgewicht und halten es aufrecht.

Es gibt ein grundlegendes Problem mit unserer Fähigkeit, gut zu leben und dafür zu sorgen, dass es uns gut geht – diesen Planeten auf harmonische Weise miteinander zu teilen und weise Entscheidungen über unsere Handlungen zu treffen.

Dieses Ungleichgewicht in der menschlichen Entwicklung und Aktivität zeigt sich auf überaus vielfältige Weise. Unser technologisches Können ist außerordentlich. Vor Kurzem sind Messeinrichtungen entwickelt worden, die Gravitationswellen mit so empfindlichen Instrumenten registrieren, dass sie Veränderungen in der Entfernung zwischen uns und dem nächsten Sonnensystem wahrnehmen können, welche lediglich der Breite eines menschlichen Haares entsprechen. Wir sind unglaublich klug. Aber Klugheit allein reicht nicht – wir sind nicht besonders klug, oder auch nur sachkundig, wenn es darum geht, uns gemeinsam nachhaltig um unseren Planeten zu kümmern. Starke technologische Kompetenz, die durch wirtschaftliche, häufig nur einer Minderheit zugutekommende Anreize angetrieben wird, schafft in Verbindung mit der Unfähigkeit, das große Ganze klar zu erkennen und vernünftige Entscheidungen über unsere Handlungen und deren Auswirkungen zu fällen, eine ungesunde Mischung für uns selbst, andere Spezies und den Planeten.

Herkömmliche Schulsysteme spiegeln dieses Ungleichgewicht häufig wider. Die meisten Schulen sind gut darin, bei ihren Schülerinnen und Schülern bestimmte Fähigkeiten und Herangehensweisen zu fördern – nämlich die akademischen, analytischen und kritischen –, nicht aber so gut darin, bei ihnen die kollaborativen, sozialen und affektiven Fähigkeiten zu kultivieren, welche für dieses dringend benötigte Gleichgewicht zwischen Herz und Geist sorgen können. Wahre Bildung beinhaltet mehr als reines Schlauerwerden – sie verlangt, dass wir *sämtliche* unserer Fähigkeiten entwickeln. Die Griechen der Antike wussten dies, und schon Aristoteles sagte:

> „Bildung des Geistes *ohne Bildung des Herzens* ist gar keine Bildung."

Was uns fehlt, ist Weisheit. Wir müssen ein Gleichgewicht zwischen unseren Köpfe und unseren Herzen herstellen. Das Mittel hierfür ist eine verkörperte Weisheit, die uns helfen kann, den Mut zu finden, uns komplexen Themen zu stellen und weise Handlungen vorzunehmen, von denen alle profitieren.

Die zentrale Absicht dieses Buches besteht darin, einzelne Erzieher und Schulen zu ermutigen, *den Fokus zu verlagern:* in Richtung einer ausgewogeneren und stärker auf das Herz ausgerichteten Umgebung, die wirklich das volle Spektrum menschlicher Fähigkeiten in den jungen Menschen erschließen kann, mit denen wir arbeiten und für die wir so viel wollen.

In einer komplexen, herausfordernden Welt müssen unsere Kinder Resilienz, Selbstgewahrsein und die Fähigkeit zum Verständnis komplexer Systeme entwickeln. Wir können diese vernachlässigten Kompetenzen bewusst in unseren Schulen fördern.

Wie gut geht es uns?

Damit es einem Menschen gut geht und er gut leben kann, ist ein gewisses Maß an wirtschaftlicher Sicherheit zweifelsohne unerlässlich, doch ist das nur ein Teil des Ganzen. Selbst jene unter uns, die das Glück haben, ein materiell komfortables Leben zu führen, werden nicht unbedingt zufriedener. Die Weltgesundheitsorganisation prognostiziert, dass die Depression bis zum Jahr 2030 die Hauptursache für schlechte Gesundheit weltweit darstellen wird (WHO, 2012). Ein 2005 im *British Journal of Psychology* veröffentlichter Artikel wies darauf hin, dass die Hälfte der Bewohner der westlichen Hemisphäre im Laufe ihres Lebens die Erfahrung einer Depression machen wird (Andrews et al., 2005).

Besonders gefährdet sind die Älteren sowie in letzter Zeit auch die Jungen. Wir leben in einer Krisenzeit für die psychische Gesundheit junger Menschen. Die neuerdings in Schulen in Großbritannien zu verzeichnende Zunahme des Interesses an Wohlbefinden und Achtsamkeit kommt weniger aus der Bildung als vielmehr von Verantwortlichen im Gesundheitswesen, die sich Sorgen über eine Epidemie psychischer Instabilität unter jungen Leuten machen:

- Unter den 5- bis 16-jährigen in Großbritannien leidet heute eine Person von zehn unter einer diagnostizierbaren psychiatrischen Erkrankung (Mental Health Foundation, 2015).
- Weltweit ist die Depression die Hauptursache für Krankheit und Beeinträchtigung unter Jugendlichen und Selbstmord stellt die dritthäufigste Todesursache dar (WHO, 2016).

Das Alter, in dem eine klinische Depression zum Ausbruch kommt, sinkt beständig. Vor nur 50 Jahren wurde die Manifestation einer starken Depression am häufigsten bei Menschen zwischen 40 und 60 Jahren beobachtet; mittlerweile sind die Betroffenen zumeist 20 bis 30 Jahre alt. Eine Studie zeigte sogar, dass das Einsetzen einer starken Depression seinen neuen Spitzenwert bei den 13- bis 15-jährigen erreicht (Williams et al., 2011).

Armut kann diesen psychischen Faktoren noch eine ganz andere Dimension hinzufügen, aber Angst und Depression kennen keine Grenzen. Selbst wenn Sie an einer privilegierten privaten oder internationalen Schule arbeiten, werden Sie wissen, dass die negativen Folgen psychischer Belastungen vielen der jungen Menschen, mit denen wir arbeiten, nicht fremd sind.

Wir wissen nicht genau, warum dieser Abwärtstrend der psychischen Gesundheit Menschen immer jüngeren Alters betrifft, doch sind die Auswirkungen, die diese Entwicklung auf das Lernen und das Wachstum hat, höchst besorgniserregend. Bildungssysteme, bei denen ein großer Schwerpunkt auf anspruchsvollen Prüfungen liegt (und ich nehme an, dies gilt für die meisten) tragen mit Sicherheit zu dem Stress bei, den junge Menschen empfinden. Meine drei Kinder sind in internationalen Schulen groß geworden und haben mittlerweile alle das International Baccalaureate Diploma erlangt. Hierbei handelt es sich um eine sehr angesehene voruniversitäre Qualifikation, bei dem dorthin führenden Curriculum um einen gut durchdachten Rahmen für zwei vielseitige letzte Schuljahre. In Wahrheit aber muss ich sagen, dass das Programm, so sehr ich auch sein Gesamtkonzept respektiere und bewundere, in der Praxis einfach viel zu anspruchsvoll ist. Jede Lehrerin möchte, dass die Schüler in ihrem Fach gut abschneiden, und da die Ergebnisse veröffentlicht werden, stehen auch die Lehrkräfte unter erheblichem Druck. Dies ist für mich ein klares Beispiel dafür, dass in einem komplexen System viele wohlwollende Menschen und gut gemeinte Ideen letztendlich einen negativen Effekt auf einige der Individuen haben können, denen dieses System dienen sollte. Die International Baccalaureate Organization (IBO) ist sich dieser Probleme bewusst und sucht nach Wegen, die Belastung zu reduzieren (Hawley, 2016). Vergleichbare Schwierigkeiten entstehen natürlich für Schülerinnen, die in Großbritannien (Ali, 2016) und vielen anderen Ländern mit Prüfungsstress zurechtkommen müssen. Diese Situation ist Teil eines größeren Ganzen, in dem Schulsysteme weiterhin Filtermechanismen für Studienplätze darstellen, um die eine zunehmende Konkurrenz besteht – und auf dem Weg gibt es viele Opfer.

Zusätzlich dazu leiden viele junge Menschen heutzutage häufig unter Schlafmangel – nicht selten wird ihr Leben beherrscht von einer ganzen Batterie digitaler „Massenzerstörungswaffen“. Eine Jugendliche, die im späten Teenageralter ist und in einem wohlhabenden Land lebt, hat aller Wahrscheinlichkeit nach mehr als die Hälfte ihres Lebens eine ziemlich intensive Verbindung zu einer Reihe bildschirmbasierter Geräte gehabt. Als Schulleiter bin ich für die Einführung von IT-Programmen verantwortlich gewesen, und ich weiß die vielfältige Art und Weise zu schätzen, in der Technologie uns allen das Lernen ermöglicht. Jedoch bringt das digitale Lernen seine eigenen Probleme des Zwangs und der Ablenkung mit sich, und wir müssen unsere Schülerinnen jetzt für den Umgang mit diesen rüsten.

Und es sind nicht nur die jungen Leute, die hiermit zu kämpfen haben – dasselbe gilt auch für Lehrer, Eltern, Sie, mich, uns alle. Wir leben in einer Zeit, in der *Geschäftigkeit* und rund um die Uhr eingeschaltete digitale Geräte die Norm sind. Das ist die Natur des modernen Lebens, und wir werden alle mehr oder weniger abhängig von der Informationstechnologie. Können wir als Erwachsene wirklich von einem Zehnjährigen erwarten, zu erkennen, wann es Zeit ist, dem Bann des Computers zu widerstehen, wenn wir wissen, wie schwierig es sein kann, unsere eigene Bildschirmzeit zu steuern?

Wir können der Technologie und den sozialen Medien nicht die gesamte Schuld an den heutigen Belastungen geben – generell sind die Veränderungen in der letzten Zeit enorm gewesen. Das erhöhte Lebenstempo ist ein wesentlicher Grund dafür, dass wir Stress empfinden. Eine interessante Analogie findet sich in dem Buch *Eine kurze Geschichte der Menschheit* von Yuval Noah Harari (Harari, 2013): Wäre jemand im Jahr 1000 wie Dornröschen für 500 Jahre in Schlaf verfallen und wieder erwacht, als Columbus gerade nach Amerika lossegelte, hätte er einen Schock erlitten, doch wäre die Welt für ihn wiedererkennbar gewesen. Wäre jedoch einer von Columbus' Matrosen im Jahr 1500 eingeschlafen und 500 Jahre später aufgewacht, hätte er nicht mehr gewusst, auf welchem Planeten er sich befindet. Wir sind nicht unbedingt darauf programmiert, mit diesem erhöhten Lebenstempo fertig zu werden.

Um in diesem Zeitalter der Ablenkung und Komplexität erfolgreich und resilient zu sein, müssen wir einige grundlegende Kompetenzen erlernen – oder vielleicht wiederentdecken.

Wir müssen bewusst unsere folgenden Fähigkeiten kultivieren:

- Aufmerksamkeit
- Selbstgewahrsein
- Emotionsregulation

Es ist nicht einfach so, dass wir diese Fähigkeiten lernen müssen, um mit all den Problemen des modernen Lebens zurechtkommen zu können. Das moderne Leben gibt uns auch viele Einblicke in das menschliche Verhalten, die wir uns zunutze machen können – es liefert Erkenntnisse darüber, wie das Gehirn funktioniert und wie Menschen am besten lernen. Wir wissen jetzt sehr viel mehr über die Bedeutung der *Aufmerksamkeit*. Wir wissen aus Studien an Taxifahrern (Maguire et al., 2006) und Geigern (Elbert et al., 1995), dass wir unser Gehirn durch die Art, wie wir es nutzen, verändern können. *Worauf* wir unsere Aufmerksamkeit richten und *wie* wir etwas oder jemandem Aufmerksamkeit schenken, sind Schlüsselfaktoren beim Verständnis des effektiven Lernens.

Unser Verständnis des Gehirns hat sich in den vergangenen 20 Jahren dank bildgebender Verfahren stark verbessert und hilft uns zu begreifen, was passiert, wenn Menschen bewusst mit ihrem Geist arbeiten. Eine der „wesentlichen Einsichten" betrifft die Plastizität des Gehirns. Das Wissen um die **Neuroplastizität** hilft uns, den Wert von Aus- und Weiterbildung zu verstehen, und erweitert unsere Vorstellung vom menschlichen Potenzial erheblich. Wir lernen auch mehr darüber, wie wir affektive Kompetenzen und Fähigkeiten wie Empathie und Mitgefühl trainieren können und unser Vermögen verbessern, aufmerksam zu sein, und das volle Potenzial unseres Geistes auszuschöpfen.

Jedoch ist unsere Definition von Intelligenz bei der herkömmlichen Schulbildung noch viel zu eng gefasst. Weiterhin dominieren Prüfungssysteme die Methoden, mit denen wir Verständnis beurteilen, womit den Kindern verwirrende Botschaften über den tieferen Zweck der Bildung vermittelt werden.

DAS FILTERSYSTEM

Als ich 10 Jahre alt war, mussten wir alle einen einstündigen IQ-Test ablegen. Bei diesem Test wurden jene, die sich an diesem Tag in dieser Stunde gut schlugen, herausgefiltert und von denen getrennt, die es nicht taten. Letzteres galt für die meisten meiner Freunde. Also kam ich auf das schicke Gymnasium mit den albernen Mützen und den hellgrünen Blazern, während die meisten meiner Freunde auf die viel rauere Realschule ein paar Häuser weiter gingen, die mit den dunkelgrünen Jacken (und ohne Mützen). Der Übergang war für mich ein Rückschritt – von dem Gefühl, ziemlich reif zu sein und in meiner relativ fortschrittlichen, gemischtgeschlechtlichen Grundschulklasse geschätzt zu werden, zu dem Wissen, der jüngste und kleinste von 800 Jungen an einem altmodischen Gymnasium zu sein (kein toller Ort, wenn man 11 Jahre alt ist). Der Fokus lag rein auf akademischem Erfolg, und schaffte ich es auch durch die insgesamt 18 Prüfungen auf drei unterschiedlichen Niveaus, die ich zwischen 13 und 17 Jahren ablegte, hatte ich doch keine Freude daran. Ich lernte, kritischer zu sein, analytischer, und der akademische Erfolg – sowie natürlich auch das Erlangen eines Studienplatzes an einer Universität – bereitete mir eine gewisse Zufriedenheit, aber ich hatte nicht das Gefühl, wirklich auf die tiefere Weise gewachsen zu sein, wie es in meinen Grundschuljahren der Fall gewesen war.

An dem Tag, an dem ich an der Universität meine Abschlussergebnisse erhielt, dachte ich bei mir: „Gar nicht so schlecht, wenn man bedenkt, dass ich dafür wirklich nicht besonders hart gearbeitet habe." Genau in dem Moment, als ich diesen Gedanken hatte, wurde mir plötzlich zum ersten Mal klar, dass niemand anders sich allzu sehr für mein Ergebnis interessieren würde. Es war vielleicht nützlich, um mir den Zugang zu einigen Berufen zu öffnen, aber wer scherte sich schon wirklich um diese bestimmte Zahl? Und warum war es mir überhaupt wichtig, was irgendwer dachte? Schließlich war dies meine Ausbildung, meine Laufbahn, mein Leben. Ich hatte akademische Hürden genommen, ohne wirklich zu verstehen, warum. Die Möglichkeit, dass ich aus Freude an der Sache oder zu meinem eigenen Nutzen studiert und gelernt haben könnte, war mir nie wirklich in den Sinn gekommen.

Als ich mich dafür bereit machte, endlich ein Bildungssystem zu verlassen, das in den vergangenen 16 Jahren einen großen Teil meiner wachen Stunden in Anspruch genommen hatte, fühlte es sich plötzlich so an, als sei alles eine Art Spiel gewesen – eins, von dem ich bis zu diesem Augenblick nicht wusste, dass ich es gespielt hatte.

Diese enge Sichtweise der Intelligenz, die bewirkte, dass meine Freunde und ich in solch einem jungen Alter durch die Ergebnisse eines IQ-Tests ausgesiebt wurden, ist heute nicht mehr ganz so vorherrschend. Die Bildung hat sich seitdem voranbewegt (Gott sei Dank), und in vielen Ländern bilden derart eng gefasste Parameter in einem so jungen Alter nicht länger die Grundlage für zentrale Lebensentscheidungen. Aber sie hat sich nicht weit genug voranbewegt – während ich dies schreibe, verfolgt die britische Regierung Pläne, die Zahl der Gymnasien *(grammar schools)* zu erhöhen, und noch immer sind wir besessen von Zensuren und Zahlen und anderen extrinsischen Motivatoren, die den Fokus des Lernens wegnehmen von einem intrinsischen Entdeckungsgeist und von der Freude am Lernen selbst – und wir sind uns immer noch nicht darüber im Klaren, ob es in der Schule darum geht, für das Leben zu lernen oder für die Hochschule herausgefiltert zu werden.

Was das rationale, wissenschaftliche Verständnis des menschlichen Lernens betrifft, wissen wir heute, dass „intelligent" zu sein so viel mehr bedeutet, als wir auch nur vor einigen Jahrzehnten dachten. Wir wissen, dass Intelligenz zahlreiche Aspekte hat, und wir wissen, dass unser IQ nur die Spitze des Eisberges ist. Ein hoher IQ mag uns helfen, einen guten Job zu bekommen, doch sind es unsere anderen Kompetenzen – unsere emotionalen und zwischenmenschlichen Fähigkeiten –, die uns in die Lage versetzen können, etwas aus diesem Job zu machen; Führungsqualitäten aufzubauen, zu wachsen und uns zu entwickeln. Viele Unternehmen wissen dies – einige nehmen Neueinstellungen und Beförderungen gezielt aufgrund der emotionalen Intelligenz einer Person vor –, aber spiegeln unsere Schulen diese Entwicklung tatsächlich wider?

> „Das Verständnis unserer selbst, unseres Geistes, unseres Körpers und unserer Emotionen, ist eine entscheidende Lebenskompetenz des 21. Jahrhunderts."

Eine berechtigte Funktion der Schulen kann darin bestehen, dieses Verständnis zu fördern. Wenn wir mehr darüber wissen, wie wir unseren Geist effektiv nutzen, unsere Aufmerksamkeit trainieren, Gewahrsein entwickeln und die Kompetenz zur Emotionsregulation aufbauen, und wenn wir den Wert dieser wesentlichen Lebenskompetenzen schätzen, sollte ihnen dann in unseren Schullehrplänen nicht eine zentralere Bedeutung zukommen?

Was wir für unsere Kinder wollen, brauchen wir selbst

Wie lässt sich diese Verlagerung des Fokus erreichen? Der Schlüssel liegt natürlich bei Ihnen, der Lehrerin, dem Lehrer.

Es wird für die Gesellschaft zunehmend wichtig, dass wir diese Fähigkeiten des Selbstgewahrseins und des Selbstmanagements bei unseren Schülern und Schülerinnen schätzen und zur Entwicklung bringen. Damit dies aber geschehen kann, benötigen wir Lehrerinnen und Lehrer, die dieselben Fähigkeiten bei sich selbst schätzen und entwickeln; Erzieherinnen, die emotional und sozial intelligent sind, sowie intellektuell und akademisch kompetent.

Die Bedeutung der Lehrerrolle ist in vielen Gesellschaften noch nicht vollständig erkannt worden. Lehrerinnen werden häufig unterschätzt – von Eltern, Schulen, Regierungen und sogar von sich selbst.

> „Die Rolle der Lehrerin ist von entscheidender Bedeutung – sie ist einflussreich und sie bedarf unserer Aufmerksamkeit."

Ich sage dies nicht einfach nur, weil ich selbst Lehrer bin, sondern wegen der beachtlichen wissenschaftlichen Forschungsergebnisse in diesem Bereich (insbesondere auf dem Gebiet der sozialen Neurowissenschaft) und weil sich diese Ansicht zudem mit meiner eigenen Erfahrung deckt.

MWALIMU

Als ich in den 1970er Jahren die Universität verließ, hatte ich keine Ahnung, was ich mit meinem Leben anfangen sollte. Eine Sache aber stand für mich fest: dass ich meine wertvolle Zeit nicht mit Unterrichten verbringen wollte. Ich wusste zu gut, welchen Schrecken wir damals einigen unseren Lehrern an der *Chichester High School for Boys* eingejagt hatten; ich erinnerte mich an deren Erschöpfung und Zusammenbrüche und an ihre Abkehr von einem Beruf, der versprochen hatte, eine edle Tätigkeit zu sein.

Im Laufe der Jahre sah ich, wie zu viele meiner Freunde, die sich für das Lehren entschieden hatten, letztlich zermürbt waren und zynisch wurden.

Aber, um es mit den Worten des schottischen Dichters Robert Burns auszudrücken, *„der beste Plan, ob Maus, ob Mann, geht oftmals ganz daneben"*.

Im Alter von 30 Jahren stellte ich fest, dass ich meine berufliche Laufbahn noch einmal überdenken wollte (ich war Sozialarbeiter im gemeinnützigen Sektor), und nach einer Phase der Reflexion entschied ich mich schließlich dafür, einen „ausgetreteneren" Pfad einzuschlagen. Einer der wichtigsten Motivatoren für meine Entscheidung, speziell Mittelschul- oder Mittelstufenlehrer zu werden, war die schreckliche Erfahrung, die ich als Kind beim Wechsel von der Grundschule auf die weiterführende Schule gemacht hatte.* Es musste doch einen besseren Weg geben, diesen Übergang zu gestalten?

Ich begann meine neue Karriere als Lehrer für Englisch als Fremdsprache an höheren Schulen und Mittelschulen in Bradford, Yorkshire, wo ich einige inspirierende Lehrer kennen lernte, die in innerstädtischen Problemvierteln unter herausfordernden Umständen arbeiteten. Sie fanden sinnvolle Mittel und Wege, eine Verbindung zu den Schülerinnen herzustellen und eine allzu normative, einem nationalen Lehrplan folgende Schulbildung irgendwie für die Kinder, die sie unterrichteten, relevant zu machen. Jahre später fand ich mich in Ostafrika wieder, wo ich eine sehr kleine weiterführende Schule, eine „Junior Secondary School" für 9- bis 13-jährige, ins Leben rief, die an eine wachsende englischsprachige Grundschule in Arusha, Tansania, angeschlossen wurde.

Von dem Augenblick an, in dem ich – als Lehrer – aus dem Flugzeug stieg, wurde mir das Gefühl gegeben, dass ich respektiert, geehrt und geschätzt wurde. Nicht nur von der kleinen internationalen Gemeinde,

---

* In Großbritannien verlassen Kinder die Grundschule mit 11 Jahren, auf der anschließenden weiterführenden Schule beginnt dann die Mittelstufe (Anm. d. Übers.).

für welche die Schule gegründet worden war, sondern auch generell, denn in Tansania wird Bildung hochgeschätzt. Der damalige Präsident Julius Nyerere war selbst Schullehrer gewesen, und sein beliebter Spitzname war „Mwalimu" oder „Lehrer". In Tansania gibt es so einen Bildungshunger, dass Kinder – ungeachtet der Tatsache, dass die Lehrer unterbezahlt sind und über sehr begrenzte Mittel verfügen und die Schulen manchmal buchstäblich nur aus dem Schatten eines Baumes bestehen – oft stolz viele Meilen laufen, um die Gelegenheit wahrzunehmen, sich zu bilden. Für mich, der ich aus den etwas zynischen Lehrerzimmern einiger recht schwieriger Schulen im Großbritannien der Thatcher-Ära kam, war diese Erfahrung, automatisch respektiert zu werden, verunsichernd – sogar etwas unheimlich. Immerhin hatte ich zuvor in einem Land gearbeitet, in dem die Regierung Lehrer fast zu verachten schien und ihnen mit Sicherheit misstraute, und in dem es einem manchmal so vorkommen konnte, als stünden die Eltern in unseren Gemeinden der Bedeutung der Bildung gleichgültig gegenüber.

Eine Elterngemeinschaft zu haben, die ihre Lehrerinnen offen unterstützt, respektiert und schätzt, ist ein wahres Geschenk für eine Schule. Diese Schule in einem alten Bungalow in Arusha zu eröffnen, mit nur 30 Kindern, einem Satz Atlanten, einem Stapel Wörterbücher und einem unzuverlässigen Computer, war eine der besten Erfahrungen meiner Unterrichtslaufbahn. Ohne das ganze störende Beiwerk war es für uns als kleine Gruppe Lehrer so offensichtlich, dass die wesentlichen Elemente einer Schule die Schülerinnen, die Lehrerinnen und die Eltern sind – und die Qualität der Beziehungen, die sie verbinden.

Die zentralen Ziele dieses Buches:

- Es will zu der Verlagerung des Fokus der herkömmlichen Schulbildung beitragen. Die häufig übersehenen affektiven Fähigkeiten, die zunehmend als Kern- denn als Randelemente verstanden werden, müssen zentraler eingebunden werden – in einer Schule, die wahrhaft danach strebt, die Bedürfnisse des 21. Jahrhunderts zu befriedigen.
- Es will Lehrern und Schulen helfen, sich die Vorteile vor Augen zu führen, die das Training achtsamen Gewahrseins als Grundlage für die Entwicklung dieser Fähigkeiten innerhalb eines integrierten Rahmens, der das Wohlbefinden in ihren Gemeinschaften fördert, haben kann.
- Es will einzelnen Lehrerinnen – und insbesondere jungen Lehrern und Referendarinnen – helfen, die Bedeutung ihrer Rolle zutiefst schätzen zu können und praktische Wege zu finden, für sich selbst zu sorgen und in dieser anspruchsvollen und lohnenden Tätigkeit aufzublühen.

2

Achtsamkeit: Was ist das? Wie kann sie helfen?

Dieses Kapitel

- untersucht das Wesen der Achtsamkeit, speziell in ihrem modernen Kontext;
- beleuchtet, wie das Training achtsamen Gewahrseins uns helfen kann, vom „Denkmodus" in den „Spürmodus" zu wechseln, wodurch sich eine größere Vielfalt an Möglichkeiten eröffnet, in verschiedenen Situationen zu reagieren;
- betrachtet, wie Achtsamkeit angewendet wird, um bei Schmerz, Stress, Angst und Depression zu helfen.

„SIE SIND EIN JUNGER MANN IN INDIEN UND SIE DENKEN ZU VIEL."

So viel wusste ich schon, es aber am Hafen von Bombay aus dem Mund eines turbantragenden Wahrsagers zu hören, schien dem Ganzen eine Legitimität zu verleihen, die meine Sorgen noch verstärkte. „Ich weiß, dass ich zu viel denke. Aber wie höre ich damit auf?" Das war es, was ich nicht verstand. Der Versuch, *nicht* zu denken, war erfolglos.

In den 1970er Jahren, als ich auf einer Reise durch Indien war, nahm ich letztendlich zufällig in Puducherry an ein paar Meditationssitzungen mit Einheimischen teil. Dieses Erlebnis hatte einen starken Einfluss auf mich, und zurück in London fuhr ich mit dem Erforschen der Meditation fort. Obwohl ich einen großen Teil meines Lebens unermüdlich Yoga oder Tai Chi praktiziert habe, war meine Meditationspraxis sehr sporadisch. Dann, in einer sehr schwierigen Phase in der Mitte meines Lebens, als Tod und Scheidung Herausforderungen schufen, für die ich mich schlecht gerüstet fühlte, kam es bei mir zu einer Wiederentdeckung von Meditation und Achtsamkeit.

Ein weiteres Mal war ich auf einigen dieser Wege in Richtung Selbstgewahrsein unterwegs, die ich in meiner Jugend erkundet hatte. Dabei entwickelte ich ein paar wesentliche Fertigkeiten und Fähigkeiten, die mir wirklich halfen, mit diesen gravierenden Lebensereignissen fertig zu werden und den Umgang mit den damaligen Belastungen des Lebens, der Arbeit und der Familie besser zu gestalten.

Ich musste lernen, starke Emotionen wie Traurigkeit, Wut, Schuld und Trauer zuzulassen und zu verarbeiten. Als ich das tat, begann ich einige selbsterzeugte Stressoren zu erkennen und allmählich loszulassen – diese subtilen, unter der Oberfläche lauernden „Geschichten" über meine Schwierigkeiten, die alles nur noch schlimmer machten. Ich begann zu erkennen, welchen Wert es hat, wirklich bewusst präsent zu sein, selbst inmitten von Schwierigkeiten. Und darüber hinaus eine Fähigkeit zu spüren, das Leben wieder vollständiger zu genießen.

Folglich erwies sich die Einführung in die Meditation, die mir in meiner Jugend zuteil geworden war, Jahrzehnte später als eine für mich äußerst wichtige Erfahrung. Nachdem ich meine tägliche Praxis etabliert und weiteres Training durchlaufen hatte, schien es mir ein naheliegender nächster Schritt zu sein, Schüler, Lehrerinnen und Eltern an die Achtsamkeit heranzuführen. In den folgenden Kapiteln werden wir uns eingehend damit beschäftigen, wie sich dieses Vorhaben in Schulen realisieren lässt; zuerst aber konzentrieren wir uns direkt darauf, was Achtsamkeit ist, wo sie herkommt und wie sie helfen kann.

Fünfzehn Sekunden

In den 1960er Jahren machte sich eine Welle von „Suchenden" (die Wegbereiter für meine eigene Überlandreise ein Jahrzehnt später) aus dem Westen auf den Weg nach Asien. Die Begegnungen einiger dieser Menschen mit östlichen Praktiken legten die Grundlage für wertvolles interkulturelles Lernen, das durch die Jahrzehnte hindurch einen bis zum heutigen Tag anhaltenden Widerhall gefunden hat. Dieser reicht bis in die etablierte Wissenschaft, Psychologie und Medizin hinein. 1979 saß Jon Kabat-Zinn, Molekularbiologe am Massachusetts Institute of Technology (MIT) in den USA, in einer Meditationsgruppe in Barre, Massachusetts, als er 15 Sekunden lang eine Erkenntnis darüber hatte, wie sich der breiten Gesellschaft das Wesen der buddhistischen Meditation nahebringen ließe – gelöst von ihrem kulturellen und historischen Drumherum und der Allgemeinheit zugänglich gemacht.

Kabat-Zinn, der seine Erkenntnis unbedingt in der Praxis anwenden wollte, konnte die Entscheidungsträger an der University of Massachusetts Medical School dazu überreden, ihn einen Raum im Keller nutzen zu lassen, um dort Personen mit ärztlicher Überweisung zu empfangen. Er nahm Patienten an, welche seit langer Zeit an Schmerzen und Krankheiten litten, die von der traditionellen Medizin nicht „geheilt" worden waren. Menschen, die bereit waren, etwas anderes auszuprobieren. Dieses „etwas anderes" war eine wöchentliche Sitzung, ergänzt durch viel Praktizieren und das Durchführen zahlreicher Übungen zu Hause, und stützte sich auf Yoga und Meditation – insbesondere auf die Achtsamkeitsmeditation.

Aus dem achtwöchigen Kurs, den Kabat-Zinn entwickelte, wurde das Programm zur achtsamkeitsbasierten Stressreduktion (Mindfulness-Based Stress Reduction, MBSR), das heute weltweit in mehr als 30 Ländern von Tausenden Trainern unterrichtet wird. Allein das Center for Mindfulness an der University of Massachusetts Medical School hat bisher mehr als 22.000 Menschen durch den achtwöchigen Kurs geleitet. Sobald eine solide Forschungsgrundlage geschaffen war, wurden der Rahmen und die Methode des MBSR-Programms zum Modell für nachfolgende Anwendungen der Achtsamkeit, die heute in vielen verschiedenen Bereichen der psychischen Gesundheit und der Schulmedizin zum Einsatz kommen.

Was also ist „Achtsamkeit"?

> „Achtsamkeit ist Gewahrsein, das entsteht, wenn wir auf eine bestimmte Art aufmerksam sind: bewusst, im gegenwärtigen Moment, mit Neugier und Güte gegenüber dem, was ist."

Diese von Kabat-Zinn formulierte Arbeitsdefinition bringt die wesentlichen Eigenschaften der Achtsamkeit gut auf den Punkt. Bei Achtsamkeit handelt es sich nicht um etwas, das uns als solches „gelehrt" oder „gegeben" wird; Achtsamkeit ist eine natürliche Fähigkeit, die wir alle besitzen und die sich zeigen kann, wenn wir tief in etwas versunken sind oder uns in einer Situation befinden, die unsere volle Aufmerksamkeit verlangt. Wenn Menschen meditieren, kultivieren sie die Bedingungen, die dieses achtsame Gewahrsein entstehen lassen.

Sämtliche Weltreligionen enthalten Elemente, die der Besinnung und der Entwicklung inneren Friedens gewidmet sind, aber die buddhistischen Traditionen scheinen sich besonders auf die Erkundung dieser Aspekte der menschlichen Psyche konzentriert zu haben. Achtsamkeitsprogramme stützen sich auf diese Erkundungen, doch die Kompetenzen, welche dabei entwickelt werden, sind natürliche, uns innewohnende menschliche Fähigkeiten, und die Kurse für Schulen, die in diesem Buch erläutert werden, haben einen vollkommen säkularen Charakter.

Achtsamkeit ist tatsächlich das Gegenteil von Vergesslichkeit. Wir vergessen, was gerade jetzt geschieht, weil wir häufig zu sehr mit Denken beschäftigt sind – damit, uns Sorgen über die Zukunft zu machen oder Vergangenes noch einmal zu überdenken. „Wieder erleben und im Voraus erleben", nennt Chris Cullen vom Oxford Mindfulness Centre dieses Phänomen. Wenn wir uns in Achtsamkeit schulen, schulen wir uns darin, dem gegenwärtigen Augenblick zu begegnen, zugänglicher für das zu sein, was *jetzt gerade* passiert. Und selbstverständlich ist der gegenwärtige Augenblick der einzige Ort, an dem jemals etwas geschieht – es lohnt sich also zu versuchen, hier mehr Zeit zu verbringen!

Wie tun wir das?

Man könnte annehmen, dass es bei Achtsamkeit und Meditation ausschließlich um den Geist geht, aber in vielerlei Hinsicht fokussiert das Training achtsamen Gewahrseins häufig auf den Körper – auf das bewusste Kultivieren der Verbindungen zwischen Geist und Körper, das uns helfen kann, in unseren alltäglichen Erfahrungen und Verhaltensweisen ein größeres Gleichgewicht zu finden. Während unser *Geist* in die Zukunft entschwunden sein kann, sich Sorgen macht oder Dinge ausmalt, oder vielleicht in die Vergangenheit zurückgewandert ist, Geschehenes bereut oder noch einmal durchspielt, ist unser *Körper* ausschließlich hier in der Gegenwart. Im Kern bedeutet das: Wenn wir uns darin schulen, direkter mit unserem Körper in Verbindung zu stehen, können wir mehr Zeit damit verbringen, unsere Erfahrung des Lebens vollständig zu leben.

Modi des Geistes

Lassen Sie uns kurz zwei entscheidende Funktionsweisen (Modi) des Gehirns untersuchen, die von zentraler Bedeutung für achtsames Gewahrsein sind. Lesen Sie den folgenden Abschnitt und nehmen Sie sich dabei die Zeit, sich die beschriebene Situation vorzustellen und sich in sie „hineinzufühlen". (Dies ist übrigens keine Achtsamkeitsübung; es ist eine einfache Visualisierung, die Bearbeitung eines Beispiels von David Rock [Rock, 2009].)

DER STEG

Stellen Sie sich vor, es ist Sommer, und Sie befinden sich auf einem kleinen Steg am Ufer eines friedlichen Sees. Sie sitzen auf den Holzbrettern, Ihre Beine baumeln über dem Wasser. Es ist ein warmer Tag und Sie können die Hitze auf Ihrer Haut und Ihrem Gesicht spüren. In der Hand halten Sie ein erfrischendes Getränk, und Sie nehmen den Kontrast zwischen der Kühle des Glases und der Hitze des Tages wahr. Eine leichte Brise weht über das Wasser, bewegt Ihr Haar und die Haare auf Ihren Armen. Die Brise trägt einen schwachen Geruch von Schilf, Erde und Seewasser heran.

Eine Wolke zieht vor die Sonne, dann bläst eine kühlere Brise über das Wasser. Ein leichtes Frösteln überkommt Sie, erinnert Sie daran, dass der Sommer schnell vorbeigeht. Das neue Schuljahr wird bald beginnen. Ihnen fällt ein, dass Sie sich noch mit Unterrichtsplanung zu beschäftigen haben, wenn Sie wieder zu Hause sind. Sie fangen an, sich über die neuen Klassen Gedanken zu machen, die Sie zu unterrichten haben – „Werden die neuen Lehrbücher rechtzeitig eintreffen?" –, sowie über einige der Aufgaben, die Sie am Ende des Jahres unerledigt gelassen haben – „Ich habe nie diese alten Ordner ausgemistet".

Unabhängig davon, ob Sie nun tatsächlich irgendwelche Empfindungen „gespürt" haben oder nicht, haben Sie wahrscheinlich gemerkt, was passiert ist. Wir haben uns vom hundertprozentigen sinnlichen Erleben des gegenwärtigen Moments zum Denken verlagert – zum Planen der Zukunft mit unserem inneren Erzählmodus. Abbildung 2.1 stellt die zwei primären Modi des Geistes bildlich dar.

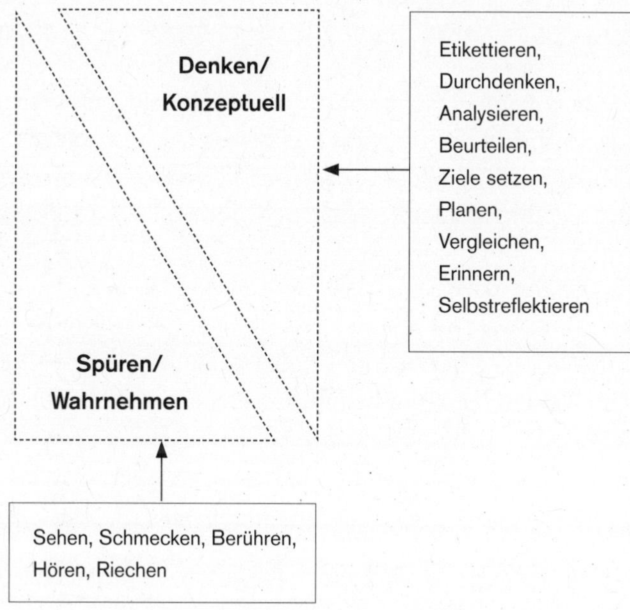

Abbildung 2.1 Modi des Geistes (nach Williams, 2010)

Diese zwei wichtigsten Modi des Geistes – **Spüren** und **Denken** – können mithilfe von Gehirnscans in Aktion beobachtet werden. Wir besitzen alle diese Fähigkeit, unsere Sinne zu erleben und uns in unsere Gedanken zu begeben, und wir schnellen von einem Modus in den anderen und wieder zurück, ohne es normalerweise auch nur zu bemerken. Die meisten von uns verbringen allerdings sehr viel Zeit in ihren Gedanken und mit ihrem inneren Geschichtenerzählen und nicht so viel Zeit mit dem direkten Erleben des gegenwärtigen Augenblicks mittels ihrer Sinne.

Eine Schlüsselkomponente der Schulung in achtsamem Gewahrsein besteht darin, zu lernen, wie wir unsere Aufmerksamkeit aus dem Denkmodus heraus- und in unseren Körper und unsere Sinne hineinholen – in den Spürmodus. Wir trainieren dies nicht, um unser Denken zu stoppen, und auch nicht, um mit unserem Augenmerk dauerhaft in unserem Körper zu verweilen. Wir trainieren dies, um unter mehr Möglichkeiten auswählen zu können, wohin unsere Aufmerksamkeit geht; um in der Lage zu sein, das volle Spektrum der sensorischen *und* kognitiven Erfahrungen zu leben, je nachdem, was bei der jeweiligen Gelegenheit am angemessensten ist. Wenn wir merken, dass wir im Denken feststecken (oder von ihm überwältigt werden), können wir lernen, unsere Aufmerksamkeit in den Körper sinken zu lassen. Wenn wir auf die Zukunft fokussieren wollen, zum Beispiel etwas planen möchten, können wir uns mit vollem Bewusstsein dafür entscheiden, jetzt, in diesem Moment.

Wenn wir einen schwierigen Tag haben – uns vielleicht durch die Interaktion mit einer Mutter oder einem Kollegen gestresst fühlen oder durch einen Stapel zu benotender Arbeiten unter Druck stehen –, sind wir uns möglicherweise vage eines Unbehagens bewusst und wissen, wir befinden uns nicht wirklich in der besten Geistesverfassung, um einen Klassenraum zu betreten. Haben wir jedoch bereits einige Achtsamkeitsstrategien etabliert, können diese uns in die Lage versetzen, nur für einen Moment in das Spüren unseres Körpers und Atems zu sinken, unsere Gedanken und Emotionen anzuerkennen, vielleicht einmal tiefer durchzuatmen und einen Teil dieser Anspannung loszulassen. Wir können folglich, selbst in einem kurzen Augenblick, eine kleine Verlagerung unseres Fokus vornehmen. Dies ermöglicht es uns, bei den Schülern, die wir genau jetzt vor uns haben, präsenter zu sein.

Mit dem Schmerz sein

Indem sie sich auf diese Art fokussierten Gewahrseins des gegenwärtigen Moments einließen, bemerkten viele Teilnehmerinnen jener frühen, von Jon Kabat-Zinn entwickelten Kurse einen erheblichen Unterschied im Erleben ihrer Krankheit oder ihres Schmerzes. Einige schienen ihre Beziehung zum Schmerz zu verändern – sich selbst weniger über ihre Krankheit zu definieren und durch das Wiedererlangen einer aktiveren Rolle in ihrem Leben mehr Optimismus zu gewinnen. Andere schienen tatsächlich weniger Schmerz zu empfinden. Dies ist nicht nur eine Theorie oder Idee: Die mächtige Kombination von uralten Praktiken und moderner Forschung zeigt, dass bei Menschen, die auf diese Weise geschult sind, häufig Veränderungen im Gehirn zu beobachten sind. Wissenschaftlerinnen stellen fest, dass bei Erwachsenen schon nach erstem Achtsamkeitstraining einige bedeutende Änderungen in der Struktur und Verdrahtung des Gehirns erkennbar sind (Massachusetts General Hospital, 2011). Der ursprüngliche Zweck der Meditationspraktiken lag, zumindest im Buddhismus, darin, die Ursachen menschlichen Leidens und den Weg zur Beendigung des Leidens zu verstehen. Moderne Anwendungen jener althergebrachten Ansätze scheinen die Gültigkeit dieser Techniken in einem wissenschaftlichen Rahmen zu bestätigen.

Schmerz und Leiden

Wir wissen also aus der Forschung und aus den Erfahrungen von Menschen, dass hier etwas Wesentliches geschieht. Aber was tun wir eigentlich, das eine Veränderung bewirkt? Gemeinsam ist vielen dieser Anwendungen der Achtsamkeit eine aktivere Rolle seitens der leidenden Person – ein Rückgang der Passivität, die eine medizinische Diagnose häufig begleitet. Ein weiterer Aspekt ist das Imstandesein, die eigene Erkrankung so zu akzeptieren, wie sie ist, und mit ihr zu arbeiten. Das Paradox ist, dass diese aktive Akzeptanz bisweilen die Intensität der Erfahrung reduzieren kann.

BILLY UND DIE MÜCKE

Als ich in meinen mittleren Lebensjahren gerade dabei war, Achtsamkeit wiederzuentdecken, nahm ich meinen Sohn Billy mit auf eine Reise nach Ägypten. Er war zu der Zeit ungefähr 14 Jahre alt und genauso begeistert wie ich von den beeindruckenden Stätten, Geschichten und Menschen, die wir dort antrafen. Eines Morgens ritten wir auf Kamelen hinauf zu den Gräbern in Luxor und machten anschließend noch eine Tour zu anderen Sehenswürdigkeiten in der Gegend. So interessiert Billy auch an den Ruinen war, die wir erkundeten, wurde er doch von einigen unangenehmen Mückenstichen geplagt und konnte dem Drang, an ihnen zu kratzen, einfach nicht widerstehen. Schließlich begann dies sein ganzes Erlebnis zu beeinträchtigen. Inmitten all der großartigen, uralten Pracht war die durch diese winzigen Insekten ausgelöste Reizung bei ihm ins Zentrum der Aufmerksamkeit gerückt. Auf der Busfahrt zwischen zwei Stätten wurde er zunehmend genervt, und da ich keine Salbe bei mir hatte, beschloss ich, es mit einer der Techniken zu versuchen, die ich gelernt hatte. (Ich nahm an, dass sein Leiden ausreichen würde, um ihn zum Ausprobieren zu motivieren!)

„Willst du, statt dich von dem Jucken verrückt machen zu lassen, mal einen anderen Umgang damit ausprobieren?"

„Was zum Beispiel?"

„Kratz die Stiche mal ein Weilchen nicht und sitz einfach aufrecht da, schließ die Augen und spür das Jucken ... Atme einfach sanft und tief und schließ die Augen und konzentrier dich genau auf die Stelle, an der du den größten Reiz spürst ... Jetzt atme und beobachte einfach weiter und nimm vollständig wahr, wie sich diese Stiche auf deiner Haut anfühlen."

Nach einem Augenblick fragte ich ihn, wie es sich jetzt anfühle.

„Das Jucken ist weg!"

Nach einer Weile kam der Juckreiz zurück, aber er war nicht mehr so stark, und Billy konnte die nächste Stätte aufsuchen und das Erlebnis genießen. Jahre später erzählte er mir, er habe sich vorgestellt, sein Atem würde zu der juckenden Stelle fließen, und dabei an diese TV-Werbespots für Schmerztabletten gedacht, bei denen die Pillen auf einen pochenden roten Punkt im Körper abzielen. Immer wenn das Jucken an dem Tag zurückkehrte, atmete er in dieses hinein und es „verschwand" wieder für eine Weile. Er hatte eine neue Art und Weise gelernt, aktiv mit Unbehagen umzugehen.

Selbstverständlich versuche ich nicht, die durch eine schwere Krankheit hervorgerufenen Schmerzen mit dem Jucken eines Mückenstichs zu vergleichen, und wir können nicht alle Schmerz einfach dadurch überwinden, dass wir ihn akzeptieren. Doch stimmt es, dass wir unsere Schwierigkeiten durch die Art, wie wir auf sie reagieren, häufig verfestigen, nähren und sogar vergrößern. Außergewöhnliche Menschen wie Nelson Mandela und Viktor Frankl haben gezeigt, dass manche Individuen selbst in den schrecklichsten Situationen in der Lage sind, eine Haltung zu wählen, die ihr Leiden verringert und sogar verwandelt.

Vielleicht wird eine teilweise Erklärung dessen, was hierbei geschieht, in der folgenden Formel auf den Punkt gebracht:

Leiden = Schmerz × Resistenz

Oder, wie manche es ausdrücken: „Schmerz im Leben ist unvermeidlich, Leiden ist optional". Wir können nicht alle negativen Erfahrungen aus unserem Leben beseitigen, aber wir können zumindest entschärfend darauf einwirken, wie wir vom Leiden beeinflusst werden – und insbesondere darauf, inwieweit unsere Geschichte über Schmerz und Krankheit die Erfahrung des Leidens manchmal verstärken oder nähren kann.

SCHMERZ BEHANDELN

In den vergangenen 30 Jahren hat die Forschung zu den Auswirkungen von MBSR-Kursen auf die Schmerzerfahrung zunehmend Aufschluss über die beteiligten physiologischen und psychologischen Prozesse gegeben. Hier ein Beispiel aus jüngerer Zeit:

> Das pharmazeutische Standardverfahren zum Testen neuer Arzneimittel besteht darin, die Medikamente mit einem Placebo zu vergleichen. Wie wir mittlerweile wissen, können auch Letztere erhebliche Wirkung haben, und es hat einige interessante For-

schungsstudien gegeben, in denen Placebo-Prozesse untersucht wurden (Feinberg, 2013). 2014 entwarfen Fadel Zeidan und sein Team am Wake Forest Baptist Medical Centre im US-Bundesstaat North Carolina ein Experiment, um die Achtsamkeitsmeditation mit einem Placebo-Schmerzmittel zu vergleichen (Zeidan et al., 2015). Die Teilnehmerinnen erhielten willkürlich entweder eine Unterweisung in der Achtsamkeitsmeditation oder in der Anwendung einer neutralen Salbe (dem Placebo), die sie im Fall von Verbrennungen auftragen konnten. Später wurde ihnen im Labor tatsächlich eine Verbrennung am Arm zugefügt, woraufhin sie entweder die Salbe auftrugen oder ihre Technik anwandten. Die Placebo-Salbe verringerte in erheblichem Maße das Schmerzempfinden (-11 Prozent) und das unangenehme Gefühl (-13 Prozent), die Achtsamkeitsmeditation aber übertraf den Effekt des Placebos in beiden Kategorien (-27 Prozent und -44 Prozent).

Eine weitere Gruppe erhielt eine Unterweisung in einer einfachen Entspannungstechnik, die eine geringere Wirkung zeigte als die Salbe. Was die Forscherinnen aber am meisten überraschte, war die auf Scans zu erkennende Art, wie der Schmerz im Gehirn verarbeitet wurde:

> „Wir waren von den Forschungsergebnissen vollkommen überrascht. Während wir geglaubt hatten, dass es irgendeine Überschneidung zwischen den bei der Meditation und den bei dem Placebo aktiven Hirnregionen geben würde, liefern die Ergebnisse dieser Studie neue und objektive Beweise dafür, dass die Achtsamkeitsmeditation Schmerz auf einzigartige Weise lindert."
>
> (Wake Forest Baptist Medical Center, 2015)

Die Schlussfolgerung aus dieser Untersuchung lautete: „Aufgrund unserer Erkenntnisse glauben wir, dass nur vier 20-minütige Achtsamkeitsmeditationen pro Tag die Schmerzbehandlung im klinischen Umfeld verbessern könnten".

Die Anwendung von Achtsamkeitstechniken zur Behandlung von Schmerzen im Rahmen des MBSR-Programms und die Forschung, welche die Wirksamkeit dieses Vorgehens bestätigte, lösten eine Welle von Untersuchungen aus (siehe Abbildung 2.2). Auf Achtsamkeit basierende Ansätze sind bei Menschen mit Krebs, Essstörungen, Sucht und vielen weiteren Leiden erforscht worden, häufig mit beachtlichen Ergebnissen. Im Bereich der psychischen Gesundheit wird Achtsamkeit insbesondere für die Behandlung von Depression, Angst und Stress genutzt. Die Achtsamkeitsbasierte Kognitive Therapie (*Mindfulness-Based Cognitive Therapy*, MBCT), die auf dem MBSR-Programm gründet, richtet sich an Menschen, die an einer klinischen Depression leiden, und ist auf diesem Gebiet besonders erfolgreich.

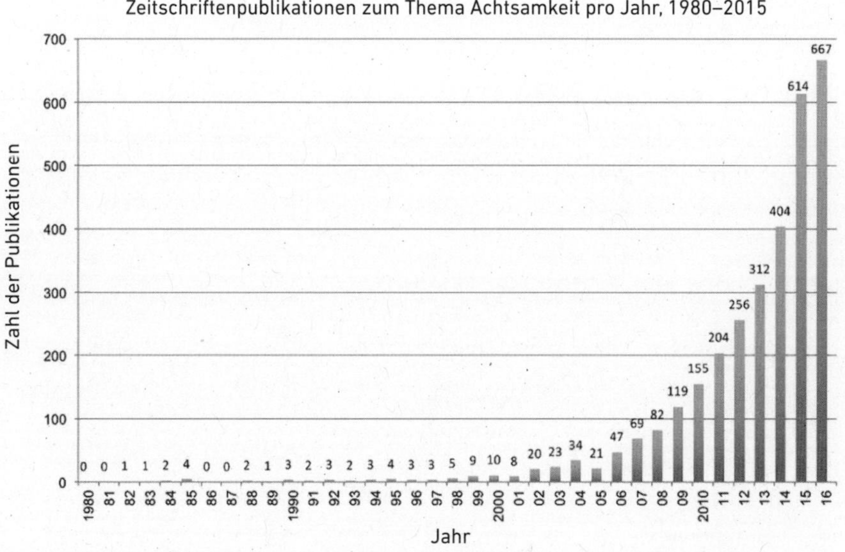

Abbildung 2.2 Exponentieller Anstieg der Publikationen zur Achtsamkeitsforschung seit 2007/08 (American Mindfulness Research Association, 2016)

Die eigenen Füße spüren

Das soll an Theorie fürs Erste reichen; probieren wir nun etwas aus, das unmittelbar erfahrungsorientiert ist. Die einzige Möglichkeit, Achtsamkeit wirklich zu verstehen, besteht darin, sie zu *erfahren*. Da wir nonverbale Erfahrungen erkunden, können diese Worte nur Wegweiser sein: Wir schauen, ob wir Worte für eine Weile beiseiteschieben können – oder zumindest die Lautstärke unserer Gedanken ein wenig *herunterdrehen*, während wir die Lautstärke der Sinne *hochdrehen*. Mal sehen, ob wir diese Ideen und Gedanken einen Augenblick loslassen und einfach mit dem Erleben unserer Sinneserfahrung spielen können.

Das geht am Besten, wenn man sich von jemandem anleiten lässt; vielleicht möchten Sie deshalb für die folgende Aktivität eine Audiospur nutzen. Auf https://www.arbor-verlag.de/uebungen-hawkins-achtsame-lehrer finden Sie eine geführte Übung.

Wenn Sie es vorziehen, die Anleitung selbst zu lesen, verwenden Sie einfach die unten aufgeführten Hinweise, um sich dahin zu bringen, etwas langsamer zu werden.

Für das Ausprobieren dieser Übung benötigen Sie ein paar Minuten (ungefähr 3 bis 5) und einen ruhigen Ort. Falls die Situation jetzt gerade nicht dafür geeignet ist, macht es nichts – Sie können später einen besseren Zeitpunkt auswählen.

AKTIVITÄT „DIE FÜSSE SPÜREN"

Wenn Sie bereit sind, bauen Sie die Absicht auf, sich auf diese Aktivität zu konzentrieren und sich beim Lesen selbst zu leiten, indem Sie:

Ihr Lesetempo etwas verlangsamen,

… hin und wieder eine Pause einlegen …

… schauen, ob Sie Ihren Körper

wahrnehmen können …

Jetzt

… versuchen Sie einfach sanft, Ihre Aufmerksamkeit

auf das Spüren

Ihrer Füße zu konzentrieren.

Schauen Sie, ob Sie das Gefühl Ihrer Socken oder Schuhe wahrnehmen können,

vielleicht die Art, wie sie Ihre Füße halten oder einengen …

Versuchen Sie die Temperatur Ihrer Füße wahrzunehmen (warm oder kühl)

– und ihr Gewicht (oder ihre Leichtigkeit).

… Nehmen Sie jetzt die Verbindung zu der Oberfläche unter Ihren Füßen wahr.

Unterbrechen Sie das Lesen nun einfach für einen längeren Moment und spüren Sie erneut von innen, wie sich Ihre Füße anfühlen (schließen Sie einen Augenblick die Augen, falls es hilft).

Versuchen Sie zusätzlich zu den Füßen Ihren Körper zu spüren, wie er hier sitzt, gestützt von dem Stuhl unter Ihnen.

(Schließen Sie erneut die Augen, falls es hilft.)

Und jetzt, während Sie dies langsam und sanft lesen,

schauen Sie, ob Sie auch den Atem wahrnehmen können, der in Ihrem Körper strömt.

Die körperlichen Empfindungen des Atmens,

wo immer Sie diese am deutlichsten fühlen …

Bleiben Sie einfach beim Atem, wenn möglich für ein paar Atemzyklen …

Versuchen Sie schließlich, nachdem Sie diesen letzten Abschnitt gelesen haben,

nur eine Minute lang

das Buch aus der Hand zu legen,

Ihren Atem zu fühlen und Ihren Körper,

Ihre Augen langsam im Raum umherwandern zu lassen

und sich selbst vollständig zu spüren,

wie Sie hier in diesem Raum sitzen.

Wie war das?

Was haben Sie wahrgenommen?

Fühlten Sie sich müde?

Oder entspannt?

Konnten Sie bei den Empfindungen verweilen?

Schweifte Ihr Geist immer wieder ab?

War es schwierig, sich einzulassen?

Vielleicht konnten Sie Ihre Füße überhaupt nicht spüren?

Oder vielleicht dachten Sie: „Was für eine Zeitverschwendung!"?

Eine jede dieser Möglichkeiten hätte, neben zahlreichen anderen, während dieser wenigen Minuten Ihre Erfahrung sein können. Bei diesen Übungen gibt es kein richtig oder falsch. Zum jetzigen Zeitpunkt lernen wir wahrzunehmen, was immer wir wahrnehmen, deshalb besteht kein Grund für das Gefühl, etwas „falsch" gemacht zu haben, falls die Aktivität Ihnen schwergefallen ist. Wir erkunden einfach, beobachten, was passiert, wenn wir versuchen, unsere Aufmerksamkeit in den Körper zu lenken. Falls dies eine neue Art der Erfahrung für Sie ist, gilt es, wie bei jedem Trainieren einer neuen Fähigkeit, nicht zu übertreiben und nicht zu selbstkritisch zu sein. Wir können ebenso viel von herausfordernden Augenblicken lernen wie von Momenten, in denen uns Dinge leichter fallen. Wir fangen gerade erst an, am Aufbau unserer Absicht zu arbeiten, aufmerksam zu sein.

Wandern und Wundern

Wir machen uns Sorgen über die Zukunft, beschäftigen uns zwanghaft mit der Vergangenheit, werden von unserem inneren Erzähler vereinnahmt, bleiben manchmal auf Autopilot hängen und achten nicht wirklich darauf, wo wir sind und was wir gerade tun. Selbst wenn wir uns auf den gegenwärtigen Augenblick konzentrieren, können wir doch in unregelmäßigen Abständen diese – zumeist unterschwelligen – Kommentare unseres inneren Kritikers empfangen: Wir machen uns selbst schlecht („Ich bin nicht gut/klug/stark genug") oder blasen uns auf, wir stellen Vergleiche zu anderen an und legen fest, wo wir stehen („Wenigstens bin ich nicht so hässlich/klein/groß/dünn/fett/arrogant/schüchtern usw. wie er/sie!").

Das Training achtsamen Gewahrseins kann uns helfen, mit unserem wandernden Geist zu arbeiten (und so einen haben wir alle!), aber das heißt nicht, dass wir die Wunder der Geisteswanderung nicht schätzen und feiern könnten. Ich habe die Erfahrung gemacht, dass sich einige meiner besten Ideen einstellen, wenn ich meinen Geist wandern lasse und einfach schaue, was dabei herauskommt. Gedicht-, Musik oder Ideenfetzen können zum Vorschein kommen, manchmal wie aus dem Nichts. Es stimmt, dass dies bei mir meistens dann passiert, wenn ich mich gerade körperlich betätige – zu Fuß gehe, Rad fahre, dusche oder vielleicht aus einem Zugfenster blicke und bei der Fahrt durch die Landschaft sanft hin und hergeschaukelt werde. Deshalb nehme ich an, dass hier eine gewisse „Verkörperung" besteht, selbst wenn ich mich nicht auf sie konzentriere. Aber das ist etwas anderes als das eher „entkörperte", weitschweifige Denken, das in den frühen Morgenstunden oder nach einem stressigen Tag die Führung übernehmen kann.

Das Sorgen-Gen

Wir sind die Nachkommen von Sorgenträgern sowie von Kriegerinnen – und es sind diese sorgenvollen Gene, die unsere Vorfahren zuweilen am Leben erhielten und die an uns weitergegeben wurden. Manchmal erzähle ich meinen Schülern, meine Mutter sei eine wunderbare Frau gewesen und außerdem großartig darin, sich Sorgen zu machen. Hätte es einen Olympia-Wettkampf im Sorgenmachen gegeben, wäre meine Mutter in der Lage gewesen, Großbritannien zu vertreten. „Und", berichte ich ihnen, „ich habe diese Fähigkeit geerbt und perfektioniert – sie auf eine ganz neue Ebene gehoben." Ich sorge mich leicht – mein Geist hat einfach die Neigung dazu.

Weil ich recht gut darin bin, mir Sorgen zu machen, ist diese Verhaltensweise fest in meinem neurologischen Schaltkreis verdrahtet. Meine gewöhnlichen Gedankenmuster folgen vertrauten intersynaptischen Bahnen, die durch regelmäßigen Gebrauch gut myelinisiert (isoliert) wurden. Dies erleichtert es den elektrochemischen Strömungen in meinen Neuronen, entlang dieser „Sorgenwege" zu fließen. Durch Training habe ich jedoch gelernt, diesen Prozess zu erkennen, und oft kann ich mich jetzt dafür entscheiden, *nicht* diese neuronalen Standardautobahnen zu benutzen, sondern stattdessen auf eine freundlichere Nebenstraße abzubiegen – eine, die einer ruhigeren, angenehmeren Fahrt zuträglicher ist.

Die meisten von uns scheinen eine eingebaute Neigung zu haben, auf das Negative hinzusteuern, wenn sie ihre Gedanken zu lange wandern lassen. Es besteht die Gefahr, in die Falle unterschwelligen negativen Denkens zu geraten – insbesondere, wenn dieses durch eine zugrundeliegende niedergeschlagene Stimmung oder eine starke Emotion wie Furcht, Zorn oder Traurigkeit angeheizt wird (Killingsworth und Gilbert, 2010). Wie kognitive Verhaltenstherapeutinnen herausgefunden haben, können unsere Versuche, uns aus einer Depression herauszudenken, manchmal einfach zur Folge haben, dass wir weiter in einer Abwärtsspirale stecken bleiben. Achtsamkeitstraining hat mir geholfen, den Unterschied zwischen angenehmem oder kreativem Tagträumen und weitschweifigem Sich-Sorgen-Machen, das keinem positiven Zweck dient, zu erkennen.

Der wandernde Geist kann ein kreativer oder erholsamer Zustand sein, wenn wir tagträumen (Callard und Margulies, 2011), oder er kann negative Zustände nähren, wenn wir uns zwanghaft mit etwas beschäftigen oder schwarzmalen. Mit Zeit und Geduld vermögen wir zu lernen und uns zu trainieren, sodass wir wählen können, ob wir ihn wandern lassen, oder – wenn wir merken, dass er uns Probleme bereitet oder uns unterminiert – uns sanft aus dem Denken in den gegenwärtigen Moment zurückholen. Dies gelingt uns mithilfe der Sinnesanker, die wir in unserer Praxis etabliert haben.

> Meditierende sind keine „Menschen, deren Geist nicht wandert"; Menschen meditieren, weil der Geist wandert.

Wenn wir ein Bild von einem Raum voller meditierender Menschen sehen, wirken alle so ruhig und gelassen. Die Realität aber ist, dass jede Person in jedem Augenblick irgendeine Gefühlsregung aus dem gesamten Spektrum menschlicher Emotionen und Empfindungen verspüren könnte – die nicht alle ruhig oder angenehm sind. Es ist wichtig zu verstehen, wie schwierig es manchmal sein kann, einfach ein paar Minuten lang ruhig still zu sitzen – insbesondere, wenn man an dem Tag noch Schüler zu unterrichten hat!

Wenn wir Erwachsene und Kinder an diese Praktiken heranführen, achten wir darauf, dass wir die Normalität ihrer verschiedenen Erfahrungen herausstellen. Das Letzte, was wir wollen, ist, dass junge Menschen beschließen: „Ich habe Achtsamkeit ausprobiert, aber das ist nicht mein Ding, mein Geist wandert zu viel." Wir helfen ihnen, die Natur des wandernden Geistes zu verstehen – zu begreifen, dass es sich beim Wandern einfach um etwas handelt, „was ein Geist tut".

Im nächsten Kapitel werden wir das Etablieren einer persönlichen Achtsamkeitspraxis eingehender untersuchen, damit Sie Ihre eigenen Versuche hiermit starten können. Je mehr Sie praktizieren, umso besser sind Sie in der Lage, zu erkennen, wann der Geist Sorgen nährt. Dann können Sie Ihre zunehmende Fähigkeit zur Fokussierung Ihrer Aufmerksamkeit in einer Weise anwenden, die zu Ihrer Beruhigung und Zentrierung beitragen kann.

Lassen Sie uns nun eine kurze Explorationsübung ausprobieren, ähnlich der vorherigen, jedoch mit einem Kontext, der Ihnen vielleicht bekannt ist. Dies soll Ihnen eine Vorstellung davon vermitteln, wie wir achtsames Gewahrsein in der Schule zu unserem eigenen Nutzen einsetzen können.

ATEMPAUSE

Stellen Sie sich vor, Sie sind gerade nach einer Woche Ferien an die Schule zurückgekehrt. Trotz des Urlaubs fühlen Sie sich eigentlich nicht sehr erholt. Und da Sie Arbeiten zu korrigieren haben und später in der Woche Elterngespräche anstehen, sind Sie nicht sicher, ob Sie genug Energie haben, um die Woche durchzustehen. Auf keinen Fall fühlen Sie sich bereit, heute Morgen Ihrer Klasse gegenüberzutreten – insbesondere bei der Erinnerung an die letzte Stunde vor den Ferien, als es total chaotisch zuging!

Dann fällt Ihnen diese Achtsamkeitsübung ein, die Sie praktiziert haben. Sie beschließen, sie jetzt auszuprobieren, auch wenn es sich komisch anfühlt, dies in der Schule zu tun. Sie drehen Ihren Stuhl zum Fenster und schauen über die Bäume hinweg zu den Wolken, die über die gegenüberliegenden Gebäude hinwegziehen.

Während Sie den Raum über dem zugebauten Horizont beobachten, machen Sie einen tiefen Atemzug.

Sie nehmen den Cocktail aus Gedanken, Gefühlen und Empfindungen wahr, die durch Ihren Geist und Ihren Körper strömen. (Probieren Sie diese Übung jetzt aus – ungefähr 3 Minuten. Sie können die in diesem Buch angeleiteten Praktiken in leicht abgewandelter Form kostenlos herunter laden unter: https://www.arbor-verlag.de/uebungen-hawkins-achtsame-lehrer.)

Versuchen Sie sich darauf zu konzentrieren, wo in Ihrem Körper Sie Emotionen oder Empfindungen wahrnehmen. Dann …

… atmen Sie lang und tief ein.

Nehmen Sie das Ausatmen wahr,

unterstützen Sie ein Gefühl des Loslassens, während Sie den Atem auf seinem Weg hinaus verfolgen, versuchen Sie zu fühlen, wie der Atem sich in Ihrem Körper bewegt,

schließen Sie für einen Moment die Augen, falls es hilft.

Sammeln Sie dann Ihre Aufmerksamkeit und richten Sie diese auf Ihre Füße.

Spüren Sie die Füße in Ihren Schuhen.

Und den Boden unter Ihren Füßen.

Machen Sie ein paar Atemzüge, während Sie sich auf die Füße konzentrieren.

Weiten Sie Ihre Aufmerksamkeit nun aus, um Ihre Beine, Ihre Oberschenkel und das Gefühl Ihres Körpers wahrzunehmen, wie er hier auf dem Stuhl sitzt.

Während Sie Ihres Atems gewahr sind, heben Sie die Augen und blicken einen Moment lang hinaus und umher.

Atmen Sie noch einmal tief ein und aus.

Halten Sie das Gewahrsein Ihres Körpers aufrecht, so gut Sie können, während Sie langsam aufstehen und sich darauf vorbereiten, Ihre Schülerinnen zu begrüßen.

Achtsamkeit und Stress

Der MBSR-Ansatz kann Menschen erwiesenermaßen äußerst wirkungsvoll beim Umgang mit Stress und Schmerzen helfen. Und er lässt sich ebenso als Präventions- wie als Bewältigungsstrategie nutzen. Eine wichtige Forschungsarbeit (siehe unten) zur Anwendung von Achtsamkeit bei Stress wurde mit US-amerikanischen Marinesoldaten durchgeführt. Sie könnte für all jene interessant sein, die „Selbstbeurteilungs"-Studien skeptisch gegenüberstehen, da sie sich ausschließlich auf physiologische Messwerte stützte. (Anm.: In den folgenden Kapiteln werden wir uns eingehender mit dem Einsatz von Achtsamkeit zum Umgang mit Stress bei der Arbeit und darüber hinaus beschäftigen.)

ACHTSAME MARINESOLDATEN

Diese Untersuchung (Johnson et al., 2014) wurde von Wissenschaftlern der medizinischen Fakultät der University of California in San Diego und dem Naval Health Research Center durchgeführt:

- Vier nach dem Zufallsprinzip ausgewählte Kolonnen wurden dem Achtsamkeitstraining zugeteilt und vier dem üblichen Training.
- Die Kolonnen wurden vor und nach einem achtwöchigen Achtsamkeitskurs, sowie während und nach einem stressigen Teil der Gefechtsausbildung einige Monate später beurteilt.
- Die anhand physiologischer Blut-, Gehirn- und Herzmerkmale ermittelten Ergebnisse zeigten, dass „sich Mechanismen, die mit der Erholung von Stress in Zusammenhang stehen, bei gesunden Individuen verändern lassen, bevor sie Stress ausgesetzt sind. Dies hat bedeutende Folgen für die evidenzbasierte Forschung und Behandlung im Bereich der psychischen Gesundheit."

Achtsamkeit und Depression

Laut der Weltgesundheitsorganisation ist Depression eine der führenden Ursachen für den schlechten Gesundheitszustand weltweit (WHO, 2012). In den letzten Jahren haben Psychologen einige wirksame Ansätze für die Behandlung der Depression entwickelt, in denen das Konzept der Achtsamkeit zum Einsatz kommt. Für eine wichtige Untersuchung wurden Gruppen von Personen rekrutiert, die eine klinische, wiederkehrende Depression durchgemacht hatten, und in einem achtwöchigen Kurs in achtsamkeitsbasierter kognitiver Therapie (MBCT) geschult. Anschließend erfolgte ein Vergleich mit Kontrollgruppen (Teasdale et al., 2000). Bei dieser und ähnlichen, replizierten Studien fanden die Forscherinnen heraus, dass die Wahrscheinlichkeit für einen Rückfall in die Depression bei Menschen mit MBCT-Training nur halb so groß ist wie bei den Personen aus den Kontrollgruppen, die mit ihrer normalen Behandlung fortfahren. Funktioniert MBCT auch nicht unbedingt bei jeder Behandlung, so scheint es für die Reduzierung des Wiederauftretens einer klinischen Depression doch eine brauchbare Alternative zu pharmakologischen Optionen darzustellen. Gleichzeitig werden bei dieser Therapie sämtliche potenziellen Nebenwirkungen vermieden, die bei der Einnahme von Medikamenten auftreten können. Tatsächlich hat sich MBCT in Großbritannien mittlerweile so gut etabliert, dass die unabhängige Einrichtung *National Institute for Health and Clinical Excellence* (2009) empfiehlt, es von Ärzten als eine vom staatlichen Gesundheitsdienst getragene Behandlungsform der Depression verschreiben zu lassen.

DAS GEHIRN VERÄNDERN

- Eine 2007 veröffentlichte Studie (Farb et al., 2007) mit dem Titel „Attending to the present: mindfulness meditation reveals distinct neural modes of self-reference“ zeigte, dass Achtsamkeitstraining die „viszero-somatische“ Verarbeitung erhöht und die „narrativ-basierte“ Verarbeitung auskoppelt. Mit anderen Worten können die zwei Modi des Geistes, die wir an früherer Stelle in dem Steg-Szenario untersucht haben (**Spürmodus** und **Denkmodus**), leichter voneinander „entkoppelt“ werden, wenn wir uns darin geschult haben, körperlichen Empfindungen stärker gewahr zu werden. Es ist möglich, dass diese Entkoppelung depressiven und zum Grübeln neigenden Menschen hilft, den Zeitpunkt zu bemerken, wenn eine depressive Episode beginnen könnte, und dann Schritte zu ergreifen, um einen Rückfall aktiv zu verhindern.
- Eine am Massachusetts General Hospital durchgeführte Studie (2011) untersuchte die Ergebnisse eines achtwöchigen Trai-

ningsprogramms zum Aufbau von Achtsamkeit (durchschnittlich 27 Minuten Praxis täglich). Die hierfür durchgeführten Hirnscans erfassten Veränderungen der Struktur des Gehirns in jenen Regionen, die mit der Emotionsregulation und Stress zusammenhängen. Die Scans zeigten:

- eine erhöhte Dichte der grauen Substanz im Hippocampus (was das Erinnerungs- und Lernvermögen steigern kann)
- eine reduzierte Dichte der grauen Substanz in der Amygdala (was unsere Angstreaktionen verringern kann).

Das Verständnis davon, wie Grübelei zu depressiven Zuständen beiträgt, ist für uns alle von Bedeutung – nicht nur, weil die Depression sich gerade zu einer so weit verbreiteten Krankheit des 21. Jahrhunderts entwickelt, sondern auch, weil wir alle mit negativen Stimmungen und Geisteszuständen fertig werden müssen. Wenn wir besser darüber Bescheid wissen, wie unser Geist, unser Körper und unsere Emotionen funktionieren, sind wir eher dazu in der Lage, Strategien zum Umgang mit derartigen Schwierigkeiten zu erlernen.

Gesunde Skepsis

Wenn wir Lehrerinnen und Schüler mit Achtsamkeit bekannt machen, ermuntern wir sie dazu, der Forschung und ihren eigenen Erwartungen mit einer „gesunden Skepsis“ gegenüberzutreten – nicht so zynisch oder verschlossen zu sein, dass sie nicht bereit wären, etwas auszuprobieren, das ein bisschen anders ist, aber auch nicht so offen zu sein, dass sie rasch beschließen, Achtsamkeit sei die Lösung aller Probleme (ehrlich gesagt kommen nicht viele Schulkinder zu dieser Schlussfolgerung, bei Erwachsenen im mittleren Lebensalter kann es aber der Fall sein).

Die Meditation muss nicht unbedingt für jede die beste Wahl sein. Dies hängt davon ab, wie die jeweiligen psychischen und physischen Umstände aussehen. Beispielsweise fühlt sich ein Asthmakranker möglicherweise nicht wohl dabei, auf den Atem zu fokussieren, und es ist wichtig, dass er sich nicht dazu gedrängt fühlt. (Falls Sie aber Asthma haben und trotzdem an diesem Thema interessiert sind: Es sind einige Untersuchungen dazu durchgeführt worden, wie Achtsamkeit die Lungenfunktion und die Lebensqualität erhöhen kann [Pbert et al., 2012].) Das MBCT-Programm hat sich bei einigen Menschen als wirksam erwiesen, die an einer Depression leiden, doch ist es dazu gedacht, präventiv gegen einem Rückfall angewendet zu werden, nicht während einer akuten schweren depressiven Episode.

Zu wählen, was Ihnen zusagt, ist eine gute Praxis in Sachen Selbstfürsorge. Wenn wir gesunde Skepsis anwenden, sind wir bereit, etwas auszuprobieren. Und selbst wenn es auf den ersten Blick eine Herausforderung darstellt, können wir beschließen, weiterzumachen – aufgrund der Ermutigung und Beratung durch andere, denen wir vertrauen, oder aufgrund unseres durch die Forschung gewonnenen Verständnisses. Letztendlich aber werden wir auf der Basis unserer eigenen Erfahrung selbst entscheiden, was funktioniert und was nicht.

An die Öffentlichkeit gehen

Als sich die Ergebnisse der wissenschaftlichen Forschung verbreiteten, gewann Achtsamkeit in der Öffentlichkeit zunehmend an Interesse. Nach einem Buch über MBCT mit dem Titel *Der achtsame Weg durch die Depression*, das 2009 erstmalig auf Deutsch erschien (Williams et al., 2013), folgte 2011 mit *Meditation im Alltag: Gelassenheit finden in einer hektischen Welt* von Mark Williams und Danny Penman ein noch leichter zugängliches Werk (Williams und Penman, 2015). Dieses ausgezeichnete Buch, das ein achtwöchiges, unter eigener Anleitung durchzuführendes Programm beinhaltet, ist mittlerweile in über 20 Sprachen übersetzt worden und ein internationaler Bestseller. Dies zeigt, dass das

Interesse an Achtsamkeit nicht nur bei Menschen vorhanden ist, die klinisch depressiv sind oder an Schmerzen leiden. Wir brauchen alle mehr Raum und mehr Auszeit, und viele von uns können bei der Frage, wie wir ein besseres Gleichgewicht in unserem Leben erreichen, von praktischer Hilfestellung profitieren. Die Kombination aus Hirnscan-Technologie und der Übernahme und Anpassung östlicher traditioneller meditativer Praktiken in verschiedenen säkularen Formen hat im Westen also neue Horizonte im Bereich der psychischen und physischen Gesundheit eröffnet. Die Untersuchung der Vorteile dieses tiefen Verständnisses der menschlichen Psyche ohne das Drumherum organisierter Religionen hat jede Menge wissenschaftliche Forschung und neue Einsichten hinsichtlich der Intervention bei psychischen Gesundheitsproblemen ermöglicht. Psychologinnen und Erzieher haben erst vor Kurzem begonnen darüber nachzudenken, ob die oben skizzierten Fortschritte in der Verwendung des Trainings achtsamen Gewahrseins für die psychische and physische Gesundheit auch Kindern und Jugendlichen in Schulen nützen könnten.

PSYCHISCHE GESUNDHEIT UND JUNGE MENSCHEN

Eine vorrangige Sorge ist für uns als Lehrerinnen der alarmierende Anstieg psychischer Gesundheitsprobleme bei Kindern und Jugendlichen:

- Eine in den USA durchgeführte Metastudie fand heraus, dass Kinder und College-Studenten in den 1980er Jahren von einem durchschnittlichen Angstniveau berichteten, das höher war als das junger psychiatrischer Patienten in den 1950er Jahren (Twenge, 2000).
- Es heißt, dass der Ausbruch einer schweren Depression mittlerweile zumeist in der Jugend beginnt (Williams et al., 2012).

- Laut eines Berichts aus dem Jahr 2012 des leitenden medizinischen Sachverständigen, der in Großbritannien für die Beratung der Regierung in Gesundheitsfragen zuständig ist, haben zehn Prozent der Kinder im Vereinigten Königreich eine diagnostizierbare psychische Störung (Murphy und Fonagy, 2012).
- In einer 2014 durchgeführten Umfrage meldeten 830 Beratungsstellen für Studierende in den USA einen 94-prozentigen Anstieg „starker psychischer Probleme“. Bei diesen handelte es sich hauptsächlich um Angststörungen und schwere psychische Krisen. Laut des Leiters einer dieser Stellen habe das eine Situation geschaffen, in der Berater „nicht länger eine Therapie durchführen können … [sie] können nur eine Einschätzung vornehmen und akute Krisenfälle herausfiltern“ (Gallagher, 2015).
- In Großbritannien hat der Anteil an Kindern und jungen Menschen, die sich selbst Verletzungen zufügen, im letzten Jahrzehnt drastisch zugenommen (Murphy und Fonagy, 2012).
- Die Weltgesundheitsorganisation (2016) gab an: „Depression ist die Hauptursache für Krankheit und Beeinträchtigung unter Jugendlichen, und Selbstmord ist die dritthäufigste Todesursache.“ Die Suizidzahlen markieren nur die Spitze eines Eisbergs des Leidens unter jungen Menschen – in den USA kommen bei jungen Erwachsenen (15–24 Jahre) auf einen Selbstmord 100 bis 200 Suizidversuche (Goldsmith et al., 2002).

Wir brauchen nicht unbedingt Untersuchungen und Statistiken, um uns davon zu überzeugen, dass die Lebensstile heutzutage nicht mehr im Gleichgewicht sind – viele von uns haben bereits entweder selbst eine psychische Krankheit durchgemacht oder kennen Angehörige, Freundinnen oder Schüler, die gelitten haben oder leiden. Die Weltgesundheitsorganisation (2016) plädiert dafür, dass die Bildung auf diesem Gebiet verstärkt wird: „Bei Kindern und Jugendlichen den Aufbau von Lebenskompetenzen zu fördern und ihnen in der Schule und anderen Gemeindeeinrichtungen psychosoziale Unterstützung zu bieten, kann zu einer guten psychischen Gesundheit beitragen."

Die meisten Untersuchungen zu achtsamkeitsbasierten Interventionen sind mit Erwachsenen durchgeführt worden. Diese Situation ändert sich aber gerade. Auch wenn die Forschung mit Jugendlichen und Kindern noch als „neues Gebiet" betrachtet wird, so beginnt sie doch schon positive Hinweise zu liefern. In Kapitel 5 werden wir uns einige dieser Forschungsergebnisse ansehen und untersuchen, wie manche Lehrerinnen Achtsamkeitsprogramme, die für Erwachsene konzipiert waren, für Kinder und Teenager in Schulen umgearbeitet haben.

In diesem Kapitel haben wir uns auf den Einsatz des Trainings achtsamen Gewahrseins in der Medizin und im Bereich der psychischen Gesundheit konzentriert. Ich möchte jedoch zum Schluss hervorheben, dass es hier nicht nur um den Umgang mit Schwierigkeiten und das Vermeiden von Verzweiflung oder Umschiffen der Probleme des Lebens geht. Es geht bei dieser Arbeit genauso sehr darum, das Leben zu genießen, und die wunderbare Gelegenheit, auf diesem schönen Planeten am Leben zu sein, zu würdigen. Das Training achtsamen Gewahrseins kann uns beim Zurechtkommen mit herausfordernden Erfahrungen und schwierigen Emotionen, Gedanken und Empfindungen helfen; wir können es aber auch einfach für die Leichtigkeit und Freude nutzen, die sich einstellen, wenn wir langsamer werden, bewusster im eigenen Körper sind und besser in der Lage sind, den gegenwärtigen Moment zu schätzen.

> „O ja, ich hatte meine Augenblicke, und wenn ich noch einmal von vorne anfangen könnte, würde ich dafür sorgen, dass ich noch mehr davon hätte. Wenn Sie's genau wissen wollen: Ich würde versuchen, nichts anderes zu haben. Einfach nur Augenblicke, einen nach dem anderen, anstatt ein Leben lang immer auf die Zukunft zu warten."
> Nadine Stair, 85 Jahre (zitiert in Kabat-Zinn, 2013)

WAS IST WIRKLICH WICHTIG?

- Die uralte Kunst des Kultivierens achtsamen Gewahrseins wird in der konventionellen Medizin und im Bereich der psychischen Gesundheit angewandt, was nachweislich Auswirkungen auf Schmerzen, Angst und Depression hat.
- Dies führt nun zu einer Reihe von Initiativen in Bildungseinrichtungen, mit denen das Potenzial für Anwendungen mit positiver Wirkung auf die psychische Gesundheit bei jungen Menschen und Lehrern untersucht wird.

PROBIEREN SIE ES AUS!

- Falls Sie die Aktivität auf Seite 58 noch nicht ausprobiert haben, mögen Sie sich vielleicht irgendwann in dieser Woche zehn Minuten Zeit nehmen, um sie in langsamem Tempo durchzuführen. Möchten Sie hierbei lieber angeleitet werden, finden Sie die Audioversion der Übung in leicht abgewandelter Form kostenlos unter: https://www.arbor-verlag.de/uebungen-hawkins-achtsame-lehrer.
- In den folgenden Kapiteln betrachten wir spezielle Wege zur Entwicklung verschiedener Praktiken achtsamen Gewahrseins. Wenn Sie sich jetzt schon ein wenig orientieren möchten, können Sie darüber nachdenken, einen ruhigen Augenblick in Ihren Tag einzubauen. Hier sind ein paar Vorschläge, aus denen Sie für den Einstieg wählen können:
  - Nehmen Sie sich zwei Minuten Zeit, vielleicht nach dem Duschen und vor dem Frühstück, um einfach ruhig dazusitzen

und ein paar bewusste Atemzüge zu machen. Sie müssen nicht mit gekreuzten Beinen auf dem Boden Platz nehmen, Sie können ebenso auf einem normalen Stuhl sitzen.

- Trinken Sie am Morgen gewöhnlich Kaffee oder Tee? Nutzen Sie diese Zeit, um einfach zu sitzen und zu spüren; um das Erlebnis des Trinkens zu genießen, statt dabei Ihren Tag zu planen oder Zeitung zu lesen.
- Stellen Sie einen Küchenwecker auf fünf Minuten und sitzen Sie ruhig da. Spüren Sie Ihren Körper und die Bewegung der Atmung, wo immer Sie diese wahrnehmen können. Rechnen Sie damit, dass Ihr Geist abschweift. Wenn Sie bemerken, dass es geschehen ist, bringen Sie Ihre Aufmerksamkeit sanft zurück zu den körperlichen Empfindungen des Atems oder des Körpers.
- Versuchen Sie, die Audio-Datei für ein tägliches, angeleitetes Zur-Ruhe-Kommen zu nutzen (etwa 5 Minuten).

Denken Sie bei all diesen Übungen daran, gütig mit sich selbst zu sein – machen Sie sich keine Vorwürfe, wenn es nicht so läuft, wie Sie gehofft oder geplant hatten! Erinnern Sie sich an die Qualitäten der Achtsamkeit, die wir zu kultivieren suchen:

> „Achtsamkeit ist Gewahrsein, das entsteht, wenn wir auf eine bestimmte Art aufmerksam sind: bewusst, im gegenwärtigen Moment, mit **Neugier** und **Güte** gegenüber dem, was ist.“

Quellen und weiterführende Literatur

Kabat-Zinn, Jon (2013), *Gesund durch Meditation: das große Buch der Selbstheilung.* Bern: O. W. Barth-Verlag 1991. TB-Ausgabe Frankfurt a.M.: Fischer Taschenbuch Verlag, 2006. Vollst. überarb. Aufl. München: Knaur-Verlag 2013) (orig. ders., *Full Catastrophe Living: Using the Wisdom of Your Body and Mind to Face Stress, Pain, and Illness.* New York: Dell Publishing, 1991, revised ed. New York: Bantam Books, 2013).

Ein faszinierender Einblick in Jon Kabat-Zinns MBSR-Ansatz und eine großartige Einführung in das Thema Achtsamkeit. Einen berührenden Film über die frühe Arbeit des Autors können Sie sehen auf:

Healing and the Mind mit Bill Moyers (1993), Public Broadcasting Service, 1993. Auf: https://vimeo.com/39767361

Williams, Mark, Teasdale, John, Segal, Zindel und Kabat-Zinn, Jon (2013), *Der achtsame Weg durch die Depression.* Freiburg: Arbor Verlag, 2009, 4. Aufl. 2013 (orig. dies., *The Mindful Way Through Depression: Freeing Yourself from Chronic Unhappiness.* New York: Guilford Press, 2007).

Dieses Buch enthält das Programm für einen Kurs unter eigener Anleitung und bietet viele Einblicke in die Anwendung von MBCT zur Behandlung einer Depression.

Gunaratana, Banthe Henepola (1996), *Die Praxis der Achtsamkeit: Eine Einführung in die Vipassana-Meditation.* Heidelberg: Werner Kristkeitz Verlag, 1996 (orig. ders., *Mindfulness in Plain English.* Somerville, MA: Wisdom Press, 1991, Neuaufl. 2017).

Ein leicht zugänglicher und aufschlussreicher Meditationsführer von einem sehr angesehenen buddhistischen Autor.

3

Achtsam sein: Stressmanagement und Selbstfürsorge

Dieses Kapitel:

- beleuchtet die bewusste Praxis der Entwicklung und Anwendung achtsamen Gewahrseins im täglichen Leben;
- untersucht, wie ein solches Training uns beim Umgang mit Stress helfen kann und warum es für Lehrerinnen von entscheidender Bedeutung ist, einen Fokus auf die Selbstfürsorge zu legen;
- stellt praktische Beispiele und Ideen für die formelle sowie informelle Achtsamkeitspraxis vor.

Selbstfürsorge bei Lehrerinnen und Lehrern

Als Lehrer gehören wir „den Sozialberufen“ an – einer Gruppe, die Ärztinnen, Pflegekräfte und Sozialarbeiter umfasst. Für viele ist dieser berufliche Weg eine Berufung, eine Bestimmung – sogar ein Geschenk. Wir können uns privilegiert fühlen, mit der Fürsorge für unsere Schülerinnen, mit der Förderung ihres Wachstums und Lernens betraut zu sein, und wir können Sinn und Zweck in unserem täglichen Bemühen finden, die nachfolgende Generation zu fördern. Als Erzieher geben wir viel: Wir investieren unsere Zeit und Energie in unsere Arbeit, und wir schenken unseren Schülerinnen etwas Persönliches von uns selbst. Das kann sich häufig belebend und lohnend anfühlen, mit der Zeit aber können wir ebenfalls Gefahr laufen, einen Burn-out zu erleiden. Es gibt immer mehr zu tun, wir haben an immer mehr Besprechungen teilzunehmen, immer mehr E-Mails zu beantworten, immer mehr Pflichten zu übernehmen, und es gibt immer noch bessere Wege, Lehrstoff zu unterrichten. Am Ende des Tages können wir uns erfüllt und inspiriert fühlen, wir können uns aber auch ausgelaugt und erschöpft fühlen. Das Unterrichten kann sowohl nähren als auch auszehren, und wenn in der Gesamtbilanz Letzteres überwiegt, sind Regenerationsvermögen und Gesundheit möglicherweise in Gefahr. Zu wissen, wie wir am besten mit diesen Anforderungen fertig werden und mit Stress umgehen, hilft uns nicht nur beim Vermeiden eines Burn-outs; es kann auch unsere Lehrkompetenzen verbessern.

> **„An sein eigenes Wohlbefinden zu denken, ist notwendig, um die Bedingungen für erfahrungsorientierten Unterricht zu schaffen, der Schüler zum Lernen inspiriert."**

Dieses Zitat stammt aus Daniel Siegels Vorwort zu dem Werk *The Social Neuroscience of Education* von Louis Cozolino (2013). Siegel drückt damit nicht nur seine Meinung als Professor für Psychiatrie aus; er fasst außerdem die Ergebnisse von Cozolinos Buch zusammen.

Dank wissenschaftlicher Untersuchung der Bedeutung von Beziehung beim Lernen sind wir heute sehr viel besser darüber informiert, welchen

Einfluss der Prozess der Bindung an unsere primären Bezugspersonen auf die frühe Entwicklung hat. Junge Menschen sind dafür prädisponiert, mit Erwachsenen auf vielen subtilen Ebenen Kontakt herzustellen. Wenn eine Lehrerin mit einer Gruppe Kinder in einem Raum ist, zeigt sich diese evolutionäre Veranlagung. Das heißt, dass die Schüler ihre Aufmerksamkeit nicht nur auf den akademischen, analytischen und konzeptuellen Inhalt richten, auf den die Lehrerin fokussiert, sondern ebenfalls auf eine Reihe körperlicher, sensorischer und emotionaler Signale.

Unser Engagement im gegenwärtigen Augenblick und unsere authentische Verbindung zu uns selbst und anderen haben einen erheblichen, häufig unerkannten Einfluss auf die Wirksamkeit unseres Unterrichts und natürlich auf den Lernerfolg unserer Schüler. Vieles davon läuft unterschwellig ab, aber die Forschung weist uns den Weg zu folgender Erkenntnis:

Wie wir unterrichten ist genauso wichtig wie die Frage, **was** wir unterrichten.

Die Sauerstoffmaske

Sitzen wir als Mutter oder Vater in einem Flugzeug, könnten wir beim Auftreten eines Problems vielleicht instinktiv als Erstes unseren Kindern helfen wollen. Wir werden aber angewiesen, unsere eigene Sauerstoffversorgung sicherzustellen, bevor wir anderen helfen. Viele Programme zur Schulung von Lehrerinnen in Achtsamkeit bedienen sich dieser Metapher, da es für uns als Lehrer häufig einfacher ist, uns auf die Bedürfnisse unserer Schülerinnen zu konzentrieren als auf unsere eigenen Bedürfnisse. Aber nur, wenn wir wissen, wie wir für uns selbst sorgen – uns nähren und ein Gleichgewicht finden – können wir diese Fähigkeiten effektiv modellhaft vorleben und unseren Schülern helfen, sie ebenfalls zu entwickeln.

Im Jahr 2012 war ich an der Gründung von MindWell beteiligt (*www.mindwell-education.com*), einer kleinen Organisation, die Schulen und Einrichtungen unterstützt, welche Achtsamkeit, sozial-emotionales Lernen und Wohlbefinden in ihren Gemeinschaften etablieren wollen. Wir haben das folgende Rahmenkonzept aufgestellt, das uns bei der Strukturierung unserer Arbeit mit Erziehern helfen soll:

Drei Aspekte der Achtsamkeit in der Bildung

Achtsam sein

Achtsam unterrichten

Achtsamkeit unterrichten

- Die Basis unserer gesamten Arbeit in diesem Bereich besteht darin, achtsam zu sein.
- Das erhöhte Gewahrsein, das sich aus der Entwicklung einer Achtsamkeitspraxis ergibt, wird häufig Auswirkungen auf unser Verhalten im Klassenzimmer haben und es uns ermöglichen, achtsamer zu unterrichten.
- Sobald wir über diese Grundlage verfügen, können wir beschließen, uns schulen zu lassen, um andere in Achtsamkeit zu unterrichten.

Mit Zunahme unserer Achtsamkeitspraxis können wir besser in unseren Körper hineinspüren und uns einfühlsamer auf die Unterrichtsumgebung sowie auf unsere Interaktionen einstellen. Das Wahrnehmen unserer körperlichen Reaktionen auf Stressoren kann uns Spannungen bewusster machen, die sich im Laufe der Zeit zu Krankheiten entwickeln könnten. Wir können dieses Bewusstsein nutzen, um zu versuchen, besser für uns zu sorgen. Wenn wir uns stärker auf die Selbstfürsorge konzentrieren, vertiefen wir die Verbindung zu uns selbst, was zu besseren Beziehungen mit den Schülerinnen führt. Das wiederum kann deren Lernen verbessern. Mehr Achtsamkeit in unserem täglichen Leben kann uns dabei helfen, uns selbst zu stützen und unsere Gesundheit, unsere Vitalität und unser Engagement in diesem wunderbaren und anspruchsvollen Beruf aufrechtzuerhalten.

Wenn neue Lehrkräfte einige dieser Fähigkeiten bereits während ihrer Lehrerausbildung lernen und dann zusätzlich in Schulen arbeiten, die Selbstfürsorge bei Lehrern unterstützen, werden wahrscheinlich mehr Lehrer besser dafür gerüstet sein, aufzublühen und ihren Beruf länger auszuüben. Wir werden dieses Thema in Kapitel 4 noch einmal aufgreifen.

Achtsam zu sein ergibt sich aus unserer persönlichen Achtsamkeitspraxis – der **formellen** (Sitzmeditation, Body-Scans usw.) – wie der **informellen** (dem Einbringen von achtsamem Gewahrsein in unsere täglichen Aktivitäten und unsere Beziehungen). Unsere eigene Achtsamkeit liegt sämtlichen anderen Aspekten der Achtsamkeit in der Bildung zugrunde. Das bedeutet jedoch nicht, dass wir ein vollkommen erleuchtetes Wesen sein müssen, bevor wir beginnen können, Kinder in Achtsamkeit zu unterrichten. Es bedeutet einfach, dass wir alles, was wir mit Schülerinnen versuchen zu tun, bereits selbst probiert haben.

> „Ich glaube nicht, dass es irgendetwas gibt, bei dem Achtsamkeit nicht ungemein wertvoll für Kinder sein könnte … wenn die Sache richtig angegangen wird. Und wenn sie nicht richtig angegangen wird, wäre es ein Hohn, sie überhaupt zu tun; wir müssen hier also sehr einfühlsam vorgehen." (Kabat-Zinn, 2013)

Manche Lehrerinnen sind möglicherweise frustriert, weil sie eine Begeisterung für Achtsamkeit entwickeln, sich schulen lassen möchten, um sie Schülern zu vermitteln, und dann herausfinden, dass sie erhebliche Voraussetzungen zu erfüllen haben, um zu einigen Kursen zugelassen zu werden. Oder vielleicht absolvieren sie letztendlich einen Trainingskurs und wollen – oder sollen, weil dies von ihnen erwartet wird – sofort andere Lehrerinnen schulen, wie es bei den meisten Formen der beruflichen Weiterbildung üblich ist. Aber dies ist kein durchschnittlicher beruflicher Weiterbildungskurs. Wenn Sie eines Tages Schüler in Achtsamkeit unterrichten möchten, ist es wichtig, dass Sie sich Zeit nehmen, langsam vorgehen und abwarten, um erst einmal wirklich Ihre eigene persönliche Praxis zu etablieren. Ansonsten ist es möglich, dass Sie trotz bester Absichten manchen Kindern die Idee sogar verleiden.

Die Selbstfürsorge von Lehrerinnen in Schulen unterstützen

Das zentrale Thema dieses Buches, *dass eine Fokussierung auf die Selbstfürsorge von Lehrern allem anderen vorausgehen muss,* ist keine Botschaft, die wir gewöhnlich in Schulen hören. Für Schulleiterinnen, die sich der Bedeutung der Wertschätzung von Lehrern wirklich bewusst sind, wird klar, dass Schulen sich überlegen müssen, wie sie dies am Besten ermöglichen können. Das heißt nicht, dass Schulen direkt für die mentale und emotionale Ernährung ihrer Lehrerinnen verantwortlich sein müssen. Es geht eher darum, dass wir ausdrücklich und proaktiv Bedingungen in Schulen schaffen müssen, welche die Selbstfürsorge von Lehrern begünstigen und fördern. Wenn Leiterinnen und Eltern die Wichtigkeit dieses Ansatzes verstehen, können sie Initiativen unterstützen, die Lehrer in die Lage versetzen, derartige Fähigkeiten bei sich selbst zu entwickeln. Anschließend können Lehrerinnen diese Kompetenzen modellhaft vorleben und ihren Schülern beibringen.

> „Dass ich Erdung entwickelt habe und mich nicht vom Wind herumzerren lasse, ist ganz allein auf das zurückzuführen, was ich durch die Achtsamkeit gelernt habe. Und die tägliche Praxis hilft dabei. Wir arbeiten wirklich hart, und es ist ein Beruf, der einen aussaugt. Man muss sehr viel von sich selbst geben, und in diesen Augenblicken der Stille hat man das Gefühl aufzutanken. Der Job erfordert so viel Kontaktfreudigkeit, und ich bin eigentlich ziemlich introvertiert. Neue Kraft tanke ich, wenn ich alleine bin – und diese Achtsamkeitspraxis fühlt sich manchmal genauso an wie ein halber Tag Wandern in den Hügeln."
>
> Grundschullehrerin in Großbritannien

Einige Schulen stellen bereits Mittel für die berufliche Weiterbildung von Lehrerinnen zur Verfügung, die zu ihrem eigenen Nutzen einen Kurs in MBSR, MBCT oder Ähnlichem belegen möchten. Ein paar zahlen ihren

Lehrern sogar, ganz oder anteilig, Abonnements für Apps wie Headspace oder andere Anwendungen, die ihnen beim Entwickeln einer täglichen Meditationspraxis helfen können. Manche Lehrerinnen trainieren später tatsächlich Schüler in Achtsamkeit, doch ist das nicht der einzige Grund, warum derartige Programme zu unterstützen sind. Aufgeklärte Schulleiterinnen können den Wert von Lehrkräften erkennen, die mit ihrem Stress umzugehen wissen, einfühlsamer mit Kollegen, Eltern und Schülerinnen interagieren und ihre Fähigkeiten des Unterrichts- und Verhaltensmanagements durch erhöhtes Selbstgewahrsein und verstärktes Präsentsein im Unterricht verfeinern.

> „Achtsamkeit hat mir persönlich geholfen, ein Gleichgewicht zwischen diesem hohen Arbeitspensum und den Bedürfnissen der Schüler herzustellen. Die Schule kann ein hektischer Ort sein, aber ich erinnere mich an ein Zitat, das ich gehört habe und das mir wirklich geholfen hat, mich auf die Schülerinnen zu konzentrieren – „Ich habe mich über Unterbrechungen geärgert, bis ich erkannte, dass Unterbrechungen mein Tag sind". Der Achtsamkeitsansatz hat mir geholfen, bei Menschen sehr präsent zu sein, statt mit den 15 Zeugnissen weiterzumachen, die ich zu schreiben hatte. Man kann lernen, an sich selbst wahrzunehmen, ob man gerade unruhig wird, und tatsächlich die ersten Anflüge von Stress bemerken. Ich hatte darüber vorher nie so nachgedacht. Dadurch, dass ich jegliches Grübeln registrierte und dann eine Zeitlang innehielt, behielt mein innerer Kompass die richtige Ausrichtung bei."
>
> Liz Lord, Koordinatorin für besonderen pädagogischen Förderbedarf in Großbritannien

Stress

Die Notwendigkeit, während des Unterrichtens den gesamten Tag „eingeschaltet" zu sein, die Vielzahl der an einem Tag zu treffenden Entscheidungen, die Stundenvorbereitung und die außerlehrplanmäßigen

Verpflichtungen, das Protokollieren und Bewerten, das Sich-Befassen mit Schülern, Eltern und Kolleginnen und so weiter – all diese Faktoren machen es für uns als Lehrer notwendig zu wissen, wie wir uns selbst unterstützen und für uns sorgen können.

Eines der zentralen Probleme der Menschen im 21. Jahrhundert besteht darin, dass unsere Physiologie auf psychische und emotionale Stressoren genauso stark reagiert wie auf physische Bedrohung. Unsere Reaktionssysteme können aktiviert werden, wenn wir unseren Posteingang öffnen und die lange Reihe ungelesener Nachrichten sehen, oder sogar beim bloßen *Denken an* unsere überwältigend lange „To-Do"-Liste. Bei vielen von uns sind diese psychologischen und sozialen Stressfaktoren heutzutage sehr viel üblicher als körperliche Stressoren. Schauen Sie einfach mal, ob Sie merken können, was passiert, wenn Sie langsam die unten aufgeführten Wörter lesen. Lassen Sie jeden Begriff ein wenig ins Bewusstsein dringen und achten Sie darauf, ob Sie irgendwelche subtilen Empfindungen in Ihrem Körper wahrnehmen können:

E-Mails,

Abgabetermine,

Familienpflichten,

To-Do-Listen,

Zeitmangel

Ein „neuer Normalzustand"

In den Vorträgen, die er an Schulen hält, spricht Tim Burns (der Gründer von *Educare*) von einem „neuen Normalzustand", an den sich die Gesellschaft hinsichtlich des Stressniveaus derzeit gewöhnt (siehe Abbildung 3.1).

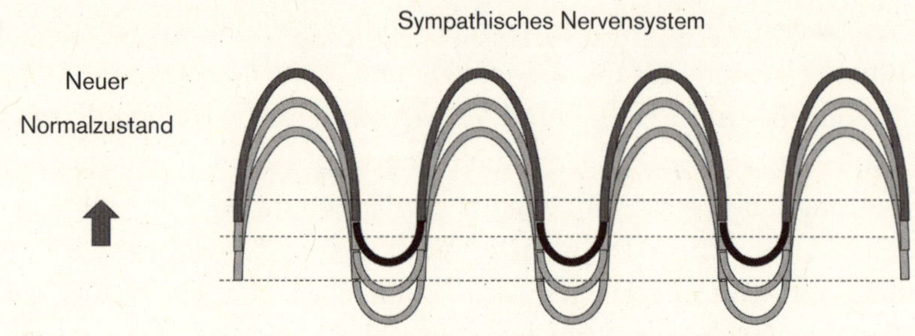

Abbildung 3.1 Chronisch erhöhtes Stressniveau – ein neuer Normalzustand (mit freundlicher Genehmigung von Tim Burns, www.timburnseducare.com)

Die Physiologie von Gleichgewicht und Stress

Der physiologische Zustand unseres Körpers reguliert sich normalerweise selbst, und ein Schlüsselfaktor bei der Aufrechterhaltung dieses Gleichgewichts ist das autonome Nervensystem (ANS). Das ANS besteht aus zwei gegensätzlichen Systemen, die uns Energie geben, wenn wir sie brauchen, oder uns verlangsamen, wenn das Gegenteil der Fall ist:

- das sympathische Nervensystem (SNS) ist unser Gaspedal
- das parasympathische Nervensystem (PNS) ist unser intelligentes Bremssystem.

Müssen wir mit einer Notsituation fertig werden, beispielsweise mit einem Tiger, der uns im Busch auf den Fersen ist, oder plötzlich einen vorgezogenen Abgabetermin einhalten, werden augenblicklich Glucocorticoide und andere Hormone ins Blut abgegeben, die durch den Körper strömen und unsere Reaktionsressourcen mobilisieren. Wenn das SNS uns zum Handeln antreibt, verbraucht es wertvollen Treibstoff. Deshalb muss das PNS bremsend tätig werden, uns beruhigen und die Möglichkeit geben, zu verdauen, Energie zu speichern und uns wieder ins Gleichgewicht zu bringen. Wie wir in Abbildung 3.1 sehen können, sind die oberen Kurven (welche die Aktivierung zum Handeln durch das SNS symbolisieren) länger als die unteren (Ruhe und Erholung durch das PNS). Unsere Lebensstile nehmen das SNS mehr in Anspruch als das PNS, was ein langfristiges Ungleichgewicht schafft, das sich fast „normal" anzufühlen beginnt – oder einfach wie etwas, „das nun mal so ist".

Diese Systeme, die sich herausgebildet haben, damit wir mit körperlicher Bedrohung zurechtkommen, rüsten uns dafür, in dem Moment zum Handeln bereit zu sein, in dem wir ein ungewöhnliches Geraschel im Dschungel wahrnehmen – ein physisches oder psychisches. *Aber die meisten von uns sind nicht darauf programmiert, effizient mit dem Tempo und der Häufigkeit moderner psychischer Bedrohungen umzugehen.* Langfristig belasten diese übermäßig aktivierten Stressreaktionen das System zu stark. Selbst in einem kurzen Urlaub lassen wir häufig nicht genug die Seele baumeln, um uns vollständig zu entspannen. Manchmal ist es einfach leichter, weiter auf Hochtouren zu laufen, als mit dem anfänglichen Unbehagen umzugehen, das sich einstellt, wenn wir langsamer werden und erkennen, wie müde oder gestresst wir sind.

Ein gewisses Maß an Stress ist hilfreich und notwendig. **Eustress** ist der Fachbegriff für positiven Stress (den wir normalerweise „Ansporn" nennen), und in Kapitel 4 werden wir uns ansehen, inwiefern das Entwickeln von Gewahrsein für unsere Stressindikatoren sehr nützlich für unseren Unterricht sein kann. Aber unsere Stressreaktionen bildeten sich für einen kurzfristigen Einsatz in physischen Situationen heraus, und die schädlichen Auswirkungen langfristigen Stresses sind umfassend dokumentiert. Weil heutzutage nur wenige von uns ausreichend Ruhe- und Erholungszeit bekommen, müssen wir bewusste und absichtliche Maßnahmen ergreifen, wenn wir das Gleichgewicht wieder herstellen wollen (siehe Abbildung 3.2).

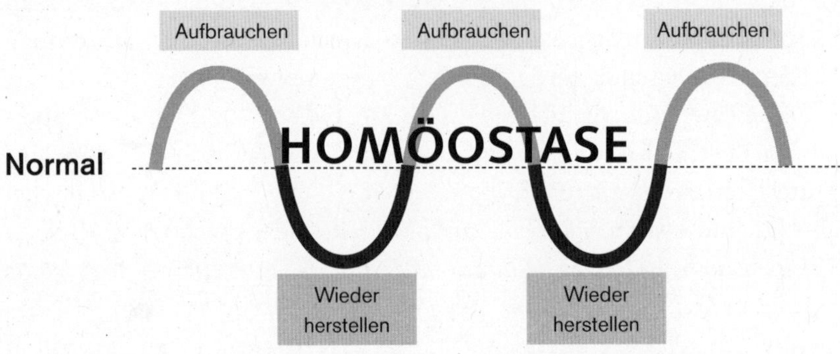

Abbildung 3.2 Homöostase (mit freundlicher Genehmigung von Tim Burns, www.timburnseducare.com)

Stress abbauen

Sicher gibt es viele Möglichkeiten, Stress abzubauen. Vielleicht laufen Sie oder gehen spazieren, schwimmen, spielen Golf, besuchen ein Fitnessstudio, praktizieren Yoga, gärtnern, schwatzen, weinen, lachen, tanzen, baden, trinken, teilen, essen, schalten ab oder schreien sogar!

Es ist so wichtig für uns, gesunde Wege der Stressbewältigung zu finden und zu kultivieren. Beachtenswert ist, dass viele der typischen Möglichkeiten, zu entspannen und Stress abzubauen, physische Aktivität beinhalten – die Rückkehr in den Körper. Alkohol vermag uns ebenfalls zu entspannen und kann uns gewiss „aus unseren Köpfen" holen, jedoch nicht immer auf solch eine erholsame, stärkende Art und Weise!

Der folgende Bericht eines Kollegen, der als Gymnasiallehrer arbeitet, verdeutlicht diesen Punkt: Die meiste Zeit meiner Lehrtätigkeit kam ich nach Hause und trank zur abendlichen Entspannung ein paar Gläser. Weil mein Geist und mein Körper den ganzen Tag so beschäftigt gewesen waren, brauchte ich etwas zum Abschalten, etwas, das mir half, zur Ruhe zu kommen. Wein schien dafür am Besten geeignet zu sein. Ich trank Wein, während ich fernsah oder an meinem Computer saß. Ich dachte nie groß darüber nach und machte ein paar Jahre einfach so weiter. Nach einiger Zeit bemerkte ich jedoch erste Auswirkungen – ich war morgens ein wenig benebelt und spürte ständig eine leichte Traurigkeit und ein vages Bedauern. Letzteres führte ich auf das Gefühl zurück, „meine Abende zu vergeuden", weil sie in die Schlafenszeit übergingen, ohne dass ich wirklich den Eindruck hatte, gelebt zu haben. Was ursprünglich eine Strategie gewesen war, Ruhe und Erholung zu finden, wurde eher zu einem Bewältigungsmechanismus als zu einer Entspannungstechnik. Ich verlor den Kontakt zu mir selbst und zu meinem Leben. Mit Sicherheit fühlte ich mich am nächsten Morgen nicht erholt. Zur selben Zeit war ich gerade dabei, eine Meditationspraxis zu etablieren. Das half mir, dieses Muster zu erkennen, diesbezüglich sanft zu mir selbst zu sein und langsam zu gesünderen Strategien für den Umgang mit meinem Stress zu wechseln.

Vielleicht fragen Sie sich, wie ich es geschafft habe, dieses Gleichgewicht herzustellen? Ich glaube, es war eine Kombination aus mehreren Faktoren – meine Absicht, meinen Weinkonsum einzuschränken, das Etablieren einer Meditationspraxis, die mir half, meine Gedanken und Wünsche klarer zu erkennen, und ein sehr praktischer Vorschlag von einer Freundin. Sie schlug vor, dass ich einen Atemzug mache, bevor ich mir ein Glas einschenke. Und das nächste Mal zwei Atemzüge. Simpel, nicht wahr? Nun, häufig vergaß ich es, aber als ich die Routine etabliert hatte und es regelmäßig tat, half es mir, bewusst an meiner eingefleischten Gewohnheit zu arbeiten. Einfach einen Atemzug zu machen half mir, vor dem Handeln innezuhalten und zu überlegen. So konnte ich eine bewusste Entscheidung darüber treffen, ob ich dieses Glas Wein wirklich wollte oder nicht. Verstehen Sie mich nicht falsch – ich liebe meinen Wein weiterhin! Aber ich bin in der Lage, mit mehr Bedacht zu trinken.

Das Gleichgewicht wieder herstellen

Übungen zur Schulung des achtsamen Gewahrseins aktivieren das PNS und vertiefen normalerweise naturgemäß unsere Atmung, wenn wir lernen, mehr loszulassen und unsere Physiologie wieder ins Gleichgewicht zu bringen. Der natürliche physiologische Fluss aus Aktivität und Ruhe, aus Aktivierung und Entspannung, lässt sich selbst in der Dauer eines einzigen Atemzuges erkennen. Wenn wir einatmen, aktivieren wir das SNS und unsere Herzfrequenz erhöht sich ganz leicht. Wenn wir ausatmen, mobilisieren wir das PNS und unsere Herzfrequenz sinkt ganz leicht (Sapolsky, 1998).

Ich habe bei meiner eigenen Meditationspraxis festgestellt, dass mein Körper sich nach ungefähr 15 bis 20 Minuten des Sitzens normalerweise warm und entspannt anzufühlen beginnt. Aber ich hatte fälschlicherweise angenommen, dass es beim Beobachten des Atems lediglich darum ginge, mit der Aufmerksamkeit bei einem Sinnesobjekt zu verweilen, um so den Geist zu schulen. Jetzt begreife ich, dass wir, während wir durch das Fokussieren auf den Atem eine Fähigkeit des Aufmerksamseins aufbauen, zugleich unserer Physiologie ein wenig der so sehr benötigten Ruhe- und Entspannungszeit gönnen!

Lernen, damit umzugehen – die Geschichte einer Lehrerin

Als junge Lehrerin habe ich viel geweint – auf dem Weg zur Schule, in der Schule, auf dem Nachhauseweg von der Schule ... Ich war so gestresst und überwältigt, dass ich im dritten Jahr meiner Lehrtätigkeit begann, in Teilzeit zu arbeiten – nur um mich zu orientieren. Ich machte weiter, musste aber ein paar Jahre später wieder aufhören, als in meinem Privatleben Schwierigkeiten aufkamen. Ich ließ mich scheiden, und wenig später verstarb mein Vater. Ich brauchte Zeit, um all das zu bewältigen. Mein Vater hatte mich mit Anfang 20 an die Meditation herangeführt, aber ich hatte ihr nie wirklich Raum gegeben. Jetzt war der Zeitpunkt gekommen, an dem ich mich erneut einigen der Fertigkeiten und Konzepte zuwandte, die er mir beigebracht hatte.

Nach einer Weile bemerkte ich, dass dies Auswirkungen auf mein Berufsleben hatte. Ich erinnere mich daran, dass ich eines Tages in der Schule dachte: „Hey, ich weine ja gar nicht mehr zwischen den Stunden!" Die Übungen, die ich für meine eigene psychische Gesundheit und meinen Seelenfrieden ausführte, hatten einen positiven Einfluss auf meinen Unterricht. Weil ich stärker mit mir selbst verbunden war, konnte ich auch stärker mit meinen Schülern verbunden sein. Wir waren in der Lage, vertrauensvolle Beziehungen aufzubauen, die ein tieferes Lernen ermöglichten. Das Unterrichten stellte weiterhin eine Herausforderung dar, aber es hatte sich etwas verändert. Ich konnte ruhiger mit meinen Schülerinnen umgehen und präsenter sein. Und ich war imstande wahrzunehmen, wann ich durch sie und/oder durch Kollegen frustriert oder gereizt wurde. Aber anstatt zu reagieren, ohne nachzudenken, was mich häufig in Schwierigkeiten bringen konnte, war ich fähig, mit einer ausgewogeneren Haltung darauf einzugehen. Vor allem begann ich, die Zeit mit meinen Schülerinnen wirklich zu genießen!

> Achtsamkeit ermöglichte es mir außerdem zu bemerken, wann ich mir selbst zu viel abverlangte. Mit erhöhtem Gewahrsein dafür, wie mein Geist, mein Körper und meine Emotionen zusammenarbeiten, konnte ich meinen anwachsenden Stress wahrnehmen und die Entscheidung treffen, für mich selbst zu sorgen. Dies wiederum half mir sehr dabei, für meine Schüler zu sorgen. Achtsamkeit ist das praktische Werkzeug, das mir half, eine bessere Lehrerin und mir selbst eine bessere Freundin zu sein.*
>
> Amy Burke, kanadische Highschool-Lehrerin

Achtsame Stressbewältigung

Werfen wir nun einen Blick auf die Stressbewältigung, indem wir als Erstes über diese zwei Fragen nachdenken:

- Was erzeugt *bei Ihnen* Stress?
- Wo in Ihrem Körper nehmen Sie Stressreaktionen wahr?

Wir können ein größeres Gewahrsein für unsere typischen *Erkennungszeichen von Stress* entwickeln und den Körper als Frühwarnradarsystem nutzen, um zu verhindern, dass wir von unbeachteten Spannungen angetrieben werden. Sie können versuchen, in sich hineinzuspüren und Ihre vertrauten Reaktionen auf Stress zu erkennen – insbesondere wahrzunehmen (mit einer offenen Neugier im jeweiligen Moment, falls Sie diese aufbringen können), *wo* in Ihrem Körper Sie Stressreaktionen spüren. Der erste und entscheidende Schritt bei der Selbstfürsorge ist dieses Erkennen – es zu akzeptieren, wenn Stress im Körper vorhanden ist, und zu bemerken, wo man ihn empfindet. Der nächste Schritt besteht darin, etwas dagegen zu tun.

Das Entwickeln einer Praxis achtsamen Gewahrseins kann Ihren Strategien zur Stressbewältigung ein wertvolles Instrument hinzufügen – eines,

* Sie können in einem TEDx-Interview mit ihr auf www.youtube.com/watch?v=2i2B44sLVCM&t=1s&ab_channel=TEDxTalks mehr darüber erfahren, wie Achtsamkeit Amy half (in englischer Sprache).

das Sie bewusst einsetzen können, auch wenn ein körperliches Ventil nicht zur Verfügung steht. Achtsamkeit ist eine flexible Fähigkeit, die sich überall und jederzeit anwenden lässt. Zur Verstärkung der Erfahrung ist es Ihnen zudem möglich, achtsames Gewahrsein mit Ihrer bevorzugten Entspannungstechnik zu kombinieren – Sie können achtsamer Rad fahren, achtsam laufen, achtsam essen und sogar achtsamer Wein trinken!

DIE 7/11-ATEMTECHNIK (1–3 MINUTEN)

Aus den Rückmeldungen, die wir bekommen haben, wissen wir: Diese einfache Methode ist bei Schülern und Lehrerinnen die beliebteste, wenn sie eine schnelle Möglichkeit benötigen, die Nerven vor einer Prüfung, einem Vortrag, einer Vorführung oder einem anderen aufreibenden Moment zu beruhigen.

- Zählen Sie beim Einatmen bis sieben und beim nächsten Ausatmen bis elf. Versuchen Sie die Zählung dem Atem anzugleichen, statt den Atem zu zwingen, sich an die Zählung anzupassen. Wenn nötig, können Sie das Zähltempo ruhig beschleunigen, um bis zur elf zu kommen.
- Wenn wir richtig gestresst sind, kann sich manchmal selbst der Versuch, zu atmen und bis elf zu zählen, wie ein Stressor anfühlen. Dann können Sie auch einfach still folgende Silben sagen:

  Sie – ben … El – fer – raus …

  Dies ist quasi ein Zählen bis zwei bei der Einatmung und bis drei bei der Ausatmung.
- Egal, welche Technik Sie durchführen, achten Sie darauf, dass Sie Ihre Aufmerksamkeit wirklich dem Zählen schenken. Das kann Ihnen helfen, sich von der „Geschichte“ über das Ereignis oder Gefühl zu entfernen.
- Machen Sie etwa drei oder vier solcher Atemzüge. Konzentrieren Sie sich dabei wirklich auf den Atem und das Zählen und nehmen Sie sämtliche anschließenden Veränderungen wahr.
- Wiederholen Sie die Technik so oft wie nötig!

Die 7/11-Atemmethode ist eine subtile, aber wirksame Art, die Ausatmung ein wenig zu verlängern. Wenn wir gestresst sind, scheinen wir Energie in unserem Oberkörper zu tragen – denken Sie nur an das heftige Einatmen nach einem Schock. Wenn wir seufzen, tun wir dies mit einem langen Ausatmen, lassen los und aktivieren das parasympathische Nervensystem, das die Herzfrequenz etwas senken und zu unserer Beruhigung beitragen kann.

(Anmerkung: Die 7/11-Atemtechnik wird normalerweise therapeutisch genutzt und es gibt verschiedene Möglichkeiten, sie durchzuführen. Die hier beschriebene Variante basiert auf der Vorgehensweise, welche die gemeinnützige Organisation *Mindfulness in Schools Project* in ihrem „.b"-Programm verfolgt.)

Die Forschung zum Lehrerstress und zum Achtsamkeitstraining

Um die Einrichtung einer größeren Anzahl Stellen für sogenannte *Directors of Wellbeing* (zuständig für das Wohlbefinden von Lehrerinnen und Schülerinnen) an Schulen zu unterstützen, stellte Nuffield Health, der größte gemeinnützige Gesundheitsdienstleister Großbritanniens, Schülern folgende Frage:

„Was hat den größten Einfluss auf dein Wohlbefinden in der Schule?"

Man war überrascht, dass eine häufige Antwort lautete:

„Wie gestresst mein Lehrer heute ist."

Es gibt sehr viel Forschungsmaterial zu Stress und seinen Auswirkungen in unterschiedlichen Zusammenhängen:

- Etwa 40 Prozent der Lehrerinnen und Lehrer in den USA verlassen die Schule während der ersten 5 Jahre (Ingersoll und Stuckey, 2014).

- 82 Prozent der Lehrer und Lehrerinnen in Großbritannien leiden an Schlafmangel und mehr als drei Viertel unter Angst. Fast die Hälfte der Lehrerinnen und Lehrer hat im Jahr 2016 medizinischen Rat eingeholt, über ein Drittel nahm Medikamente, 5 % wurden ins Krankenhaus eingewiesen. Mehr als drei Viertel der weiblichen Lehrkräfte geben an, die Arbeit habe ihre psychische Gesundheit und ihr Wohlbefinden beeinträchtigt (NASUWT, 2016).

Eine gängige Ursache für ein Burn-out bei Lehrern ist der Stress, der durch die wiederholte Beschäftigung mit schwierigen Schülerinnen und Schülern und problematischen Situationen hervorgerufen werden kann (Kyriacou, 2001). In Kapitel 4 betrachten wir einen neuen Ansatz der Lehrerinnenausbildung in Dänemark. Hier wird Achtsamkeit in der Erstausbildung von Lehrkräften eingesetzt, um den Lehrenden beim besseren Bewältigen von herausfordernden Augenblicken und Verhaltensmanagement zu helfen. Eine weitere anwendungsbezogene Forschungsarbeit, bei der es um die Verbindung zwischen Lehrern, Stress und Training achtsamen Gewahrseins ging, wurde 2011 durchgeführt. Sie lieferte sehr positive Hinweise, wie die folgende Untersuchung zeigt.

Bei einer bedeutenden Forschungsstudie, in der das Training von Mitgefühl mit dem Training achtsamen Gewahrseins kombiniert wurde (Kemeny et al., 2011), wurden 82 Lehrer willkürlich entweder einer Trainingsgruppe oder einer Kontrollgruppe zugeteilt. Nach acht Wochen wiesen die Teilnehmerinnen jener Gruppe, die kontemplatives Training/Emotionstraining durchlaufen hatte, diese Merkmale auf:

- weniger negative Emotionen
- verringerte Gefühle der Depression
- eine Zunahme positiver Geisteszustände.

Bei einer Folgeuntersuchung mit den Teilnehmern nach fünf Monaten stellte sich heraus, dass die Lehrerinnen aus der Trainingsgruppe über Folgendes verfügten:

- einen niedrigeren Blutdruck
- die Fähigkeit, sich schneller von einer aufreibenden Aufgabe zu erholen
- stärkeres Mitgefühl gegenüber anderen
- weniger Feindseligkeit oder Verachtung.

(Anmerkung: Der Faktor „Abnahme der Feindseligkeit oder Verachtung" wurde im Zusammenhang mit Ehegatten und Partnern gemessen. Dies veranschaulicht den Wert, den das Training für die Menschen haben kann, mit denen wir zu Hause oder bei der Arbeit Umgang pflegen!)

Ergebnisse weiterer Forschung zum Thema Lehrer, Stress und Wohlbefinden finden sich in einem sehr aufschlussreichen wissenschaftlichen Artikel von Professorin Katherine Weare mit dem Titel „Evidence for mindfulness: impacts on the wellbeing and performance of school staff" (Weare, 2014).

> Achtsamkeit war in meinem Leben sehr hilfreich. Ich erlernte sie nicht für das Unterrichten, sondern weil ich es nötig hatte – ungefähr vor sieben Jahren, als ich gerade an meinem Master-Abschluss arbeitete, begann ich an Schlaflosigkeit zu leiden. Es war ziemlich ernst und ein Freund machte mich mit Achtsamkeit bekannt und ich nahm an einem MBSR-Kurs teil. Seitdem ist meine Schlaflosigkeit stark zurückgegangen und mein Stressniveau hat sich verringert. Ich habe gemerkt, dass Achtsamkeit mir auch bei der Arbeit hilft. Manchmal, wenn ich mit Eltern spreche oder eine Empfehlung gebe oder ein Beratungsgespräch führe, glaube ich, dass ich mich besser in meine Gesprächspartnerinnen einfühlen kann. Wenn ich Schüler berate, kann ich außerdem ihre Anstrengung anerkennen oder ihre Schwierigkeiten besser akzeptieren. Meine Empathie hat sich gesteigert.
>
> Stanley Chan, Bildungspsychologe, Hongkong

Achtsam sein

Für den Erhalt unserer Leistungsfähigkeit als Erzieherinnen ist es unverzichtbar, dass wir unseren Stress bewältigen. Das Entwickeln einer Achtsamkeitspraxis kann hierbei praktische Unterstützung bieten. Die Wege des Achtsamseins lassen sich in eine „formelle“ und eine „informelle“ Praxis unterteilen.

Formelle Praxis

Eine formelle Meditationspraxis stellt die Grundlage für das Entwickeln von Achtsamkeit dar. Beim Meditieren nehmen Sie sich die Zeit, innezuhalten, wirklich einen Atemzug zu machen und zu beginnen, zu erwachen und Ihre innere Fähigkeit zu stärkerem achtsamem Gewahrsein zu vergrößern. Wir werden uns nun drei unterschiedliche Herangehensweisen an die formelle Praxis ansehen.

1. Sitzmeditation

Bei der Sitzmeditation besteht die zentrale Absicht darin, einen Ort und eine Haltung zu finden, die eine entspannte Aufmerksamkeit begünstigen, damit Sie einfach für eine kurze Weile still und ungestört sitzen können. Seien Sie realistisch hinsichtlich der Zeit, die Sie am Anfang für die Praxis reservieren. Sie trainieren nicht für einen Marathon, indem Sie am ersten Tag 42 Kilometer laufen. Selbst zwei bis fünf Minuten können zu Beginn hilfreich sein, da Sie eine neue Routine und eine gesunde Gewohnheit etablieren. Und wenn Ihnen tägliches Meditieren zunächst einmal zu viel vorkommt, versuchen Sie es am Anfang mit jedem zweiten Tag.

Wenngleich es eine Herausforderung darstellen kann, still zu sitzen, und wir möglicherweise Phasen der Lethargie, des Unbehagens oder schwieriger Emotionen durchlaufen, ist es doch auch, vor allem zu Beginn, wichtig, die Sache sanft anzugehen. Wir müssen das stille Sitzen zudem nach Möglichkeit wertschätzen und genießen – obwohl wir vorhaben, offen für sämtliche unserer Erfahrungen zu sein, sitzen wir doch nicht, um uns schlecht zu fühlen!

Das Einnehmen einer guten Haltung ist von größter Bedeutung. Ich habe festgestellt, dass das Sitzen meine Rumpfmuskulatur gekräftigt hat und es für mich leichter geworden ist, meine Wirbelsäule gerader aufzurichten. Möglicherweise merken Sie aber am Anfang (wie ich auch), dass es, falls Sie keine starke Rumpfmuskulatur haben, einige Zeit dauert, bis Sie sich damit wohlfühlen können, einfach zu sitzen und zu atmen. Sie müssen nicht mit untergeschlagenen Beinen auf dem Boden Platz nehmen. Ich saß anfangs auf einem Stuhl und nutzte die Stuhllehne als Stütze. Jetzt finde ich es angenehm, entweder vorne auf der Kante eines Stuhls oder auf einem Kniehocker oder Kissen zu sitzen. Geduld und Güte sind hier der Schlüssel.

Wenn ich Schüler oder Schülerinnen in dieser Meditation anleite, lasse ich sie (in der ersten unten beschriebenen Übung) drei Haltungen ausprobieren und bitte sie, zu beobachten, welche Botschaft eine jede an den Geist und den Körper aussendet (und zu schauen, welche Haltungen die Absicht, wach zu bleiben, am meisten unterstützen). Vielleicht mögen Sie einen Moment lang selbst hiermit spielen.

MIT DER HALTUNG SPIELEN (2 MINUTEN)

- Sitzen Sie, falls Sie auf einem Stuhl Platz genommen haben, als Erstes vollkommen krumm da. Nehmen Sie eine so nachlässige Stellung ein wie möglich. Übertreiben Sie die Haltung und bleiben Sie so für einen oder zwei Augenblicke.
- Welche Botschaft sendet diese Körperposition an den Geist?
- Nach kurzer Zeit beginnen Sie wahrscheinlich den Wunsch zu verspüren einzunicken.
- Versuchen Sie nun kerzengerade zu sitzen, im militärischen Stil, mit durchgedrücktem Rücken, alles hellwach. Behalten Sie diese Stellung für einen Moment bei.
- Wie fühlte sich das an?

- Wach und unentspannt vielleicht? Auf jeden Fall übermitteln Sie Ihrem Geist hierbei eine Botschaft größerer Aufmerksamkeit. Aber wie lange lässt sich diese Position aufrechterhalten?
- Schließlich können wir im Bemühen um das gesunde Mittelmaß eine Haltung zwischen den beiden vorherigen suchen, die „genau richtig" ist.
- Wenn Sie gut sitzen, mit beiden Füßen flach auf dem Boden und dem Kreuz von der Kante der Stuhllehne entfernt (falls Sie das schaffen), haben Sie das Gefühl, durch die Füße mit dem Boden verwurzelt zu sein und auf dem Stuhl von den Sitzknochen und dem Gesäß gestützt zu werden.

SICH AUF DAS SITZEN VORBEREITEN (2 MINUTEN)

- Sorgen Sie zusätzlich zu dem Gefühl der Verankerung auch für eine sanfte Aufrichtung der gesamten Wirbelsäule. Lassen Sie den Bauch ein wenig nach vorne kommen und im Kreuz eine leichte Wölbung entstehen. Achten Sie darauf, dass die Schultern nicht hochgezogen, sondern entspannt nach hinten unten gerichtet sind. Ziehen Sie das Kinn etwas ein und spüren Sie, wie der Kopf sich durch die Wirbelsäule getragen fühlt und durch eine Aufwärtskraft von der Kopfkrone in Richtung Decke strebt.
- Halten Sie die Aufmerksamkeit aufrecht, während Sie sich in diese Haltung hinein entspannen.
- Überprüfen Sie vielleicht durch leichtes Hin- und Herschwingen und -wiegen, ob die Wirbelsäule sich in der Mitte befindet und der Atem frei kommen und gehen kann.
- Wenn Sie Ihre Position eingenommen haben und bereit sind, mit dem Sitzen zu beginnen, schließen Sie sanft die Augen, falls sich dies angenehm anfühlt. Ansonsten senken Sie einfach den Blick, bis Sie etwa einen Meter vor sich auf den Boden schauen, und lassen den Blick weich werden.

Sie sind also bereit zu sitzen, aber was tun Sie jetzt? Hier sind ein paar einführende Anregungen für das Entwickeln einer formellen Sitzpraxis.

VORSCHLÄGE FÜR DEN START DER SITZPRAXIS

- Besorgen Sie sich einen Zeitgeber: Ich benutze die App *Insight Timer,* die ich mir auf mein Smartphone geladen habe. Dies ist ein nützliches kostenloses Hilfsmittel, das auch viele angeleitete Meditationen umfasst.
- Nutzen Sie geführte Meditationen: Tun Sie dies zumindest am Anfang. (Sie finden obige Übung in leicht abgewandelter Form kostenlos als Audio-Datei auf https://www.arbor-verlag.de/uebungen-hawkins-achtsame-lehrer). Versuchen Sie vielleicht sogar von Beginn an, im Tagesrhythmus zwischen geführten und ungeführten Sitzungen zu wechseln. Nutzen Sie bei den Meditationen ohne Anleitung den Zeitgeber und lassen Sie eventuell in willkürlichen Abständen Glockenklänge ertönen, die Ihre Aufmerksamkeit ab und zu zurückholen. (Im Abschnitt „Probieren Sie es aus" am Ende dieses Kapitels finden Sie eine Auswahl geführter Meditationen.)
- Suchen Sie nach Unterstützung: Schließen Sie sich einer Sitzgruppe oder einem Meditationszentrum an, um die Erfahrung des gemeinsamen Sitzens zu machen und ein wenig Betreuung zu erhalten.
- Nehmen Sie an einem Retreat teil: Wenn Sie die Grundlagen einer Achtsamkeitspraxis geschaffen haben, sollten Sie in Erwägung ziehen, ein Meditationsretreat zu machen. Es sind wirklich die längeren Retreats, welche die besten Gelegenheiten bieten, wahrhaftig innezuhalten, die Entfaltung innerer Prozesse zu ermöglichen und in einem sicheren, unterstützten Raum zu sitzen. Die Anleitung durch erfahrene Meditierende kann außerordentlich wertvoll sein, insbesondere falls Ihre Erfahrungen bisweilen überwältigend werden.
- Sitzen Sie einfach: Selbst wenn Sie sich nicht danach fühlen, selbst wenn Sie es ein paar Tage nicht geschafft haben – sitzen Sie einfach! Wie das Erschaffen einer jeden neuen Gewohnheit oder das Erlernen

einer jeden neuen Fertigkeit erfordert auch eine formelle Sitzpraxis ein gewisses Maß an Disziplin.

- Richten Sie einen zum Sitzen bestimmten Platz ein: Es kann sich beim Etablieren einer neuen Routine als sehr hilfreich erweisen, den Platz behaglich und einladend zu gestalten.
- Erneuern Sie täglich Ihre Absicht: Erinnern Sie sich an Ihre Gründe dafür, warum Sie diese Fähigkeit entwickeln.
- Seien Sie gütig gegenüber sich selbst, wenn Sie es nicht schaffen, Ihre Erwartungen zu erfüllen. Der Aufbau von Selbstmitgefühl ist ein Schlüsselelement dieser Arbeit.

Absicht und Aufmerksamkeit

Beim Entwickeln Ihrer persönlichen Praxis gewinnt das Wechselspiel zwischen Absicht und Aufmerksamkeit zunehmend an Bedeutung. Das Festlegen einer klaren Absicht vor dem Sitzen hilft Ihnen, sich daran zu erinnern, wohin Ihre Aufmerksamkeit zurückkommen soll, wenn der Geist zu wandern beginnt oder wenn Zweifel aufkommen.

Zu bemerken, wann Ihnen Ihre Aufmerksamkeit abhanden gekommen ist und wann Sie sie wiedergewinnen, kann zur Stärkung Ihrer wachsenden Fähigkeit beitragen, den Fokus zu bewahren. Üblicherweise rücken viele von uns anfangs die Male in den Mittelpunkt, an denen wir die Aufmerksamkeit *verlieren*: „Da haben wir's wieder … Mein Geist schweift einfach alle paar Sekunden ab. Ich bekomme das nicht richtig hin." Mit der Zeit aber können wir sehen, dass das Wahrnehmen der Tatsache, dass uns unsere Aufmerksamkeit abhanden gekommen ist, selbst ein positives Ereignis ist. Denn genauso oft, wie Sie Ihre Aufmerksamkeit verlieren, erlangen Sie sie auch zurück.

Warnhinweis: Es kann Zeiten geben, in denen die Meditation nicht das Beste für Sie ist. Meditationslehrer Malcom Huxter rät Folgendes:

Wenn Sie anfällig für klinische Erkrankungen wie schwere Depression, lähmende Angst oder eine Form der Psychose sind oder bereits darunter leiden, kann es wichtig für Sie sein, dass Sie angeleitet werden und dass die Praktiken auf Sie zugeschnitten werden. Selbst wenn Sie keine klinische Erkrankung haben, ist es wichtig, dass Sie klug und mit Mäßigung an die Übungen herangehen. Anleitung durch jemanden, der Erfahrung hat, ist zudem stets hilfreich (Huxter, 2016).

Wie immer hat die Selbstfürsorge Priorität, und manchmal kann zum Sorgen für sich selbst gehören, dass Sie *nicht* meditieren oder dass Sie darauf achten, von einer entsprechend ausgebildeten und erfahrenen Meditationslehrerin unterstützt zu werden.

2. Der Body-Scan

MBSR-Programme helfen Menschen, das Bewältigen von Stress und Schmerz zu erlernen, und das Kernstück der hierfür genutzten formellen Praxis ist der **Body-Scan.** Die Teilnehmer folgen in ihrer Vorstellung gewissermaßen einer täglichen geführten Tour durch den Körper. Diese erschließt Verbindungen zwischen Geist und Körper und hilft beim Erschaffen eines anderen Weges, auf die Belastungen des Lebens und körperliche Schwierigkeiten zu reagieren. Für die meisten von uns besteht die Herausforderung am Anfang darin, wach zu bleiben, wenn wir in einer bequemen Position auf dem Boden liegen und eine beruhigende Stimme uns darin anleitet, unsere Aufmerksamkeit auf verschiedene Körperteile zu richten und dort zu halten. Aber Beharrlichkeit scheint sich bei den meisten Menschen bezahlt zu machen, und mit der Zeit wird es einfacher, den Fokus über längere Zeit beizubehalten.

Ich habe zuvor meine natürliche Neigung erwähnt, mir über Dinge Sorgen zu machen. Das ist beinah ein Standardmodus. Indem sie zum Umlernen und Neuverdrahten langjähriger Gewohnheiten führen, können Meditationspraktiken wie der Body-Scan tatsächlich zur Erzeugung alternativer Standardwege beitragen. Ich habe festgestellt, dass mein Körper diese Aufmerksamkeit, die ihm bei Body-Scans zuteil wird, zu genießen scheint. Und jetzt belohnt er mich manchmal mit angenehmen Empfindungen – mit verringerter Spannung, mit Wärme und Prickeln –, die ich zuvor nicht wahrgenommen hatte. Mit dem Aufbau unserer Fähigkeit, aufmerksam zu sein, werden wir auch fähiger, Empfindungen und Spannungen auszuhalten, wenn sie *nicht* angenehm sind – uns ihnen mit einem offenen, akzeptierenden Gewahrsein zuzuwenden.

Um mit Body-Scans zu beginnen, können Sie auf einen der Vorschläge im Abschnitt „Probieren Sie es aus“ am Ende dieses Kapitels zurückgreifen.

3. Achtsames Gehen

Eine dritte gängige formelle Praxis ist das **achtsame Gehen,** bei dem es sich tatsächlich um eine Gehmeditation handelt. Manche Menschen macht es am Anfang wütend, ihr Gehen zu verlangsamen oder zu gehen, ohne ein Ziel zu haben. Für andere hingegen wird das achtsame Gehen zur wirkungsvollsten der Einführungsmethoden, die uns helfen, unsere Aufmerksamkeit in den Körper und den gegenwärtigen Augenblick zu holen. Ich war einmal auf einem intensiven MBSR-Training-Retreat, das am OMEGA Institute im US-Bundesstaat New York stattfand. Es gab über einhundert Teilnehmer, von denen viele noch vollkommen unerfahren im Meditieren waren. Eine spanische Frau, die neben mir saß, kam von ihrer ersten zehnminütigen Praxis des achtsamen Gehens zurück und beschrieb in gebrochenem Englisch die transformierende Erfahrung, die sie gemacht hatte, einfach nur dadurch, dass sie langsamer geworden war und eine neue Sicht auf das Gehen gewonnen hatte – und auf einer tieferen Ebene auch auf ihr eigenes Zeitempfinden und Selbstbild.

Um mit dem achtsamen Gehen zu beginnen, können Sie auf einen der geführten Vorschläge im Abschnitt „Probieren Sie es aus“ am Ende dieses Kapitels zurückgreifen.

Informelle Praxis

Die ansprechendsten Aspekte der Achtsamkeit sind für viele Menschen vielleicht ihre Anpassbarkeit und ihre Flexibilität – sie lässt sich überall anwenden. Wege zu finden, ein achtsameres Gewahrsein in unsere Alltagsaktivitäten einzubringen, kann sehr erfrischend und sogar zutiefst befreiend sein. Zenmeister Thich Nhat Hanh vergleicht die Meditation mit dem In-Rotation-Setzen eines Dynamos – ihre Wirkung reicht über das Sitzen hinaus und bis in unser Leben hinein. Der betriebsbereite Dynamo der Aufmerksamkeit holt uns immer wieder aus Gedankenwelten in den gegenwärtigen Augenblick, in das achtsame Gewahrsein, zurück.

Das Einbringen von mehr achtsamer Aufmerksamkeit in unseren Tag ist als **informelle Praxis** bekannt. Auch hier ist *Absicht* der Schlüssel.

Ich selbst habe Achtsamkeit für mich entdeckt, als ich als Schulleiter arbeitete, und am Anfang empfand ich es als große Herausforderung, meine Praxis in meinen Arbeitstag zu integrieren. Ich nahm ein- oder zweimal die Woche an einer formellen Sitzung teil, die nach der Schule von einem meiner Kollegen, Tony Ackerman, für Lehrerinnen und Lehrer angeboten wurde. Oft waren nach einem hektischen Schultag nur Tony und ich da. Ich perfektionierte die Kunst, beim aufrechten Sitzen einzuschlafen. Von Zeit zu Zeit wurde ich plötzlich mit einem Ruck wach, als mein Körper einen Schreckreflex ausführte, und fand mich in der Stille von Tonys Musikraum wieder oder hörte, wie seine sanfte Stimme mich durch eine Übung leitete, die ich beinahe komplett verpasst hatte. Im Laufe der Zeit ließ meine Neigung einzudösen nach und ich fand es einfacher, die gesamten Sitzungen hindurch wach zu bleiben.

Als viel beschäftigter Schulleiter wusste ich, es würde gut für mich sein, hin und wieder einen tiefen, bewussten Atemzug zu machen, eine vollständige Einatmung und eine vollständige Ausatmung. Also setzte ich mir für meinen Arbeitstag häufig diese Absicht. Aber trotzdem war es absolut möglich, dass ich adrenalin- und koffeingetrieben durch den gesamten Tag eilte, ohne diesen einen Atemzug tatsächlich jemals zu machen.

Ist das nicht verrückt?

Bestimmte Arten von Stress haben etwas durchaus Süchtigmachendes und Fesselndes an sich – sie können sich (wahrscheinlich durch die Dopamin-Stimulation) recht lohnend anfühlen. Oft wollen wir einfach nicht innehalten oder auch nur unser Tempo verlangsamen. Aber es ist besser, dies jetzt freiwillig zu lernen, als sich in Zukunft durch Krankheit oder Burn-out zum Entschleunigen gezwungen zu sehen. *Was können wir also tun, um unseren Tag mit einigen achtsamen Augenblicken zu versehen?*

Hier sind ein paar Vorschläge, die Sie im Laufe des Tages ausprobieren können, um sich daran zu erinnern, aus dem Autopilot-Modus oder endlosen Nachdenken in den gegenwärtigen Moment zurückzukommen.

ACHTSAME AUGENBLICKE EINFLECHTEN

- Nutzen Sie Haftnotizen als Erinnerungshilfen – kleben Sie diese z. B. an Spiegel oder an den Bildschirm Ihres Laptops.
- Richten Sie auf Computern Apps ein, die in Intervallen oder unregelmäßigen Abständen Glocken-/Gongklänge ertönen lassen.
- Beschließen Sie, vor dem Versenden einer E-Mail einen Atemzug zu machen.
- Schicken Sie beim Gehen Gewahrsein in die Hände und Arme oder Füße.
- Nutzen Sie bestimmte Orte oder Wege als Erinnerung daran, den Körper und den Atem zu spüren. Einige Ideen:
    - Spüren Sie Ihren Körper beim Gang vom Auto zum Haupteingang der Schule.
    - Machen Sie beim Überschreiten von Türschwellen einen Atemzug.
    - Werden Sie in Fluren oder auf Treppen ein wenig langsamer.
    - Gehen Sie kurz raus, um frische Luft einzuatmen.

Häufig wird gesagt: „Achtsamkeit ist einfach, aber nicht leicht". Die Wahrheit dieser Worte merken wir alle, wenn es um das Etablieren einer regulären Praxis und deren stärkere Integration in unseren Alltag geht. Wenn Sie so sind wie ich, haben Sie viele gute Absichten und versäumen es häufig, sie zu verwirklichen. Geduld, Beharrlichkeit und ein klarer Vorsatz sind höchst wertvolle Verbündete: Sie helfen uns, weiter achtsamere Wege des Lebens und Arbeitens zu entwickeln, sodass diese neuen, positiven Gewohnheiten mit der Zeit weniger eine Herausforderung darstellen und mehr zu einer Routine werden.

Als ich erstmals zu versuchen begann, in meinem Büro im Laufe des Tages eine zwei- oder dreiminütige Atempause einzulegen, saß ich immer aufrecht auf meinem Stuhl, mit meiner Hand auf der Computermaus – für den Fall, dass jemand hereinkommen sollte. „Wie verrückt", dachte ich, „dass es niemanden groß zu stören scheint, dass wir alle aktiver Teil einer Kultur sind, die ein übermäßig schnelles Lebenstempo fördert, es mir aber peinlich ist, bei einer kurzen Pause gesehen zu werden, die mir helfen könnte, ein besserer Schulleiter zu sein. Was soll das?"

Letztendlich stellte ich aber doch fest, dass es viel leichter wurde. Bei Sitzmeditationen fühlte ich mich nicht müde. Ich konnte an den meisten Tagen bewusste Pausen einlegen, und die Body-Scans, die ich schon länger gemacht hatte, schienen so richtig Wirkung zu zeigen und zur Neuverdrahtung meines Schaltkreises beizutragen. Manchmal musste ich mich nicht einmal daran erinnern, etwas zu tun – ich ging zwischen Besprechungen die Flure hinab, und meine Arme und Beine konnten von alleine anfangen zu kribbeln. Sie erinnerten mich daran, dass ich tatsächlich einen Körper habe, und riefen mich von dem pausenlosen Nachdenken über das, was mich an jenem Tag beschäftigte, zurück; sie rissen mich aus dem Sinnieren über die letzte Besprechung oder aus der Planung der nächsten und holten mich für einen Moment zurück in den Spürmodus. Solche informellen Praktiken waren höchst nützlich für mich (und sind es weiterhin), weil sie mich sanft dazu ermunterten, das Denken zu verlassen und in einige wertvolle Augenblicke des reinen Hierseins einzutreten. Könnten wir dieses Zeug doch bloß in der Schule lernen!

Mit dem inneren Kritiker umgehen

Viele von uns leben ihr Leben in der Begleitung einer inneren Stimme, die sehr rasch damit bei der Hand ist, unsere Misserfolge (und manchmal sogar unsere Erfolge) zu kritisieren und über die Fehler und lästigen Angewohnheiten derer, mit denen wir unsere Zeit verbringen, zu urteilen. Manche unter uns neigen dazu, sich selbst den Großteil der Schuld für Dinge zu geben, die schiefgehen, während andere unter uns den Rest der Welt für ihre Missgeschicke verantwortlich machen. Häufig übertreiben unsere inneren Stimmen und malen schwarz, machen aus einer Mücke einen Elefanten. Bisweilen können diese inneren Kritiker toxisch werden.

Welches immer Ihr Gift sein mag, es ist gut möglich, dass Sie sich dieser Neigungen noch stärker bewusst werden, wenn Sie anfangen zu meditieren. Mit der Zeit können wir lernen, diese ewigen Nörgler zu bemerken und sogar bereitwillig zu akzeptieren. Sich die Fähigkeit anzueignen, nicht sein gesamtes Selbst mit diesen gegenstandslosen, aber oft überwältigenden Gedanken zu identifizieren, kann äußerst befreiend sein. Um während dieses Prozesses geführt und unterstützt zu werden, ist es unter Umständen sehr hilfreich, sich einer Gruppe anzuschließen, die von erfahrenen Achtsamkeits-Praktizierenden geleitet wird.

Die nächsten Schritte

Falls Sie die Möglichkeit haben, bei sich in der Gegend an einem kompletten achtwöchigen Achtsamkeitskurs teilzunehmen, würde ich Ihnen dies wärmstens empfehlen. Bei einer erfahrenen Lehrerin einen Kurs zu belegen und den Weg mit anderen teilen zu können, ist die bei weitem beste Art, ein Achtsamkeitsprogramm zu beginnen. Wenn Sie an einem Ort leben, an dem der Besuch eines Gruppenkurses als Option nicht zur Verfügung steht, bietet sich der ausgezeichnete MBSR-Onlinekurs des Center for Mindfulness an der University of Massachusetts Medical School als Alternative an (nur auf Englisch). Sie können online auf den Kurs zugreifen und ihn in Ihrem eigenen Tempo durchführen (www.umassmed.edu/cfm/mindfulness-based-programs/mbsr-courses/).

Sie könnten auch versuchen, zu Hause (oder mit einer Lesegruppe in der Schule) einen selbst geleiteten Kurs zu absolvieren, wie z. B. den zuvor erwähnten von Mark Williams und Danny Penman: *Das Achtsamkeitstraining: 20 Minuten täglich, die Ihr Leben verändern* (Williams und Penman, 2015). Dieser Kurs spricht den Aspekt Selbstfürsorge direkt an und gibt uns eine besonders wertvolle Hilfestellung beim Erkennen früher Symptome von Erschöpfung und Burn-out. Er zeigt auf, wie wir uns mehr auf die Dinge konzentrieren, die uns nähren, und weniger auf die, die uns auszehren. Die dazugehörenden Audiodateien (in der englischen Version von Mark Williams gesprochen) sind sichere und mitfühlende Führerinnen auf diesem unebenen, aber letztendlich äußerst lohnenden Weg.

„Glückliche Lehrer werden die Welt verändern."

Der vietnamesische Zenmeister Thich Nhat Hanh, ein maßgeblicher Vertreter der Achtsamkeit, verwendet dieses Zitat als Leitprinzip für seine Initiative „Wake Up Schools". Es leuchtet mir ein, dass wir auf eine nachhaltige Weise unterrichten können, die unsere Schülerinnen grundlegend beeinflusst, wenn wir gesund und glücklich sind, in Fühlung mit unseren Emotionen und in der Lage, uns mental und emotional zu nähren. Das

Lehren ist eine wunderbare Berufung. Aber es kann sehr anspruchsvoll und in einigen Zusammenhängen auch anstrengend sein. Für uns zu sorgen, damit wir weiterhin gut unterrichten und Freude am Lehren haben können, ist so ziemlich das Wichtigste, das wir tun können. Nicht nur zu unserem eigenen Nutzen, sondern auch wegen des Einflusses, den wir auf Kinder und Jugendliche haben.

WAS IST WIRKLICH WICHTIG?

- Einen Atemzug machen, langsamer werden.
- Durch das Kultivieren von achtsamem Gewahrsein und Selbstmitgefühl für sich selbst sorgen.

PROBIEREN SIE ES AUS!

- Stressreaktion – Versuchen Sie, in vertraute Reaktionen auf Stress hineinzuspüren, die möglicherweise im Laufe der nächsten Tage aufkommen, und beobachten Sie vor allem (mit offener Neugier, falls Sie diese aufbringen können), wo im Körper Sie diese Stressreaktionen wahrnehmen.
- Versuchen Sie die 7/11-Atemmethode anzuwenden (siehe S. 87), wenn Sie akuten Stress empfinden oder sich vor Interaktionen oder „Auftritten" beruhigen wollen, die Ihr Stressniveau erhöhen.
- Probieren Sie eine kurze tägliche Sitzmeditation:
  - Stellen Sie einen Küchenwecker
  - Legen Sie einen Anker fest – den Körper, Geräusche oder den Atem
  - Kommen Sie immer wieder zu Ihrem Sinnesanker zurück, wenn Sie bemerken, dass Ihr Geist gewandert ist (und das wird er!).

Schauen Sie sich als Orientierungshilfe die Stichpunkte auf S. 94 an.

- Probieren Sie alternativ eine online verfügbare geführte Meditation aus. Das Folgende ist eine Auswahl an kostenlosen englischsprachigen Audio-Downloads von einer Vielzahl von Lehrerinnen (vielleicht laden Sie sie praktischerweise auf Ihr Smartphone, wenn Sie eine Meditation gefunden haben, die Ihnen gefällt):

  - Audiodateien zu dem Übungsbuch *Das Achtsamkeitstraining: 20 Minuten täglich, die Ihr Leben verändern* von Mark Williams und Danny Penman (2015); unter den Meditationen ist auch ein 13-minütiger Body-Scan. Auf Deutsch sind die Audiospuren nur zusammen mit dem Buch bzw. E-Book erhältlich, die englischsprachigen Dateien aber sind kostenlos verfügbar unter: http://rodalebooks.s3.amazonaws.com/mindfulness/index.html.

  - Eine Auswahl kurzer Audiodateien vom Bangor University Centre for Mindfulness; zu den Meditationen gehören kurze und lange Body-Scans und achtsames Gehen. Abrufbar unter: www.bangor.ac.uk/mindfulness/audio/index.php.en.

  - Der UCSD Centre for Mindfulness bietet längere Body-Scans. Download unter: https://health.ucsd.edu/specialties/mindfulness/programs/mbsr/Pages/audio.aspx.

  - UCLA Mindful Awareness Research Centre. Abrufbar unter: http://marc.ucla.edu/body.cfm?id=22.

  - Die App Headspace umfasst ein paar kostenlose, *Take 10* genannte geführte Sitzungen, abrufbar unter www.headspace.com/.

  - Die Monash University in Australien bietet einen kostenlosen Online-Achtsamkeitskurs – Mindfulness for Wellbeing and Peak Performance. Abrufbar unter: www.monash.edu/health/mindfulness.

Quellen und weiterführende Literatur

Williams, Mark und Penman, Danny (2015), *Meditation im Alltag: Gelassenheit finden in einer hektischen Welt.* München: Arkana, 2011. Neu hg. als: Dies., *Das Achtsamkeitstraining: 20 Minuten täglich, die Ihr Leben verändern.* München: Goldmann, 2015 (orig. dies., *Mindfulness: A practical guide to finding peace in a frantic world.* London: Piatkus, 2011. Ebenso als dies., *Mindfulness: an eight-week plan for finding peace in a frantic world.* Emmaus, PA: Rodale Books, 2012).

Ich halte dieses Buch für die praktischste und hilfreichste Einführung in das Thema Achtsamkeit.

Sapolsky, Robert (1998), *Warum Zebras keine Migräne kriegen: wie Streß den Menschen krank macht.* München u. Zürich: Piper Verlag, 1998 (orig. ders., *Why zebras don't get ulcers.* New York, NY: Henry Holt, 3. Aufl. 2004).

Falls Sie Interesse daran haben, mehr über Stress und seine Wirkung auf den Körper zu lernen: Dieses Werk von einem Feld- und Laborbiologen ist ein sehr lesenswertes und bisweilen humorvolles wissenschaftliches Buch.

McGonigal, Kelly (2013), *How to Make Stress Your Friend.* TEDGlobal. Abrufbar unter: www.ted.com/talks/kelly_mcgonigal_how_to_make_stress_your_friend?language.

Eine interessante Betrachtungsweise von Stress; herausgestellt werden hier einige seiner positiven Auswirkungen.

Mit dem vom Center for Contemplative Mind in Society entworfenen *Tree of Contemplative Practices* (Baum der kontemplativen Praktiken) wird Achtsamkeit in einen Kontext gesetzt und als einer von vielen Ästen kontemplativer und besinnlicher Praktiken und Aktivitäten dargestellt. Abrufbar unter: http://www.contemplativemind.org/practices/tree.

4

Achtsam unterrichten

Dieses Kapitel:

- betrachtet den Wert, den das Einbringen eines achtsameren Gewahrseins in unseren Unterricht für Lehrerinnen und Schüler hat;
- untersucht Forschungsergebnisse aus dem Bereich der sozialen Neurowissenschaft im Hinblick auf die Bedeutung, die Beziehungen beim Lernen haben, und den Stellenwert der Rolle der Lehrerin;
- prüft, wie sich die Präsenz des Lehrenden sowohl auf die Lernumgebung als auch auf die Bedürfnisse einzelner Schüler auswirken kann.

Achtsam sein
Achtsam unterrichten
Achtsamkeit unterrichten

Teil 1: Achtsames Gewahrsein in unsere Klassenzimmer bringen

Nicht jeder möchte oder muss Schülerinnen und Schüler in Achtsamkeit unterrichten, doch können wir alle von einem Training profitieren, welches das Potenzial hat,

- unser Gefühl der Präsenz zu verstärken;
- unsere Sensibilität für unsere eigenen Bedürfnisse und die Bedürfnisse unserer Schülerinnen zu erhöhen;
- unser Gewahrsein für körperliche und emotionale Signale zu steigern, die uns beim Entwickeln dieser Sensibilität leiten.

Kurzum, wir können alle lernen, achtsamer zu unterrichten.

Manchmal können Konzepte wie „Achtsamkeit" oder „achtsam sein" unserem intuitiven Verständnis im Weg stehen. Niemand „gibt uns" Achtsamkeit – es handelt sich hierbei um eine angeborene Fähigkeit, die wir bewusst kultivieren können. In Ihrem eigenen Unterricht spüren Sie diese Fähigkeit möglicherweise bereits, haben sie aber nie „Achtsamkeit" genannt. Wahrscheinlich wissen Sie, wie es ist, wenn Sie sich unbeteiligt, abgelenkt oder nicht verbunden fühlen – wenn Sie nicht das Gefühl haben, voll da zu sein, bei den Schülern oder bei der Unterrichtsstunde. Vermutlich wissen Sie ebenfalls, wie es ist, wenn Sie sich sehr wohl präsent, beteiligt und wahrhaft mit Ihren Schülerinnen verbunden fühlen. Das kann sich darin äußern, dass Sie Ihre eigene Lebendigkeit spüren, wenn Sie beim Unterrichten vor der Klasse stehen. Es kann aber auch in einem ruhigeren Gefühl zum Ausdruck kommen, das sich einstellt, wenn die Klasse gut arbeitet, man dieses produktive „Summen" wahrnimmt und in der Lage ist, mit Leichtigkeit auf alles einzugehen, was sich in einem bestimmten Moment ergibt. Das ist es, was ich achtsames Unterrichten nenne.

Lehren aus der sozialen Neurowissenschaft

Das Buch *The Social Neuroscience of Education* von Louis Cozolino (2013) ist eine beeindruckende Synthese aus umfangreicher Forschung. Gewonnen hat sie der Autor aus den relevantesten Erkenntnissen der sozialen Neurowissenschaft hinsichtlich der Rolle der Lehrerin im Klassenzimmer und der Optimierung der Lernbedingungen. Cozolino verweist auf die Entwicklung unseres sozialen Gehirns und auf unsere evolutionäre Geschichte des Lernens in Gruppen. Aus seiner Untersuchung der Forschung schließt er, dass Lehrer, die sich um eine Optimierung des Lernens in ihren Klassenzimmern bemühen, gut daran täten, ihre Rolle mit der einer Stammesführerin zu vergleichen. Durch unseren Kind-Eltern-Bindungsschaltkreis sind junge Menschen dafür prädisponiert, in Gruppen von Erwachsenen zu lernen, die diesem Bild entsprechen. Ein Stammesführer ist jemand, der eine natürliche Autorität einsetzt, von der die Gruppe spürt, dass sie auf ihr gemeinsames Wohl ausgerichtet ist. Die Stammesführerin ist zuständig für den Schutz sowie für die Bewahrung der Sicherheit und Gesundheit der Gruppe. Die physische Sicherheit ist selbstverständlich unerlässlich, aber für eine gesunde Entwicklung und engagiertes Lernen müssen die Gruppenmitglieder sich auch emotional sicher fühlen. Gute Lehrer und gute Führerinnen vermitteln ein Gefühl von einem unterstützten, sicheren Ort, an dem es sich lernen und wachsen lässt.

Stammesführer streben zudem danach, für jede und jeden in der Gruppe einen Platz und eine Rolle zu finden. Das Begrüßen von Vielfalt und der Umgang mit dieser sind für sie also ebenfalls sehr wichtig. Wenn wir „die besten Lehrerinnen sein wollen, die wir sein können" und den größtmöglichen Einfluss auf die Schüler haben wollen, die wir unterrichten, kann uns das Anerkennen der Bedeutung dieser aus der Evolutionswissenschaft stammenden Erkenntnisse über die Macht und das Potenzial des Lernens durch Beziehung motivieren, unser persönliches Wachstum weiterhin mit unserer beruflichen Entwicklung zu verbinden.

Beginnen Sie dort, wo Sie sind

Einige der bereicherndsten Erfahrungen, die ich als Trainer gemacht habe, waren die mit einer Gruppe Lehrerinnen, die einfach für sich selbst einen Kurs besuchen wollten – um achtsamer zu werden und um zu erreichen, dass diese erhöhte Achtsamkeit die Art ihres Umgangs mit Stress und ihre Unterrichtsweise beeinflusst. Um diese Bedürfnisse erfüllen zu können, entwickelten wir einen Kurs mit dem Titel „Teaching Mindfully" („Achtsam unterrichten"), der auf dem Buch *Meditation im Alltag: Gelassenheit finden in einer hektischen Welt* (Williams und Penman, 2011) basiert. Ergänzt wird das Programm durch speziell für Lehrer konzipierte Aktivitäten und Überlegungen. Auf diese stützen wir uns im aktuellen Kapitel und betrachten dabei zwei Schlüsselbereiche, die sich durch achtsames Unterrichten beeinflussen lassen:

- Optimierung von Lernumgebungen
- Wirkung auf einzelne Kinder ausüben

Optimierung von Lernumgebungen

Vorkehrungen treffen, um präsent zu sein

Ein erster Schritt zum Einbringen eines achtsameren Gewahrseins in unseren Unterricht besteht einfach darin, Wege zu finden, im Klassenraum präsenter zu sein. Das Folgende ist eine Übung, die in adaptierter Form aus Deborah Schoeberleins Buch *Mindful Teaching and Teaching Mindfulness* (2009) übernommen wurde. Sie könnten sie nächste Woche einmal ausprobieren.

DAFÜR SORGEN, PRÄSENT ZU SEIN

Wählen Sie eine Klasse aus, mit der Sie experimentieren möchten, oder, falls Sie Grundschullehrerin sind, eine Tageszeit (oder vielleicht ein reguläres Treffen, wenn Sie keine Klasse unterrichten). Machen Sie sich mit den folgenden Schritten vertraut, bevor Sie das nächste Mal auf diese Gruppe treffen:

- Statt die letzten Augenblicke vor Beginn der Stunde krampfhaft dafür zu nutzen, ein paar E-Mails zu beantworten, Papierkram zu erledigen oder mit einem Kollegen zu plaudern, setzen Sie sich als Erstes die Absicht, optimal vorbereitet zu sein, bevor die Schülerinnen eintreffen.
- Hören Sie mit allem anderen auf, bevor der Unterricht beginnt, und nehmen Sie sich einen Moment Zeit, um sich zu beruhigen und zu erden – vielleicht, indem Sie ein paar bewusste Atemzüge machen. Konzentrieren Sie sich auf einige vollständige Ausatmungen, lassen Sie so gut es geht los.
- Begrüßen Sie die Schüler an der Tür, indem Sie ihnen in die Augen schauen und zu jedem beim Eintreten „Hallo" sagen. Es ist egal, wie die Schülerinnen reagieren; Sie lassen sie einfach wissen, dass Sie hier sind und bereit sind.
- Lassen Sie die Klasse zur Ruhe kommen, machen Sie einen weiteren Atemzug und beginnen Sie dann einfach wie gewohnt mit dem Unterricht. Bleiben Sie aber aufmerksam und neugierig darauf, wie sich die nächsten paar Augenblicke entwickeln werden.
- „Nehmen Sie wahr, was Sie wahrnehmen." Spüren Sie weiterhin so gut es geht in Ihren Körper, Ihre Gedanken und Ihre Gefühle hinein. Versuchen Sie alles zu bemerken, was aufkommt; beginnen Sie sich einfach mit Ihren eigenen Reaktionen und Antworten im jeweiligen Moment vertraut zu machen. Versuchen Sie, nicht zu selbstkritisch zu sein.

Ankommen

Sie können die oben beschriebene Übung etwa eine Woche lang mit derselben Klasse/zur selben Tageszeit ausprobieren. Falls Sie möchten, versuchen Sie dann einen für Sie und für die Schüler geeigneten Weg zu finden, um auch *ihnen* Gelegenheit zu geben, sich von dem, was vor ihrer Ankunft in der Klasse geschah, umzustellen – um ihnen Gelegenheit zu geben, richtig anzukommen, bevor Sie loslegen. Viele Lehrerinnen beginnen ganz selbstverständlich mit einer Art informeller Begrüßung zum Einfinden, unterhalten sich vielleicht einfach mit ihren Schülern darüber, was sie gerade getan haben oder was bei ihnen an dem Tag noch ansteht. Hier sind ein paar weitere Ideen, die Sie an die Bedürfnisse Ihrer Klasse anpassen und dann erproben können.

ANKOMM-AKTIVITÄTEN FÜR SCHÜLERINNEN UND SCHÜLER

Probieren Sie zum Auftakt diese kurze, von Susan Kaiser-Greenland entwickelte Aktivität (zitiert in Willard, 2016).

Bitten Sie jeden Schüler, diese zwei Sätze mit jeweils einem Wort zu vervollständigen (3 bis 5 Minuten):

„Mein Geist fühlt sich … an."

„Mein Körper fühlt sich … an."

Sorgen Sie dafür, dass die Antworten schnell und spontan kommen – die Schülerinnen sollen nicht zu lange über sie nachdenken. Beispiele wären: „Mein Geist fühlt sich benebelt an und mein Körper fühlt sich warm an" oder „Mein Geist fühlt sich wach an und mein Körper fühlt sich schläfrig an".

Falls die Gruppe klein ist, könnten Sie im Raum umhergehen oder fragen, wer sich freiwillig meldet. Diese Aktivität kann Menschen helfen, sich der Bandbreite an Geistes- und Körperzuständen bewusst zu sein, die zu einem beliebigen Zeitpunkt im Raum vorhanden sind, und anzuerkennen, dass wir uns alle unterschiedlich fühlen können – und dass das augenblickliche Empfinden eines jeden von uns davon abweichen kann, wie wir uns nächste Woche, später am Tag oder in 10 Minuten fühlen können. Das nächste Mal, wenn die Schüler den Bogen heraushaben, könnten sie sich einfach in Paaren oder an einem Tisch austauschen.

Falls es Ihnen lieber ist, können Sie die Schülerinnen ihre zwei Wörter auch einfach schnell an ihrem Tisch auf Notizzettel schreiben lassen und dann schauen, ob jemand ihre Antworten der Klasse mitteilen möchte. Oder Sie könnten die Zettel einsammeln und einige vorlesen, ohne Namen zu nennen.

Sie können auch dieselbe Art von Übung ausprobieren, aber mit einer anderen Aufforderung oder Frage, wie z. B. „Wie ist dein inneres Wetter heute?“ In jedem Fall gilt:

- Nur ein Wort oder Satz zur Beschreibung der momentanen Stimmung.
- Etablieren Sie eine 3 bis 5 Minuten lange Routine, die den Schülern hilft, zur Ruhe zu kommen. Diese könnte etwa aus kurzen Einträgen in ein Tagebuch bestehen (Beispiele und Informationsquellen finden Sie im Abschnitt „Probieren Sie es aus“ am Ende des Kapitels).

Mit Schülerinnen, die ein Training achtsamen Gewahrseins durchlaufen haben, kann anstelle dieser Ankomm-Aktivitäten – oder in Verbindung mit ihnen – eine kurze gemeinsame Stille oder ein geführtes Zur-Ruhe-Kommen stattfinden. (Bei einem geführten Zur-Ruhe-Kommen leitet der Lehrer die Schülerinnen in einer kurzen Achtsamkeitspraxis an, die der Übung „Die Füße spüren“ aus Kapitel zwei ähnelt).

Diese Aktivitäten müssen nicht viel Zeit in Anspruch nehmen, können aber, wenn Sie den richtigen Ton treffen, den Schülern helfen, zum Hiersein und zum Lernen mit Ihnen bereit zu sein. Ich kenne eine Lehrerin, die zu ihren Sekundarschülern zu sagen pflegte: „Bevor wir heute anfangen, brauche ich einfach einen Moment, um zur Ruhe zu kommen. Ihr könnt lesen oder still sitzen, bis ich soweit bin. Stört mich nur nicht. Okay?“ Nach einer Weile beschloss die Mehrheit der Klasse, sich vor jedem Unterricht ihrem stillen Sitzen anzuschließen. Insbesondere für Sekundarschülerinnen ist eine einfache Aktivität zum Ankommen und

Einfinden auch die menschliche Bestätigung, dass Sie wissen, bei ihnen geschieht noch mehr als nur Ihr Unterricht.

Hier ist eine andere Art von Ankomm-Aktivität, die ich einen Lehrer an der International School of Prague effektiv anwenden sah:

EMOTIONEN ARTIKULIEREN

Jason unterrichtete Klassen mit besonderem Förderbedarf, und an einem Morgen beobachtete ich seinen Unterricht, um ihn zu beurteilen. Er unterrichtete gerade eine Gruppe 13-jähriger Jungen und hatte vor, die Stunde dafür zu nutzen, ihnen bei der Vorbereitung für eine Mathearbeit in Algebra am nächsten Tag zu helfen. Die Jungen saßen um einen runden Tisch herum; bevor sie aber anfingen zu arbeiten, ging ein jeder hinüber zum Regal an der Seite und wählte aus einer Menge von etwa 50 laminierten Karten mit „Emotionswörtern" zwei aus, die am Besten beschrieben, wie sie sich fühlten. Jason tat dies jeden Montag mit seinen Schülern, um eine Idee davon zu bekommen, was sich in der jeweiligen Woche in schulischer Hinsicht bei ihnen ereignen würde, für das seine Unterstützung notwendig sein könnte. Der erste Junge begann der Gruppe seine Wörter vorzulesen – „traurig" und „durcheinander" –, aber er schaffte es nur, den Anfang eines Satzes zu nuscheln, bevor er in Tränen ausbrach und unverhohlen derart schluchzte, dass er den Raum verlassen musste. Bevor er ging, brachte er es noch fertig zu erklären, dass sein neues Hündchen am Tag zuvor verschwunden war und sie es nicht hatten finden können. Während er auf die Toilette ging, um sich zu beruhigen, baute Jason in hervorragender Weise in der Gruppe Verständnis auf, indem er die anderen Jungen fragte, ob sie jemals etwas verloren hätten, dessen Verlust sie wirklich traurig gemacht habe. Als der Junge zurückkam, herrschte sehr viel Empathie im Raum. Nach einer Weile setzten sie die Aktivität fort und sahen sich im Kreis herum die Wörter eines jeden Jungen an, bevor sie mit der Algebra starteten.

Mir tat Jason ein wenig leid, weil dies alles im ersten Moment der ersten Aktivität in seiner ersten offiziellen Unterrichtsbeobachtung passierte. Aber er ging mit allem sehr geschickt um, und für mich sprachen diese Ankomm-Aktivität und sein Schaffen eines sicheren emotionalen Raumes für die Jungen Bände über den Wert von Lehrerinnen, die sich die Zeit nehmen, in ihren Stunden emotionale Aspekte des Lernens zu ermöglichen. Hätte er diese Aktivität nicht durchgeführt, hätte der Junge seine Gefühle wahrscheinlich den ganzen Tag unterdrückt und hätte der Matheunterricht bei ihm vermutlich sehr wenig haften bleibendes Wissen produziert. (Das Hündchen wurde übrigens später am Nachmittag gefunden – das wollte ich Ihnen nicht vorenthalten!)

Möglicherweise spüren Sie, dass Sie einige dieser Aktivitäten bei manchen Gruppen, die Sie unterrichten, nur ungern ausprobieren würden. Das macht nichts. Diese Übungen sollen Ihnen eher eine Vorstellung davon vermitteln, wie es ist, wenn Gelegenheiten auftauchen, bei denen Sie Ihre Achtsamkeitsfähigkeiten für das Interagieren mit Schülern auf einer etwas anderen Ebene einsetzen könnten. Wir wissen nie, was irgendeine unserer Schülerinnen gerade beschäftigt, und wir versuchen nicht, die Verwundbarkeit von Kindern zur Schau zu stellen. Manchmal aber müssen wir für den Fall, dass Emotionen an die Oberfläche treten müssen, einen sicheren Ort zur Verfügung stellen. Die Wirksamkeit unseres Unterrichts hängt vom positiven emotionalen Engagement unserer Schüler ab. Diese einfache Ankomm-Methode, durchgeführt von einem gut auf seine Schützlinge eingestellten Lehrer, der in der Lage war, angemessen und mitfühlend mit einer unerwarteten Situation umzugehen, hatte einen entscheidenden Einfluss auf die Fähigkeit des Kindes, an diesem Tag zu lernen.

Der Körper als Barometer

Wenn wir lernen, besser in unseren Körper, unsere Gefühle und unsere mentalen Zustände hineinzuspüren, können wir unsere Sensibilität erhöhen und so körperliche und emotionale Signale deuten, die zur Steuerung unseres Unterrichts beitragen und uns zu kompetenteren Lehrerinnen machen können. Wie wir festgestellt haben, gehört zum Training achtsamen Gewahrseins, sich bewusst mit seinem Körper zu verbinden – die eigene physische Lebendigkeit wahrzunehmen, die Körperlichkeit des Atems und der Sinneserfahrungen. Auf diese Weise beginnen wir den Körper als Barometer zu nutzen – als einen Weg, das Klima zu messen – oder als ein Radarsystem, das uns schon frühzeitig vor Spannungen und Belastungen warnt, die, wenn sie unbemerkt bleiben, zu körperlichen Anspannungen oder Krankheit führen könnten.

Zusätzlich dazu, dass sie eine bessere körperliche und psychische Gesundheit fördert, kann diese erhöhte Sensibilität unsere Haltung gegenüber der Klasse prägen. Das Verstehen unserer eigenen emotionalen Reaktionen und Trigger hilft uns, ein größeres empathisches Verständnis für andere zu entwickeln. Zudem können wir dadurch lernen, nicht überzureagieren und Dinge nicht zu persönlich zu nehmen. Es gibt verschiedene Möglichkeiten, während des Unterrichtens und Interagierens unser Gefühl der Präsenz im Klassenzimmer und unsere Sensibilität im jeweiligen Moment zu steigern. Der Schlüssel ist das Entwickeln der Fähigkeit, körperliche Empfindungen und mentale oder emotionale Reaktionen auf das, was gerade geschieht, wahrzunehmen. Diese natürliche Sensibilität lässt sich durch das Etablieren einer persönlichen Achtsamkeitspraxis (siehe Kapitel 3) erheblich steigern. Im Laufe der Zeit kann uns das helfen, subtile Trigger und gewohnheitsmäßige Verhaltensmuster zu bemerken, die unsere Reaktionen antreiben. Je mehr wir in unseren Körper hineinspüren und ihn als Frühwarnradarsystem nutzen, das uns Informationen über unsere unterschwelligen Reaktionen auf das Geschehen um uns herum liefert, umso besser sind wir in der Lage, das Klassenklima einzuschätzen, uns anzupassen und sachgerechte Entscheidungen über unsere Antworten zu treffen.

HINEINSPÜREN

Gegen Ende eines Achtsamkeitskurses nahm ich eine Gruppe 17- bis 18-jähriger Oberstufenschülerinnen mit auf eine „Sinnessafari" – einen Spaziergang außerhalb des Schulgeländes, der mit Stille, tiefem Zuhören und Reflexion verbunden sein würde. Da ich den überwiegenden Teil meiner Lehrerlaufbahn in der Mittelstufe gearbeitet habe (mit 11- bis 14-jährigen), betrachte ich mich nicht wirklich als Oberstufenlehrer. Als wir die Schule verließen, begann es leicht zu regnen, und ich hielt die Gruppe in einem überdachten schmalen Durchgang an, um die Grundregeln dieser etwas ungewöhnlichen Lernerfahrung zu erklären – einer, die dem von Natur aus geselligen Teenagergehirn gegen den Strich gehen könnte. Als ich dastand und wartete, dass die Gruppe sich versammelt, bemerkte ich, wie sich mir der Magen zusammenkrampfte und mein Herz schneller schlug. Meine Handflächen waren feucht. Ein vertrautes Erkennungszeichen von Stress begann Form anzunehmen, und ich nahm mir einen Moment Zeit, um in mich hineinzuspüren und mich diesen Symptomen zuzuwenden. Fühlte ich mich bedroht? Ja. Warum? Lag es vielleicht an der Körpersprache meiner Schüler, an meinem Gefühl, dass sie dies nicht interessieren könnte, dass ich sie möglicherweise zu weit aus ihrer Komfortzone herausholte? Dem Gefühl zugrunde lag das Wissen, dass ich mich beim Unterrichten älterer Jugendlicher nie so richtig wohlgefühlt habe. Vielleicht wegen meiner eigenen Schwierigkeiten mit Autorität und tiefer liegenden rebellischen Neigungen, vielleicht wegen meiner Erfahrungen im Alter von elf Jahren, als ich auf ein britisches Gymnasium ging, an dem Schikanierung die Norm war. Aus welchen Gründen auch immer äußerte sich meine vage Furcht, nicht in der Lage zu sein, eine Gruppe im Griff zu haben, in meinem Körper durch Bedrohungssymptome.

Wenn wir bedroht sind, verschließen wir uns, unsere Gedankenprozesse verengen sich zu einem „Tunnelblick“ – kein guter Zustand, um achtsames Gewahrsein in der Natur zu unterrichten! Was konnte ich also tun? All dies geschah innerhalb weniger Augenblicke, aber der entscheidende Schritt war bereits getan worden – indem ich die körperlichen Symptome wahrnahm und das, was ich fühlte, anerkannte, gab ich mir bereits ein wenig Raum, um mit Gewahrsein zu taktieren, statt unterbewusst durch mein Unbehagen angetrieben zu werden. Weil ich dann entschied, die nächsten 40 Minuten nicht auf eine feste Auswahl an Reaktionen beschränkt sein zu wollen, konnte ich im Inneren klären, welche Absicht ich für die Klasse hatte, mich ein wenig den körperlichen Symptomen zuwenden, einen tieferen Atemzug machen, bei der Ausatmung stärker loslassen, diese Symptome zulassen („Ich muss es nicht mögen, mich so zu fühlen, ich muss es nur akzeptieren“) und dann dieses erhöhte Gewahrsein dafür nutzen, dass es mich in den nächsten Augenblick hineinleitet.

Indem ich meine Aufmerksamkeit darauf fokussierte, was ich erreichen wollte, auf das Mich-Verbinden mit den Schülern, und innerlich meine Absichten klärte, war es mir möglich, nicht überzureagieren, wenn ich sah, dass sie sich nicht unbedingt an die aufgestellten Grundregeln hielten. Es war besser, flexibel zu reagieren, die Dinge ein wenig zur Ruhe kommen zu lassen, als die Jugendlichen scharf zu zwingen, sich zu benehmen und still zu sein. Dass ich ihnen gegenüber offen anerkannte, dass diese Übung ungewöhnlich war – sogar eine Herausforderung darstellte –, kann ebenfalls zur Entwicklung des Prozesses beigetragen haben. Rigoroses Durchgreifen und das Zeigen von Strenge hätten hingegen eine Bedrohungs- oder Vermeidungsreaktion auf ihrer Seite provozieren können. Dies wiederum hätte sie von der sinnlichen Lernerfahrung fernhalten können, die ich versuchte für sie zu schaffen.

Also ließ ich ihnen etwas Spielraum, während wir den Hügel hinuntergingen, und bestand nicht auf absoluter Stille. Ich blieb einfach so gut ich konnte in meiner eigenen Blase. Allmählich, als wir uns weiter von den Gebäuden entfernten und ins Grüne kamen, begannen sie sich zu beruhigen, bis wir letztlich doch Stille hatten und die Möglichkeit, das, was uns umgab, wirklich schätzen konnten.

Präsenz

Wenn wir Lehrerinnen darin schulen, *achtsam zu unterrichten*, versuchen wir diese Sensibilität durch Übungen zu steigern, die das Gefühl der Präsenz im Klassenzimmer verstärken. Dies können Aktivitäten sein, die das Gewahrsein des Körpers, des Atems und der Stimme erhöhen. Eine der Methoden, die von Helle Jensen und Katinka Gøtzsche bei der Schulung dänischer Lehrerinnen angewendet wird, ist zum Beispiel die Technik 60/40. In dieser Übungsreihe spielen wir damit, mit unserer Aufmerksamkeit hauptsächlich in unserem Körper zu bleiben, während wir uns bewegen, atmen und mit anderen interagieren. Dies ist eine gute Übung für Lehrer, da wir uns so oft darin verfangen, 100 Prozent unserer Aufmerksamkeit unserem Unterricht und unseren Schülerinnen zu widmen, dass wir uns selbst vergessen. Hier trainieren wir also, etwa 60 Prozent unseres Gewahrseins nach innen zu richten und 40 Prozent nach außen.

60/40 BEGRÜSSUNG (5 MINUTEN)

1. Stehen Sie auf (so weit wie möglich in Ihrem eigenen Tempo) und richten Sie die Aufmerksamkeit auf Empfindungen in Ihren Füßen.
2. Nehmen Sie jegliches Kribbeln, Prickeln und die Temperatur wahr.
3. Beugen Sie Ihre Knie ein paar Mal, spüren Sie das Gewicht auf Ihren Fußsohlen.

4. Lehnen Sie sich ganz langsam vor und zurück und von einer Seite zur anderen, während Sie weiterhin Ihr Gewahrsein auf jegliche Empfindungen in den Füßen richten.
5. Behalten Sie dieses Gewahrsein Ihrer Füße bei, wenn Sie nun im Raum umhergehen und sich bei jemandem vorstellen, der in Ihrer Nähe ist. Achten Sie dabei darauf, die Hand der anderen Person zu schütteln, während Sie weiterhin versuchen, mit etwa 60 Prozent Ihres Gewahrseins bei Ihren Füßen zu bleiben.
6. Gehen Sie wieder umher und begrüßen Sie jemand anders, wobei Ihr Gewahrsein auf die Füße gerichtet bleibt.

(Mit Genehmigung übernommen aus einem Workshop von Katinka Gøtzsche, Aarhus, Dänemark, Juni 2015)

Wie viele Achtsamkeitsübungen hört diese sich einfach an, doch ist es nicht leicht, die Kombination aus nach innen und außen gerichtetem Gewahrsein beizubehalten. Nachdem sie ein oder zwei Personen die Hand geschüttelt haben, vergessen die Teilnehmerinnen häufig, dass es ihre Absicht war, mit der Aufmerksamkeit bei ihren Füßen zu bleiben. In einer Besprechung nach der Aktivität können wir darüber nachdenken, wie leicht wir uns selbst verlieren und welche Bedeutung das Üben hat. Das Setzen einer Absicht kann uns eindeutig helfen, daran zu denken, inmitten eines anstrengenden Unterrichts oder Tages von Zeit zu Zeit zu uns selbst zurückzukommen. Andernfalls kann es passieren, dass wir schließlich im Laufe des Tages, der Woche oder des Halbjahres so viel Energie verbrauchen, dass wir am Ende ausgelaugt und erschöpft sind. Das Beibehalten eines inneren Gewahrseins hingegen trägt dazu bei, dass wir auf die zuvor beschriebenen Empfindungen hingewiesen werden, welche die Effektivität der Lernumgebung steigern können.

Stimmbildung war in Großbritannien ehemals Bestandteil der Lehrerausbildung. In Anbetracht dessen, dass die Stimme das wesentliche Werkzeug einer Lehrerin darstellt, ist es sinnvoll, zu lernen, wie wir sie pflegen und mit größter Wirkung einsetzen. Das Buch *Presence* von Patsy

Rodenburg (2009) enthält zahlreiche Aktivitäten, die beim Aufbau von Präsenz durch den Atem und die Stimme helfen. Rodenburg trainiert vor allem Bühnenschauspieler, doch sind ihre Übungen auch sehr gut für das achtsame Unterrichten geeignet. Bei einer der Aufgaben, die wir mit Lehrerinnen durchführen, schaffen wir durch eine Reihe von Aktivitäten ein Gewahrsein des Körpers, des Atems und der Stimme. Diese Aktivitäten finden ihren Abschluss im Vorlesen eines Gedichts vor einer kleinen Gruppe, während mit verschiedenen Aspekten der Präsenz gespielt wird. Bevor die Lehrer der Gruppe etwas vorlesen oder zu ihr sprechen, schauen sie sich einige Vorschläge für Bereiche an, auf die sie sich konzentrieren können, z. B.:

- Langsamer werden
- Atmen
- Achtsam sprechen
- Innehalten/Stille zulassen
- Gewahrsein des Körpers
  - Weicher Blick – entspannte Augen
  - Zulassen, dass man gesehen wird
  - Starker Rücken, weiches Herz (starke Präsenz, dennoch verwundbar)
- Gewahrsein der Emotionen
- Gewahrsein der Gedanken – weich werdend
- Gewahrsein der Umgebung jenseits des Selbst.

Diese Vorschläge wurden freundlicherweise von Richard Brown, Professor für Kontemplative Bildung an der Naropa University in Boulder, Colorado, USA zur Verfügung gestellt und stammen aus einer längeren, unveröffentlichten Liste kontemplativer persönlicher Praktiken beim Unterrichten.

Den Unterricht durch achtsames Gewahrsein transformieren

Viele Lehrerinnen aus einer Vielzahl von Schulen, in denen Erwachsene Zugang zu Achtsamkeitstraining haben, sagten, sie fänden Letzteres „transformierend" – in persönlicher, beruflicher oder beiderlei Hinsicht:

> „Dieser Kurs hilft einem, sich aktiv um sein Wohlbefinden zu kümmern. Wenn man sich seiner eigenen Bedürfnisse bewusst ist, kann man sich auch besser der Bedürfnisse seiner Schüler bewusst sein."
>
> „Ich reagiere nicht mehr so wie früher, wenn eine Schülerin mich in Rage bringt."
>
> „Ich habe jetzt richtig Freude daran, eine Verbindung zu meinen Schülern herzustellen."
>
> „Dies ist ein praktischer Weg für Lehrerinnen, um mit Stress fertig zu werden."
>
> „Es erinnert einen daran, dass man ein Gleichgewicht zwischen seiner Arbeit und seinem Privatleben suchen muss. Das hilft einem, bei seiner Arbeit effektiver zu sein."
>
> „Es hat mir geholfen, meine Rolle als Kollegin besser wahrzunehmen, weil es mein Bewusstsein für Empathie gegenüber anderen gesteigert hat."
>
> „Ich stand dieser „Achtsamkeit" am Anfang skeptisch gegenüber, habe sie aber als ausgesprochen hilfreich empfunden."
>
> „Ich fühle mich einfach viel ruhiger."

Aufgrund meiner eigenen persönlichen Erfahrung würde ich allem oben Genannten zustimmen. In einer unruhigen, schwierigen Phase meines Lebens, in der ich mich unter Druck fühlte, begann ich mit einer regelmäßigen Achtsamkeitspraxis. Nach einer Weile bemerkte ich eine Auswirkung auf die Art, wie ich mich bei der Arbeit verhielt. Ich fing zudem an, wirklich gerne Schülerinnen und Schüler der Mittelstufe zu unterrichten. Ich glaube, mehr als alles andere wusste ich den Spaß – und sogar die Freude – zu schätzen, die sich im Herstellen einer Verbindung zu den Schülerinnen finden lassen. Dies war etwas, das ich im Laufe der Jahre einfach verloren hatte oder vielleicht damals wegen anderer Sorgen und Prioritäten nicht so sehr zu schätzen gewusst hatte.

Das Herzstück einer jeden Stunde des Kurses „Achtsam unterrichten" besteht normalerweise darin, die Lehrkräfte auf eine der Übungen für zu Hause/die Schule vorzubereiten, die in adaptierter Form auf dem Buch *Meditation im Alltag: Gelassenheit finden in einer hektischen Welt* (Williams und Penman, 2011) basieren. So könnten sie beispielsweise gebeten werden, ihre Aufmerksamkeit auf Routinetätigkeiten zu richten und körperliche Empfindungen wahrzunehmen, wenn sie etwa eine Tasse Kaffee trinken oder im Klassenzimmer umhergehen. Sie könnten auch aufgefordert werden, einige „Gewohnheitsauflöser" auszuprobieren, um daran zu denken, aus dem „Autopilotmodus" in die Gegenwart zu kommen. Das könnte bedeuten, in Besprechungen an einem anderen Platz zu sitzen, beim Unterrichten manchmal in einer anderen Haltung zu stehen, einen längeren Atemzug zu machen, während die Klasse über eine Frage nachdenkt, die man gestellt hat, und so weiter.

In der nächsten Stunde schauen wir uns dann an, was bei den Teilnehmern in der Woche passiert ist – betrachten alles, was sie möglicherweise an sich selbst und an ihrer Art zu unterrichten oder Umgang mit anderen zu pflegen wahrnehmen. Zudem blicken wir auf die jeweilige Mini-Aktionsforschung, die sie in jener Woche im Klassenzimmer durchführen sollten. Häufig führen die Steigerung des Selbstgewahrseins und der Sensibilität, die diese Aktivitäten und die Lektüre des Lehrbuchs bewirken, zu einer neuen Beobachtung oder Einsicht. Und wenn Lehrerinnen beginnen, diese einander mitzuteilen, können wir uns einen Reichtum an Entdeckungen zunutze machen, die wirklich zum Vertiefen des achtsamen Unterrichtens beitragen.

„Es ist nicht nur das Arbeitspensum, es ist die Erschöpfung, die sich allmählich einstellt, weil man diese 30 Individuen emotional im Griff haben muss. Und man macht sich bereit für den nächsten Tag, und dann sind die 30 hilfsbedürftigen kleinen Personen wieder da – da sieht man dann, dass die wirklich hervorragenden Lehrer diejenigen sind, deren Beziehung zur Klasse durch Verbundenheit und Authentizität gekennzeichnet ist. Es geht nicht so sehr um den Unterrichtsstil, es geht darum, authentisch und verbunden zu sein."

Grundschulleiterin

Wir mögen zu der Annahme neigen, dass „talentierte" Lehrkräfte ein gewisses angeborenes Charisma besitzen, das Schülerinnen und Schüler zum Lernen anspornt. Hier aber erkennen wir, dass wir uns alle eine größere Präsenz im Klassenzimmer antrainieren können – durch unsere physische Anwesenheit, das Gewahrsein des Atems, des Körpers und der Stimme und durch die Erhöhung unserer Sensibilität, die es uns ermöglicht, die geistigen und körperlichen Zustände unserer selbst und anderer Menschen zu deuten.

Entspannte Wachheit

Das Yerkes-Dodson-Gesetz, das 1908 aus Experimenten mit Mäusen und Ratten hergeleitet wurde, demonstrierte, dass ein Fehlen von Stress zu Apathie und Lethargie führen kann, während zu viel Stress Erschöpfung und Chaos verursachen kann, und dass keines der beiden Extreme tiefem Lernen zuträglich ist.

Nicht jeder Stress ist schlecht; mit **Eustress** wird ein Stimulationsniveau beschrieben, das nützlich ist, weil es uns in Gang bringt und zum Lernen motiviert (siehe Abb. 4.1). Relevanz, Verantwortung und Neuheit tragen zur Vorbereitung dieses Zustands bei, und wenn wir uns entspannt und wach fühlen, sind wir in einer guten Position, um uns einzulassen und zu lernen. Das englische Wort für „wach" in der Bedeutung von „geistig sehr rege und aufmerksam", *alert,* hat seine Wurzeln im Begriff

„alarm“, was sich mit Beunruhigung oder Besorgnis übersetzen lässt – es besteht also eine Verbindung zu Angst im Sinne von Wachsamkeit. Auf niedrigem Niveau aber ist die Wirkung dieses Zustands positiv. Wenn wir in unserem Unterricht diesen Optimalpunkt entspannter Wachheit finden können, an dem die Schülerinnen sich sicher und wohl fühlen (aber nicht träge) und an dem sie herausgefordert werden (jedoch nicht übermäßig), vermögen wir das Lernen wahrhaft zu optimieren.

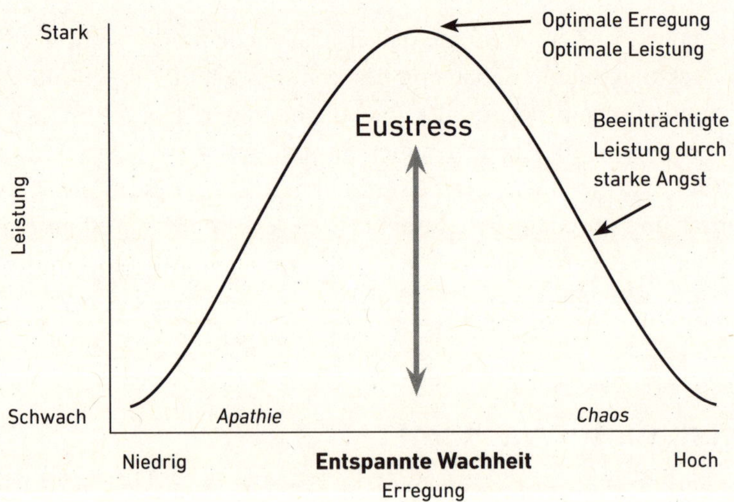

Abbildung 4.1 Stress und Leistung (nach: Diamond et al., 2007)

Das Training achtsamen Gewahrseins ist im Grunde ein Training der entspannten Wachheit, und wenn wir beginnen, ein Gespür dafür zu haben, können wir unsere eigene entspannte Wachheit für die Beeinflussung der Unterrichtsumgebung nutzen. Erhöhen wir unsere Responsivität und bauen wir emotionale Sicherheit in unseren Klassenzimmern auf, sind wir in der Lage, die Qualität der Umgebung bewusster zu erzeugen und mit den fluktuierenden Anforderungen des Lernschwerpunktes und veränderlichen Bedürfnissen der Gruppe in Einklang zu bringen. Durch das Wahrnehmen subtiler Signale aus unserem Inneren – und von unseren Schülern – können wir unsere Pädagogik anpassen und eine Feinsteuerung der Atmosphäre vornehmen. Hierdurch erzeugen wir Bedingungen, die dem näher kommen, was wir unter einer optimalen Lernumgebung verstehen.

> Wie Amy Footman, Leiterin der Grundschule Stanley Grove Primary School in Manchester, Großbritannien, erzählt, fühlten sich einige ihrer in Achtsamkeit geschulten Lehrerinnen laut eigener Aussage „sehr viel verbundener mit ihrer Klasse. Und sie meinten, dass Achtsamkeit einen als Lehrer empfänglicher macht; man verfängt sich nicht mehr vollkommen in dem, was die ganze Zeit passiert." Die Lehrerinnen berichteten auch von der Vorstellung, „den Raum zu lesen": „Oh, liebe Klasse, es fühlt sich hier heute wirklich prickelnd an" oder: „Ich finde, dass die Klasse sich heute ganz, ganz schläfrig anfühlt – vielleicht ist das so, weil unsere Köpfe und unsere Körper ein bisschen mehr Energie brauchen".

Nachdem sie die Stimmung, die Atmosphäre oder das Energieniveau einer Klasse bewusst identifiziert haben, können Lehrkräfte im Folgenden ihren Ton, ihre Vorgehensweise oder ihre Aktivitäten entsprechend anpassen. Möglicherweise entscheiden sie sich für eine kurze Aktivität, die Schüler je nach Bedarf beruhigen oder aufwecken soll. Hierbei könnte es sich zum Beispiel um einfache Übungen achtsamer Bewegung handeln – langsame und sanfte oder schnelle und belebende (Aktivitäten zum Gangwechseln, wie die dänischen Lehrertrainerinnen sie nennen), denen ein ruhiger Augenblick des Wahrnehmens folgt, in dem die Schüler in ihren Körper hineinspüren, beobachten, wie er sich anfühlt, bevor der Unterricht fortgesetzt wird. (Beispiele für einfache Aktivitäten, um eine Klasse zu beruhigen oder ihr neue Energie zu geben, finden Sie im Abschnitt „Probieren Sie es aus" am Ende des Kapitels.)

Ich habe von Lehrerinnen in vielen Schulen gehört, dass das Absolvieren eines achtwöchigen Achtsamkeitskurses ihre Erfahrung zu Hause und im Klassenzimmer transformiert hat. Häufig wird von verbesserter Emotionsregulation in der einen oder anderen Form gesprochen. Tracy (Name geändert) war niemand, bei der sich die Kollegen vorstellen konnten, dass sie sich für Achtsamkeit interessieren könnte. Aber sie belegte doch einen Kurs, nicht in der Absicht, Schüler zu unterrichten, sondern zu ihrem eigenen Nutzen: „Das hat mein Leben verändert", erzählte sie mir. „Früher war ich so leicht durch bestimmte Verhaltensweisen meiner Schülerinnen zu provozieren, jetzt aber scheint es, als könnte ich es bemerken, meine Reaktionen wahrnehmen und entscheiden, wie ich sein will. Ich reagiere einfach nicht mehr so wie früher."

Wirkung auf einzelne Schüler ausüben

Wir sind vor allem soziale Wesen, und obwohl die traditionelle Theorie der evolutionären Entwicklung von dem Überleben konkurrierender Spezies ausgeht, sind die menschlichen Leistungen möglicherweise in weit stärkerem Maße abhängig von unserer Fähigkeit zur Zusammenarbeit. Louis Cozolino (2013) hat eine Fülle an Forschungsergebnissen aus der sozialen Neurowissenschaft zusammengetragen und weist Erzieherinnen auf einige wertvolle Schlussfolgerungen hin, die sich aus unserem wachsenden Verständnis der Beziehungswissenschaft ergeben.

Unsere Bindungsfähigkeit

Die Evolution unseres Gehirns versetzte uns in die Lage, zusammen und gemeinsam zu arbeiten und die kommunikativen und sprachlichen

Kompetenzen auszubilden, die unsere außergewöhnliche Entwicklung als Spezies möglich gemacht haben. In unseren ersten Lebensphasen sind wir vollkommen auf unsere Bezugspersonen angewiesen, und diese enge, abhängige *Bindung* liegt unserer Lernfähigkeit zugrunde. Unsere Eltern sorgen nicht nur für physische Sicherheit und Nahrung, sondern regulieren auch unsere Emotionen und schaffen Zugang zum Erlernen der sozialen Kompetenzen, an die unsere volle Funktionsfähigkeit in der Kultur und Gesellschaft gebunden ist.

Menschliche Babys werden zwar ohne einen ausgebildeten präfrontalen Kortex geboren und bleiben über viele Jahre aufs Höchste abhängig und verwundbar, doch kommen wir auch mit einigen hochentwickelten Fähigkeiten zur Welt. Das Vermögen eines Kleinkindes, eine ganze Reihe von Gesichtsausdrücken zu „lesen“, die wichtige soziale Botschaften übermitteln, ist eine äußerst ausgefeilte Art von Lesekompetenz. Die Steigerung vom Lesen von Gesichtern zum Verstehen und Produzieren komplexer Töne, gefolgt von der Fähigkeit, komplexe Sprachsysteme zu lesen und zu schreiben, versetzt uns letztendlich in die Lage, abstrakt zu denken, zu reflektieren und unser inneres Selbst sowie das äußere Universum zu erkunden.

Beziehung beim Lernen

Läuft unsere anfängliche Kommunikation als Säugling auch weitgehend nonverbal ab, lernen wir doch auf einfacher Ebene und Tag für Tag, mit anderen durch Worte und Ideen sowie durch Berührung und Emotionen zu kommunizieren. Gemäß unserer evolutionären Tendenz lernen wir am besten, wenn wir in einer Weise mit anderen Kommunikation betreiben, die diese affektive Komponente enthält (Marzano und Pickering, 2011, S. 5–7). Wie Cozolino durch die Tiefe der Forschungstätigkeit auf dem Gebiet der Bindungstheorie und des menschlichen Lernens zeigt, liegen hier das Potenzial und die Macht der Rolle der Lehrerin. Aufgrund unserer evolutionären Veranlagung, eine Verbindung zu unseren erwachsenen Bezugspersonen herzustellen, und der neurowissenschaftlichen Prozesse, die für diese Funktionsweise sorgen, sind wir außerdem dazu prädisponiert, mit anderen Erwachsenen in unserer Gemeinschaft Lernbeziehungen einzugehen – und bei unserer derzeitigen Version von Gemeinschaft bedeutet das zumeist mit unseren Lehrern. (Schaut man sich schließlich die Zeit an, die Kinder in vielen Gemeinschaften mit Erwachsenen interagieren, sieht man, dass sie einen beträchtlichen Teil dieser Zeit mit ihren Lehrerinnen verbringen.)

Neurowissenschaftliche Bildhauer

Was an den Forschungsergebnissen auf diesem Gebiet am faszinierendsten ist, ist die Tatsache, dass Wissenschaftlerinnen heute die Mechanismen nachvollziehen können, die diesem „Lernen durch Beziehung" auf zellulärer Ebene zugrunde liegen. Einerseits ist uns nichts davon neu. Wir wissen instinktiv und durch unsere eigenen Beziehungen und Erfahrungen, was uns geholfen hat, zu wachsen, uns zu entwickeln und zu lernen. Andererseits aber können wir durch die Hirnforschung nun auch beginnen, die Feinheiten der Physiologie des Lernens und der Beziehung zu verstehen und tatsächlich zu „sehen". Und zwar in einem solchen Maße, dass Cozolino Lehrkräfte aufgrund dieser Beweise als *neurowissenschaftliche Bildhauer* bezeichnet. Lehrer, so Cozolino, erzeugten mittels ihrer persönlichen und pädagogischen Fähigkeiten Lernumgebungen sowie innere Verbindungen in ihren Schülern, welche die synaptischen Strukturen ihrer Gehirne geradezu „meißelten". Ist das nicht toll?

Lebenslektion Nr. 1

Gehen wir noch tiefer. Wenn wir uns ansehen, welche entscheidende Bedeutung die frühe Bindung im Leben eines jungen Menschen hat, beginnen wir zu verstehen, dass es möglich ist, ohne einige zentrale soziale und emotionale Kompetenzen heranzuwachsen – insbesondere, wenn unsere primären Bezugspersonen nicht in der Lage waren, manche unserer Bedürfnisse zu befriedigen oder sich voll und ganz unserer frühen Entwicklung zu widmen. Primäre Bezugspersonen regulieren unsere anfänglichen emotionalen Antworten. Fehlt es ihnen selbst an manchen wesentlichen Fähigkeiten, können uns die Lücken in der Einstimmung zwischen Kindern und Eltern im späteren Leben erhebliche Probleme in unseren persönlichen und beruflichen Beziehungen bereiten. Entwicklungsgemäß angemessene Programme und Ansätze, die jungen Schülerinnen die Zeit und den Raum geben, um soziale und emotionale Kompetenzen zu erkunden, können vielleicht dazu beitragen, einige dieser Lücken zu füllen.

Kleinere Kinder verfügen nicht über vollständig entwickelte kognitive Fähigkeiten, sind aber in einem günstigen Alter für die natürliche Herausbildung der affektiven Fähigkeiten. Gut eingestimmte Kinder wissen ganz selbstverständlich, ob ihre Mutter ärgerlich ist, oder haben sogar ein recht gutes Gespür dafür, ob einem Fremden zu vertrauen ist oder nicht. Hochwertige Programme für soziales und emotionales Lernen (SEL), die zur Entwicklung dieser Kompetenzen beitragen, können unsere Fähigkeiten vergrößern und verbessern. So können wir zum Beispiel lernen, empathischer zu sein, selbst wenn wir mit jemandem im Streit liegen, und trainieren, mitfühlender und weniger wertend gegenüber uns selbst und anderen zu sein. Diese Programme müssen mehr sein als einfach nur ausgeklügelte „akademische" Programme: Sie müssen echte erfahrungsbezogene Komponenten aufweisen und vor allem von Menschen unterrichtet werden, welche die angestrebten Eigenschaften verkörpern können.

Lebenslektion Nr. 2

Zusätzlich zu dem Bedürfnis nach bewusster Entwicklung der sozialen und emotionalen Kompetenzen durch gut vermittelte formelle und informelle Programme ergibt sich aus der Bindungsforschung ein weiteres Ergebnis, das für Lehrer von hoher Relevanz ist. Dieses betrifft den Einfluss, den eine wichtige erwachsene Person durch modellhaftes Vorführen und durch Verbindung auf ein unsicheres Kind haben kann, welches Defizite in der sozialen Kompetenz oder Emotionsregulation aufweist.

Unsere Schüler registrieren in einer Klassenumgebung neben dem Inhalt des Unterrichts, auf dessen Vermittlung wir uns so sehr konzentrieren, jede Menge Botschaften. Diese rühren unter anderem von der

Körpersprache der Lehrerin und der Mitschüler her, von Sensibilität gegenüber lustigem oder bedrohlichem Verhalten, von Gruppendynamiken, die das Selbstwertgefühl und den Status stärken oder gefährden können, und so weiter. Welche Haltung die erwachsene Person im Raum in Bezug auf die Klasse und potenzielle Bedrohungen der sozialen und emotionalen Stabilität einnimmt, wird aufmerksam wahrgenommen. Schwieriges Schülerverhalten kann leicht unsere eigenen Schwachstellen und Defizite in den Beziehungsfähigkeiten oder im Umgang mit Konfrontation aufdecken. Mit achtsamerem Gewahrsein an unsere Reaktionen heranzutreten, kann uns bei der Entwicklung der Fähigkeit helfen, angemessene Antworten auf herausfordernde Situationen zu wählen.

„Unterrichte deine Kinder gut"

Wir verbessern nicht nur unsere Fähigkeiten des Verhaltensmanagements, wir bieten einzelnen Schülerinnen und Schülern auch Gelegenheit, von uns zu lernen – durch das Beobachten von Antworten, die ihren frühen Mustern der Verhaltensmodellierung möglicherweise widersprechen oder sie infrage stellen. Etwas so Einfaches wie zu sehen, dass Sie Wut nicht persönlich nehmen, kann von tiefgreifender Bedeutung für ein Kind sein, das dies zu Hause nicht erlebt hat. Ein anderes Beispiel: Ein Kind in Ihrer Klasse hat vielleicht gelernt, sich defensiver Aggression zu bedienen, um eine unbewusst empfundene Unzulänglichkeit zu kaschieren. Wenn es bei einer Interaktion mit Ihnen Feindseligkeit zum Vorschein kommen lässt, Sie aber nicht darauf reagieren und zu einem freundlichen, aber festen Auftreten sowie einer geduldigen Neugier auf Ihre Interaktionen in der Lage sind, könnte dies ihm eine Lebenslektion lehren, die zu lernen es noch nicht die Möglichkeit gehabt hat. Desgleichen kann ein Lehrer, der (direkt oder indirekt) kommuniziert, dass er die Geduld hat, zu einer Schülerin zu stehen und sie zu unterstützen, selbst wenn diese das Gefühl hat, etwas überhaupt nicht zu können, dem Schüler helfen, eine mächtige Lektion zu lernen, die ihn möglicherweise das gesamte Leben hindurch begleitet.

> Ich bin zu dem beängstigenden Schluss gelangt, dass ich das entscheidende Element im Klassenzimmer bin. Es ist meine persönliche Vorgehensweise, die das Klima erzeugt. Es ist meine Tagesform, die das Wetter bedingt. Als Lehrer besitze ich eine gewaltige Macht, einem Kind das Leben schwer oder leicht zu machen … Ich kann demütigen oder heilen. In allen Situationen ist es meine Antwort, die entscheidet, ob eine Krise eskaliert oder deeskaliert und ob ein Kind menschlicher oder unmenschlicher wird. (Ginott, 1980)

Dies mag sich für Sie als Lehrerin, die so viele andere Dinge im Kopf hat, alles etwas intensiv oder überwältigend anhören: „Ich habe genug damit zu tun, den Tag zu überstehen und 30 grundverschiedenen Individuen in jeder meiner fünf Klassen die Inhalte des Geschichtslehrplans zu vermitteln – ich habe keine Zeit dafür, auch noch Therapeutin zu sein!"

Stimmt. Aber diese Hinweise aus der Forschung auf dem Gebiet der sozialen Neurowissenschaft sollten nicht so verstanden werden, dass wir perfekte Menschen sein müssen, in der Lage, eines jeden Kindes Probleme zu lösen. Es geht mehr darum, trotz unserer Unvollkommenheiten menschlich zu sein und um den Einfluss zu wissen, den wir auf Kinder haben können.

Erneute Einstimmung: Ian Wright trifft Herrn Pigden

Nehmen Sie sich, wenn möglich, drei Minuten Zeit, um sich das (englischsprachige) Video über Ian Wright anzuschauen, einen berühmten englischen Fußballspieler. Nach Beendigung seiner Fußballkarriere arbeitet er jetzt für Radio und Fernsehen, und dieses Video wurde erstellt, als er gerade eine andere Sendung aufnahm. Ohne sein Wissen hatte der Regisseur Kontakt mit Wrights Grundschullehrer aufgenommen, ohne recht zu begreifen, was für eine Wirkung das auf den namhaften Sportler haben würde.

> Ian Wright bekommt einen großen Schreck!
> *www.youtube.com/watch?v=omPdemwaNzQ&ab_channel=MITOGEN*

In anderen Sendungen hat Ian Wright über seine schwierige Kinderstube gesprochen, und wir können sehen, welchen wunderbaren Einfluss Herr Pigden auf ihn gehabt hat. Es ist ganz außergewöhnlich zu erleben, wie dieser erwachsene Mann, ein versierter Athlet, vor der Kamera wieder zu einem kleinen Kind wird, respektvoll seine Mütze abnimmt und auf ergreifende Weise die Hand seines Lehrers hält. Wright hatte eine sehr schwere Kindheit, die dazu führte, dass er viel Wut in sich trug und leicht in unkontrollierbare Raserei verfiel. Herr Pigden nahm sich, so Wright, die Zeit, ihm das Kommunizieren mit anderen beizubringen, und war sein erstes positives männliches Rollenmodell sowie derjenige Mensch, der ihm das Gefühl vermittelte, wichtig und fähig zu sein.

Hört man Menschen zu, die über eine bedeutende Person in ihrem Leben sprechen, bei der es sich nicht um ihre Eltern oder ihren Partner bzw. ihre Partnerin handelt, erlebt man es häufig, dass sie ein wesentliches Merkmal beschreiben, das diese Person auszeichnete: „Er war so geduldig“, „So eine ruhige Person“, „Sie war so begeistert von ihrem Fach“, „So fürsorglich“ und so weiter. Diese Leute sehen eine Qualität in jemandem – ganz oft ihrem Lehrer –, die ihnen in ihrer eigenen Erziehung und folglich in sich selbst gefehlt hat. Manchmal brauchen Menschen, die mit der Erfahrung früher unsicherer Bindungen aufwachsen, möglicherweise nur eine positive Beziehung mit einer anderen wichtigen Person, die selbst sicher ist, um einige dieser fehlenden Eigenschaften zu entwickeln.

Dieser Prozess der „erneuten Einstimmung“ stützt sich auf den neurobiologischen Schaltkreis, der uns hilft, uns auf unsere frühen Bezugspersonen einzustimmen und eine Bindung zu ihnen herzustellen (für weitere Details siehe Cozolino, 2013, S. 18, 106–107). Es gibt viele Berichte darüber, dass diese Art von Lernbeziehung auf Menschen für den Rest ihres Lebens eine tiefgreifende Wirkung hat. Sie muss nicht im Kindesalter stattfinden – manche Leute berichten von Universitäts- oder College-Professoren, die einen ähnlichen Einfluss auf sie gehabt haben. Auch muss es natürlich nicht unbedingt eine Lehrerin sein, mit der diese Beziehung eingegangen wird, es kann ebenso ein Partner oder eine andere wichtige Erwachsene sein. Lehrer werden jedoch oft angeführt, weil sie in einem Kontext arbeiten, in dem die erneute Einstimmung mit einem sicheren Erwachsenen ganz klar eine Möglichkeit darstellt. Eine erneute Einstimmung findet nicht nur bei Menschen statt, die in der Kindheit Missbrauch oder schwerwiegenden Mangel erlitten haben – wir sind alle in einigen Bereichen der sozialen und emotionalen Entwicklung stärker und in anderen schwächer. Deshalb können sämtliche Schülerinnen von einer authentischen Verbindung mit ihrer Lehrerin sowie von sorgfältig konzipierten, gut unterrichteten Programmen zur Förderung der sozial-emotionalen Kompetenzen profitieren. Idealerweise kommen sie in den Genuss einer Kombination aus beidem.

Unsere menschliche Physiologie hat so starke soziale und emotionale Grundlagen und das Unterrichten ist eine dermaßen soziale Tätigkeit, dass wir alle einen Nutzen daraus ziehen können, auf unser soziales und emotionales Wachstum und Wohlergehen zu achten. In gewisser Weise wissen Sie vielleicht nie, welchen Einfluss Sie auf die Kinder gehabt haben, die Sie unterrichtet haben. Das gilt sowohl in Bezug auf den Erwerb von Fachwissen als auch hinsichtlich anderer Lebenskompetenzen, die sie nebenbei erworben haben könnten. Aber wir können die Gelegenheit feiern, an solch potenziell einflussreichen Lernbeziehungen beteiligt zu sein, und uns zudem noch einmal dazu verpflichten, unser Bestes zu geben, um das Wachstum der Individuen und Gruppen, die wir unterrichten, zu fördern.

Unseren Fokus auf unsere eigenen affektiven Fähigkeiten zu verlagern, kann uns in die Lage versetzen, achtsamer zu unterrichten. Dies wiederum kann uns helfen, effektiver zu unterrichten, und unser Wohlbefinden unterstützen, indem wir besser für uns und unsere Schüler sorgen. Wir verfügen jetzt über die Beweise und das Verständnis, um Lehrerinnen in diesem Bereich sehr viel erfolgreicher zu führen. In vielerlei Hinsicht ist *achtsames Unterrichten* selbst ein Akt der Selbstfürsorge, und es ist wichtig, dass Schulen uns beim Fördern dieser entscheidenden Fähigkeit, für uns selbst zu sorgen, helfen. Wie können Schulen und Bildungsinstitutionen dies tun? Indem sie Selbstfürsorgetraining zu einem normalen Bestandteil der beruflichen Weiterbildung und der Lehrerausbildung machen. In Teil 2 des Kapitels sehen wir uns nun diese Frage der Vorbereitung zukünftiger Pädagoginnen in der Lehrerausbildung genauer an.

Teil 2:
Achtsamkeit und zwischenmenschliche Kompetenz in der Lehrerinnen- und Lehrerausbildung

> Viele Lehrerinnen und Referendare sehen Beziehungen und die Interaktion mit den Schülerinnen als den schwierigsten Aspekt des Unterrichtens und machen die Erfahrung, dass ihre Lehrerausbildung sie nicht ausreichend auf diese Faktoren des Lehrerinnenberufs vorbereitet. (Jensen et al., 2015)

Diese Aussage stammt aus einem Zwischenbericht einer dänischen Forschungsstudie mit dem Titel „Lehrerausbildung mit einem Fokus auf der Entwicklung reflektierender und zwischenmenschlicher Kompetenzen“. Diese Studie, die unten ausführlicher beschrieben wird, gibt uns Einblicke in die Art von praktischer Vorbereitung auf eine Lehrerinnenlaufbahn, die geboten werden kann, wenn ein Fokus auf unseren eigenen sozialen und emotionalen Kompetenzen liegt.

WANN HABEN SIE GEMERKT, DASS SIE SICH VERLOREN HATTEN?

Schulung in Achtsamkeit und zwischenmenschlicher Kompetenz für Referendare

Universität Aarhus und VIA University College, Dänemark

> "Die Studentinnen müssen während ihrer Lehrerausbildung etwas über zwischenmenschliche Kompetenz lernen und diese entwickeln, um in der Lage zu sein, Lehrer-Schüler-Beziehungen von guter Qualität aufzubauen und aufrechtzuerhalten. Diese bieten die Grundlage für eine hochwertige Lernumgebung, in der Schülerinnen lernen und gedeihen können.“

Im Jahr 2015 lernten meine Frau und ich auf einer Konferenz in Dänemark drei bemerkenswerte Damen kennen. Sie gehören zu einer größeren Gruppe, die in der Forschung zur Schulung von Lehrern auf dem Gebiet der „zwischenmenschlichen Kompetenz" – so der von den Dänen gewählte Begriff – zusammenarbeitet.

Ein im Jahr 2008 von der Pädagogischen Universität Dänemarks vorgelegter Bericht über 220 Untersuchungen zu unterschiedlichen Faktoren, die für die Lernumgebung von Bedeutung sind, schloss folgendermaßen: „Wenn wir eine gute Lernumgebung schaffen wollen, müssen wir Lehrerinnen und Lehrern beibringen, gute Beziehungen aufzubauen – jedem Kind mit Toleranz, Respekt, Interesse, Empathie und Mitgefühl zu begegnen." Dieses Forschungsprojekt in Aarhus ist eine von mehreren Anstrengungen, die derzeit zur genauen Erkundung der Frage unternommen werden, wie ein effektives Training der Beziehungsfähigkeiten für Lehrerinnen aussieht.

Das derzeitige Forschungsprojekt (2012–2016 und darüber hinaus) erwuchs aus einer früheren Untersuchung zu den Auswirkungen des Unterrichtens 11- bis 13-jähriger Schüler in Achtsamkeit und kontemplativen Praktiken an einer gewöhnlichen Schule. In dieser ersten Studie beschrieben die Kinder, wie sie das Achtsamkeitstraining empfunden hatten. Ein 13-jähriger Junge sagte: „Normalerweise bist du am Morgen total in Eile und musst aus dem Haus rennen, um rechtzeitig zur Schule zu kommen, und am Ende des Schultages bist du gestresst. Aber wenn wir am Morgen diese Übungen machen, ist es so, als würde der Stress aus deinem Körper kriechen, und du bereitest dich entspannt darauf vor zu lernen."

Professorin Anne Maj Nielsen, Leiterin der Abteilung für Pädagogische Psychologie an der Danish School of Education der Universität Aarhus, sagte: „Eine Sache haben wir aus dem Teil dieser ersten Untersuchung, bei dem die Lehrer begleitet wurden, gelernt: dass es sehr wichtig ist, einen gemeinsamen Rahmen zu haben, in dem man Achtsamkeit praktizieren kann. Meditative Praktiken lassen sich alleine nur sehr schwer beibehalten – insbesondere von viel beschäftigten Lehrerinnen. Wir haben also erkannt, dass wir dieses Training in die Lehrerausbildung mit aufnehmen mussten. Würden wir es in die Erstausbildung von Lehrkräften integrieren, hätten wir die Möglichkeit, eine Art sozialen Anker für die Praxis zu bieten – dafür zu sorgen, dass man sich an sie als Bestandteil des Alltagslebens gewöhnt."

Nachdem die Forscherinnen das Training an das VIA University College geholt hatten, eine Schule zur Lehrerausbildung in Aarhus, beobachteten sie angehende Lehrkräfte während der vier Jahre ihres Studiums zur Erlangung eines Bachelor of Education. Die Teilnehmerinnen in der Versuchsgruppe wurden regelmäßig befragt, und sie versuchten zu beschreiben, wie es für sie war, wenn sie das Gefühl hatten, eine gute Lehrkraft sein zu können – wie sie ihrer selbst und dem, was mit ihren Schülern vor sich ging, gewahr waren. Sie beschrieben ebenfalls die Erfahrungen, die sie machten, als die Dinge nicht gut liefen, als sie nicht in der Lage waren, gewahr zu sein – oder als sie dessen, was los war, genau nach einem Vorfall gewahr wurden.

Beispielsweise fühlte sich eine Lehrerin durch ein Kind provoziert und schickte es deshalb aus dem Klassenraum. Dann schämte sie sich dafür, weil dies nicht wirklich das Problem löste. Also sagte sie zum Rest der Klasse: „Wartet einen Moment, ich muss zu dem Schüler gehen und mit ihm reden, denn ich will, dass er in der Klasse bleibt."

Der schwierige Teil dieses Prozesses bestand für die angehende Lehrerin darin sich einzugestehen, dass es eine schlechte Entscheidung gewesen war, den Schüler wegzuschicken. Dann aber fand sie den Raum, um zu denken: „Okay, das muss ich jetzt tun, um mich um die Beziehung zu dem Jungen und zu der Klasse zu kümmern."

„Eine Sache, die den Referendarinnen in der Gruppe gemein ist", so Professorin Nielsen, „ist die Fähigkeit, ihres eigenen Geisteszustands und ihrer eigenen Emotionen und ihrer eigenen Impulse zu reagieren stärker gewahr zu sein. Ihrer gewahr zu sein und nicht einfach ihnen entsprechend zu handeln. Ihrer gewahr zu sein, wenn sie geschehen, und gleichzeitig dessen gewahr zu sein, was mit den Schülern vor sich geht, die sie unterrichten."

Diese erhöhte Sensibilität hat es den angehenden Lehrkräften ermöglicht, einen Schritt zurückzutreten, größere Empathie zu entwickeln und ihre Perspektive zu erweitern – sie sprachen davon, dass man die Schülerin entweder als jemanden begreifen kann, die den Lehrer provozieren will, oder als ein Kind, das nicht wirklich versteht, was vor sich geht, oder bloß als ein Kind, das einfach Spaß hat, auch wenn es die Lehrerin ärgert.

Professorin Nielsen erläutert: „Wenn Sie in der Lage sind, ein Kind als eine verwundbare Person zu sehen, der es schwerfällt, zu lernen, oder vielleicht als jemanden, der Angst hat, Fehler zu machen, die Spott zur Folge haben könnten, dann ist es für Sie als Lehrer wichtig, sich um den Umgang mit Fehlern zu kümmern und darum, was für ein Gefühl Sie dem Kind im Klassenzimmer möglicherweise vermitteln."

In einer anderen Situation beschrieb eine angehende Lehrerin, wie sie es schaffte, sich selbst vom Überreagieren abzuhalten – indem sie der Tatsache gewahr wurde, dass sie nicht richtig atmete, bemerkte, dass sie sich sehr aufregte, und dann beschloss, einen tiefen Atemzug zu machen. Dies gab ihr den Raum, um ihre Sicht des Schülers, den sie vor Sekunden als provozierendes Kind empfunden hatte, zu ändern – „Vielleicht hätte das vor einigen Jahren ich sein können."

„Dieses Training in zwischenmenschlicher Kompetenz machte nur 5 Prozent ihres Studiums am VIA aus", so Professorin Nielsen, „aber es hat sehr große Wirkung gezeigt."

Katinka Gøtzsche ist Co-Trainerin für die Referendare und selbst Sekundarlehrerin. „Mir als Lehrerin hat das Training geholfen, in herausfordernden Situationen ein bisschen abzuwarten. Es ist nicht so, dass es mir die Emotionen nehmen würde – ich kann immer noch sehr gereizt und ärgerlich werden –, aber es hilft mir, die Gefühle für mich zu behalten und nicht auf meine Schülerinnen zu reagieren. Ich glaube, auf lange Sicht ist es für Lehrer sehr hilfreich, und ich vermute, dass es einen irgendwie belastbarer macht."

„Als unsere Lehramtsanwärterinnen zu unterrichten begannen, erkannten sie, dass das Training tatsächlich eine große Wirkung hatte, dass es sehr wichtig war und dass es ihnen half, bessere Lehrerinnen zu sein. Es half ihnen auch, als Lehrer einfach beim Unterrichten ein paar Pausen einzulegen. ‚Wie fühle ich mich gerade? Was macht das mit mir als Lehrer?' Die Kinder müssen nichts davon wissen. Man braucht nur sein Gewahrsein –‚Okay, ich sehe, ich werde gerade ärgerlich.'"

Helle Jensen, Psychologin, Familientherapeutin und leitende Trainerin bei dem Projekt, beschreibt die Kurse, die sie den angehenden Lehrkräften erteilten, als Trainingskurse in „zwischenmenschlicher Kompetenz, Empathie und Präsenz". „Die meisten der Studentinnen – die alle nach dem Zufallsprinzip ausgewählt wurden – wollten das Training am Anfang nicht, aber ich glaube, sie erkannten, dass es eine große Wirkung auf ihren Umgang mit Herausforderungen im Klassenraum und mit den Eltern hatte."

„Wir begannen den Kurs damit, dass sie im Rahmen ihrer eigenen persönlichen beruflichen Entwicklung als Erstes sich selbst betrachteten. Etwas darüber lernten, wie ihre Art zu sein die Lernumgebung im Klassenzimmer beeinflusst. Das war sehr ungewöhnlich für sie. „Wir sind nicht hierher gekommen, um über uns selbst zu sprechen, wir sind gekommen, um zu lernen, wie man Kinder unterrichtet!"

Einige waren am Anfang ziemlich wütend. Im Laufe der Zeit haben ihnen, denke ich, die Achtsamkeitsübungen geholfen, an den Punkt zu gelangen, an dem sie sich selbst als Teil des Problems sahen. Sie konnten anfangen, sich selbst als diejenigen zu sehen, die ein Problem erzeugen oder ein Problem lösen können."

Die Studenten in der Versuchsgruppe wurden bei ihrer Unterrichtspraxis gefilmt und lernten, mit einer Trainerin und ihren Studienkollegen offen über sämtliche herausfordernde Situationen zu reflektieren, auf die sie gestoßen waren. Jensen glaubt, dass diese Reflexion häufig den größten Lerneffekt hat und zur Entwicklung eines achtsameren Unterrichts beiträgt.

„Sie müssen darüber reden, was eine gute Lernumgebung ausmacht. Das ist Teil des Trainings, nicht nur die Entwicklung des achtsamen Gewahrseins, sondern auch die Frage, wie man in Worte fasst, was in dieser kleinen Sequenz passiert ist. Der Punkt, an dem etwas Wesentliches geschehen ist. Sie lernen, diesen Punkt zu identifizieren. „Wann habe ich mich in dieser Interaktion erstmals verloren?", „Hätte ich an diesem Punkt etwas anderes tun können?" Dies ist einfacher zu erkennen, wenn man Achtsamkeitsübungen macht."

Aus der Beobachtung der Entwicklung der Referendarinnen und aus deren Feedback schließt Jensen, dass eines der zentralen Instrumente, das die Studenten von dem Training mitgenommen haben, das Wissen ist, wie sie mit ihrer Haltung und Stimmung arbeiten können. Beispielsweise wissen sie, dass die Art, wie man den Klassenraum betritt, von Bedeutung ist und Einfluss darauf nimmt, wie das Lernen ablaufen wird. Sie wissen ebenfalls, dass sie ihre Haltung ändern können.

„Wir bringen ihnen eine dreiminütige Übung bei, eine, die sie durchführen können, bevor sie den Klassenraum betreten. Man lernt dabei, schnell mit seinem Körper, Herzen, Atem und mentalen Zustand in

Fühlung zu kommen, um zu sehen, wie es gerade um jeden dieser Aspekte bestellt ist."

In einem Fall arbeitete ein angehender Lehrer mit einer Gruppe 14-jähriger Jungen. Er mochte die Buben, aber sie hörten nie zu, wenn er mit ihnen zusammen war, und er merkte, dass er sich über sie ärgerte. Als er dies später mit seinen Studienkolleginnen überdachte, wurde ihm eine Reihe von Fragen gestellt:

„Wie fühlt es sich für dich an, wenn du jetzt noch einmal auf eine Situation zurückblickst, die nicht gut gelaufen ist?"

„Was hast du in deinem Körper gespürt?"

„Wie stand es um deine Empathie dir selbst und ihnen gegenüber?"

„Wie sah es mit deiner Fähigkeit aus zu fokussieren oder klar zu denken? Hattest du Vorstellungen davon, wie du aus der Situation herauskommen könntest?"

„Diese Möglichkeit, seine eigene Haltung zu ändern, kann dem Studenten helfen. Niemand bot ihm irgendwelche Lösungen, aber ihm wurde klar, dass er sich vor dem Betreten der nächsten Klasse die drei Minuten Zeit nehmen konnte, um seinen Zustand anzuerkennen, um sich seiner Emotionen bewusster zu sein – um die Verantwortung dafür zu übernehmen, wie er sich in dem Moment gerade fühlt.

Es ist sehr wichtig, die eigenen Emotionen im Griff zu haben – ansonsten sind diese Gefühle „heimatlos". Trägt man sie in die Klasse hinein, werden sie auf eine Weise zum Ausdruck gebracht, die nicht hilfreich ist. Wenn die Jungen sich schlecht fühlen oder glauben, sie seien diejenigen, die im Unrecht sind, tun sie etwas, um dieses schlechte Gefühl loszuwerden."

„Es ist wichtig, dass man diesen Dialog mit sich selbst und mit anderen führt, denn wir benötigen Hilfe, um Klarheit über den Stand der Dinge zu bekommen. Man muss es aussprechen, man muss es benennen.

Wenn wir uns Ausdruck verschaffen und dann mit unseren natürlichen Kompetenzen in Fühlung kommen, müssen wir nicht viel über Theorie wissen, wir müssen einfach interessiert sein und auf uns selbst hören."

Im Mittelpunkt dieses Trainings stehen also das Nutzen der Kompetenzen, die uns zu einem authentischeren, empathischeren Zustand zurückbringen, und dann das Denken daran, diese Kompetenzen im jeweiligen Augenblick einzusetzen. Die Referendarinnen lernen, Minipausen einzulegen, ab und zu in sich hineinzuspüren. Zusätzlich dazu lernen sie kurze Aktivitäten zum „Gangwechseln", die sie mit Kindern durchführen können, um die Energie im Klassenzimmer zu ändern.

Die Forschungsstudie läuft noch, doch wurde nach den ersten 18 Monaten ein vorläufiger Bericht verfasst. Dieser stellte Folgendes fest: Die angehenden Lehrkräfte aus der Versuchsgruppe waren im Vergleich zu denen aus einer Kontrollgruppe

- aktiver und reflektierter im Aufbau von Beziehungen zu Schülern in der Schule;
- reflektierter und experimentierfreudiger in Bezug auf ihre Rolle als Lehrerinnen.

Referendar:

„In dem Projekt habe ich gelernt darauf zu achten, wie ich in die Lehrerrolle schlüpfe. Es ist wichtig ... ein Gleichgewicht zu finden zwischen der Erfordernis, professionell zu sein, und der, einfach man selbst zu bleiben."

Professorin Nielsen:

„Das Wahrnehmen ihrer inneren Impulse sowie äußerer Faktoren macht es den Lehrerinnen möglich zu bemerken, was gerade los ist, und im Gedächtnis zu behalten, dass sie in der Lage sind, dennoch die Erwachsene im Raum zu sein oder dennoch diejenige zu sein, die sich um die Situation kümmert – und sich dabei auch um sich selbst kümmert."

Eine neue Lehrerperspektive

Ich habe versucht, Achtsamkeit bei meinen Kindern nicht zu propagieren, weil ich die Sorge hatte, sie könnten dies bloß als „Papas Ding“ (oder vielleicht „Papas echt komisches Ding“) sehen, und fürchtete, eine ablehnende Reaktion hervorzurufen. Aber ich war begeistert, als ich letztens hörte, dass meine älteste Tochter, die jetzt im zweiten Jahr in Schottland als Grundschullehrerin tätig ist, für sich selbst einen Achtsamkeitskurs besucht – der Lehrern in ihrer Region kostenlos von der Schulbehörde angeboten wird (hurra!). Ich weiß um die erheblichen Anforderungen, die im Bildungssystem an junge Lehrerinnen gestellt werden, sowie um den begrenzten Fokus, der bei der Ausbildung von Lehrkräften auf die Vermittlung von Fähigkeiten des affektiven Selbstmanagements gelegt wird. Deshalb freute ich mich sehr darüber, dass sie auf dieser Stufe ihrer beruflichen Laufbahn die Gelegenheit hat, einige grundlegende Techniken der Stressbewältigung zu lernen. Dies könnte ihr den Weg zu größerer Selbstfürsorge weisen und sie letztendlich auch in die Lage versetzen, diese Arbeit direkt und indirekt mit ihren Schülern zu teilen.

Folgendes sagt Lucy selbst über Achtsamkeit und die Lehrerinnenausbildung:

WIE ACHTSAMKEIT MIR GEHOLFEN HAT

Während meines Achtsamkeitstrainings habe ich über die Male nachgedacht, als ich einen schlechten Tag hatte und mir allergrößte Mühe gab, zu vermeiden, dass dies negative Auswirkungen auf die Kinder hat. Ich habe festgestellt, dass das wirklich schwierig ist!

Der Kurs Einführung in die Achtsamkeit hat mir jedoch geholfen,

- wahrnehmen zu können, wann mein Stressniveau einen Punkt erreicht, von dem es kein Zurück mehr gibt. Das ist sowohl eine körperliche Angelegenheit – das Herz schlägt richtig schnell, man hyperventiliert fast, weint beinah (oder weint!) – als auch eine mentale: Ich erkenne, wohin meine Gedanken gegangen sind

- aufhören zu können, bevor ich mich richtig aufrege, und den Ärger eine Weile loszulassen
- Mitgefühl mit mir selbst zu haben, wenn ich meine, nicht gut genug zu sein – „Es ist okay", „Ich bin okay"
- zu lernen, die Kinder mehr zu schätzen.

Ich hatte das Glück, das Achtsamkeitstraining zu einer Zeit in meinem ersten Jahr an dieser Schule zu machen, als ich einige wirklich schwierige Situationen zu bewältigen hatte.

An der pädagogischen Hochschule wird einem ständig gesagt: „Sie werden auf sich achten müssen, weil es sehr, sehr stressig ist." Aber es werden einem keine Bewältigungsstrategien beigebracht. Man möchte praktische Ratschläge, die man beim Unterrichten anwenden kann.

Was man mit Achtsamkeit erhält, ist ein Instrument, das einem hilft zurechtzukommen.

Es wäre besonders gut, im Referendariatsjahr eine Einführung in die Achtsamkeit zu bekommen, weil das eine sehr anstrengende Zeit ist – auch wenn man noch nicht selbst Lehrerin ist. Dann hätte man bereits einige dieser Fähigkeiten, die man in der Ausbildung nutzen könnte sowie später, wenn man das Studium abgeschlossen hat und anfängt zu unterrichten.

Ich wünschte, ich hätte während der Lehrerinnenausbildung gelernt,

- darüber nachzudenken, wie man als Person Einfluss auf die Kinder haben kann, die man unterrichtet.

- wie wichtig es ist, sich über seinen emotionalen Zustand und sein Stressniveau im Klaren zu sein. Man denkt nie darüber nach, wie diese Faktoren die Kinder beeinflussen. Man arbeitet viel mit den Schülern daran, dass sie ihre Emotionen benennen und so weiter, aber man wendet das nicht wirklich auf sich selbst an.
- was für Bewältigungsstrategien es gibt – einen Atemzug machen, sich einen Moment Zeit nehmen
- dass man seinen Körper als Barometer nutzen kann – es wäre wunderbar gewesen, das schon früh zu wissen.

Lucy Hawkins, Grundschullehrerin in Großbritannien

Hier sind einige Aussagen von anderen Lehrerinnen zu dem Thema „Dinge, von denen ich wünschte, ich hätte sie in der Lehrerausbildung gelernt“:

- Stressbewältigung in hektischen Zeiten: beim Schreiben von Zeugnissen, bei Konferenzen.
- Den Umgang mit meinen eigenen Emotionen, insbesondere dann, wenn Schülerinnen – oder Eltern oder Kollegen – mich in Rage bringen.
- Wie ich mein Arbeitspensum schaffe.
- Möglichkeiten, mit der emotionalen Unruhe fertigzuwerden, die ich empfinden kann, wenn ich Schülerinnen in schwierigen Situationen unterrichte.
- Den Umgang mit schwierigen Eltern.
- Die Tatsache, dass die Beziehung, die ich zu Schülern aufbaue, eine Art von Unterrichtsmanagement ist.

- Dass es wichtig ist, die emotionale Situation von Schülerinnen zu verstehen und zu begreifen, wie diese sich auf ihren Lernerfolg auswirken kann.
- Dass akademisches, soziales und emotionales Wohlbefinden keine separaten Einheiten sind.
- Wie man wieder auftankt, wenn man emotional so viel von sich gegeben hat.
- Dass das Unterrichten kräftezehrend sein kann, man aber mit Stille und Alleinsein neue Kräfte tanken kann – und dass man das an sich selbst respektieren und sich mit Menschen umgeben kann, die Selbsterkenntnis repektieren.
- Dass die Art, wie ich beim Unterrichten bin, positive (und negative) Auswirkungen auf den Lernprozess meiner Schüler haben kann.
- Im Klassenraum ich selbst zu sein, nicht zu versuchen, eine „Idee" dessen zu sein, was eine Lehrerin meiner Meinung nach sein sollte.
- Dass der Aufbau einer positiven Beziehung zu meinen Schülern Unterrichtsmanagement ist.
- Wie ich nett zu mir selbst bin.

Ich erinnere mich an das, was eine meiner Professorinnen an der pädagogischen Hochschule sagte: dass Lehrerinnen unter allen berufstätigen Frauen die höchste Rate an Blasenentzündungen hätten. Sie schien das lustig zu finden. Sie fügte hinzu, dies läge daran, dass Lehrerinnen nicht so häufig zur Toilette gingen, wie sie sollten, weil sie zu sehr mit Unterrichten beschäftigt seien oder mit dem Herumrennen vor und nach dem Unterricht, um Dinge zu erledigen. Sie schien das vollkommen okay zu finden. Ich fand das nicht okay! Sie erwähnte auch kurz, dass wir als zukünftige Lehrer wirklich auf uns Acht geben müssten, weil es ein sehr stressiger Job sei. Aber wir bekamen nie irgendwelche Information darüber, wie wir das tun sollten. Keine praktischen Tipps, keine Ratschläge.

Für mich war Achtsamkeit eines der Werkzeuge, das ich für meine eigene Stressbewältigung genutzt habe. Achtsamkeit hat mir geholfen, meines Körpers und seiner Bedürfnisse stärker gewahr zu sein. Wenn ich also in der Schule bin und mein Körper mir sagt, dass er zur Toilette gehen muss, höre ich auf ihn! Ich kann nicht für meine Schülerinnen und Schüler präsent sein und mich um ihre Bedürfnisse kümmern, wenn ich meine eigenen vernachlässige.

Beraterin an einer Highschool in Kanada

Ich habe mir immer wieder Gedanken darüber gemacht, wo das Achtsamkeitstraining seinen Platz finden müsste, und gedacht: „Es muss in der Lehrerausbildung sein". Um die Techniken sowohl für sich selbst als auch für ihre zukünftigen Schülerinnen zu lernen, wäre es für potenzielle Lehrer am effektivsten und nützlichsten, wenn das Training in einem Modul in Lehramtsstudiengängen untergebracht werden könnte. Achtsamkeit ist ein Ansatz, der die Kreativität bei Lehrerinnen befördern und ihnen helfen kann, ihr Arbeitspensum zu schaffen. Ich wünschte, ich hätte einige dieser Fähigkeiten zu einem frühen Zeitpunkt meiner Lehrtätigkeit gelernt. Schon eine geringfügige Veränderung der Art, wie ein Lehrer eine Beziehung zu einem Kind herstellt, kann einen großen Einfluss auf dessen schulische Erfahrung haben.

Liz Lord, Koordinatorin für besonderen
pädagogischen Förderbedarf in Großbritannien

UNTERSUCHUNG DES „CARE"-PROGRAMMS

Ist das Training achtsamen Gewahrseins für Lehrerinnen auch noch recht neu, beginnen wir doch bereits verschiedene Arten von Beweisen – nicht nur anekdotische – für die Wirkung zu sehen, die diese Form der Schulung auf die Lehre und das Lernen hat. Eine kürzlich durchgeführte Untersuchung (Jennings et al., 2015) prüfte die Wirksamkeit des sogenannten CARE Trainings (CARE = *Cultivating Awareness and Resilience in Education,* dt. „Kultivierung von Gewahrsein und Resilienz in der Bildung"; „care" bedeutet u. a. Pflege, Fürsorge) bei Grundschullehrern. Diese groß angelegte, randomisierte Kontrollgruppenstudie begleitete über 200 Lehrerinnen in 36 städtischen Grundschulen in New York. Neben einer ganzen Reihe quantitativer und qualitativer Forschungsansätze betrachtete die Untersuchung den Effekt des Trainings auf Schüler. Hierfür wurden vor und nach dem achtwöchigen Trainingskurs in jeder Klasse Beobachter eingesetzt. Im Vergleich zu den Kontrollgruppen zeigten sich erhebliche positive Auswirkungen des Trainings auf die Emotionsregulation der Lehrerinnen, ihr Gefühl des Zeitdrucks und ihre Stresssymptome. Was das Verhalten im Klassenzimmer angeht, dokumentierte der Bericht zudem eine klare Wirkung des Trainings auf die emotionale Unterstützung von Schülern sowie eine verbesserte Unterrichtsorganisation. Der Bericht gelangte zu folgendem Schluss:

> *Diese Ergebnisse haben vielversprechende Folgen für die Bildungspolitik, weil sie zeigen, dass sich Lernumgebungen durch Unterstützung der sozialen und emotionalen Kompetenz von Lehrern verbessern lassen.*

Kurse zu den Themen Selbstfürsorge für Lehrer und Achtsames Unterrichten

SMART *(Stress Management and Relaxation Techniques in Education,* dt. „Stressbewältigung und Entspannungstechniken in der Bildung")

SmartEducation™ ist ein evidenzbasiertes Programm, das speziell auf die Bedürfnisse von Erzieherinnen im primären und sekundären Bildungsbereich sowie von professionellem Unterstützungspersonal ausgerichtet ist. Ein Fokus liegt auf der Kultivierung achtsamem Gewahrseins, was Elemente des Selbstmitgefühls, emotionale Alphabetisierung, die Fähigkeit zur Selbstregulation, Optimismus und Selbstfürsorge mit einschließt. Das Programm umfasst Erfahrungsaktivitäten zum Praktizieren von Achtsamkeit, darunter Meditation, emotionales Gewahrsein und Bewegung.

CARE for Teachers *(Cultivating Awareness and Resilienz in Education,* dt. „Kultivierung von Gewahrsein und Resilienz in der Bildung")

CARE for Teachers ist ein Programm, das Lehrern durch die Förderung von Gewahrsein, Präsenz, Mitgefühl und Reflexion bei der Stressreduktion und der Belebung ihres Unterrichts helfen soll. Training in den Bereichen Entspannung, Bewegung und tiefes Zuhören kann die inneren Ressourcen stärken, die benötigt werden, um Schülerinnen und Schüler beim sozialen, emotionalen und akademischen Gedeihen zu unterstützen.

Weitere Information finden Sie auf *www.care4teachers.com.*

WAS IST WIRKLICH WICHTIG?

- Lehrer und Lehrerinnen!
- Die Qualität unserer Beziehungen zu den Schülerinnen und Schülern.
- *Wie* wir unterrichten, ist genauso wichtig wie die Frage, *was* wir unterrichten.

PROBIEREN SIE ES AUS!

Für Sie selbst:

- Persönliche Praxis: Arbeiten Sie weiterhin auf eine tägliche Sitzpraxis hin. Nutzen Sie zur Unterstützung die in Kapitel 3 aufgeführten Vorschläge und Audiodateien.
- Probieren Sie die Übung „Vorkehrungen treffen, um präsent zu sein" auf „Vorkehrungen treffen, um präsent zu sein" auf Seite 111 aus.
- Konzentrieren Sie sich auf eine Klasse und gehen Sie jedes Mal, bevor Sie sie sehen, die Checkliste durch.

Mit Ihren Schülerinnen:

- In der folgenden Woche könnten Sie eine oder mehrere der auf S. 113 vorgestellten Ankomm-Aktivitäten ausprobieren.
- Tun Sie dies mit der derselben Klasse wie oben.
- Sie können außerdem mit Aufforderungen oder Fragen zu Einträgen ins Schülertagebuch anregen und damit kurze Schreibübungen veranlassen, die als Routine zum Einfinden und Zur-Ruhe-Kommen dienen. Mögliche Fragen wären:

- Was ist lauter, ein Stirnrunzeln oder ein Lächeln? Erkläre, warum.
- Hast du das Gefühl, deine Emotionen kontrollieren zu können, oder haben deine Emotionen dich unter Kontrolle? Erläutere dies an einem konkreten Beispiel.
- Welcher Wochentag ist dein Lieblingstag? Warum?
- Liste acht bis zehn Dinge auf, für die du dankbar bist.
- Welche Art von „Gedankenangriff" erfährst du am häufigsten? Mit anderen Worten: Worüber machst du dir Sorgen? Wie gehst du mit diesem Sorgenmachen um?
- Zeigst du dir selbst gegenüber Mitgefühl oder bist du hart mit dir selbst? Erläutere dies an konkreten Beispielen.
- Kannst du dich an ein Mal erinnern, als dein Bauchgefühl/deine Intuition deine Entscheidung beeinflusst hat?

- Denken Sie sich Ihre eigenen Fragen und Aufforderungen aus, vielleicht an ihren Unterrichtsbereich angepasste. Tolle Vorschläge für das Tagebuchschreiben bietet ansonsten auch die Website *https://daringtolivefully.com/journal-prompts* (nur auf Englisch).
  - Kritzeln, Zeichnen oder Malen können eine lustige und fesselnde Alternative darstellen. Mandala-Vorlagen zum Ausmalen, die Sie privat kostenlos ausdrucken können, finden Sie z. B. auf *www.mandala-4free.de/*
- Erkunden Sie das Arbeiten mit der Energie und der Atmosphäre einer Klasse:
  - Nehmen Sie Schwankungen der Aufmerksamkeit, des Einsatzes und der Gruppenstimmung wahr.
  - Spüren Sie in Ihren Körper hinein, um jegliche subtilen Signale, Spannungen, positiven Empfindungen zu bemerken.

- Nutzen Sie Ihre Stimme, kleine Bewegungsübungen, kurze gemeinsame Momente der Stille oder Hörübungen, um die Aufmerksamkeit zu dämpfen oder zu steigern, um den Schülerinnen neue Energie zu geben, wenn sie träge sind, oder sie zu beruhigen, wenn sie aufgedreht sind.

Kurze Übungen, um eine Klasse zu beruhigen oder ihr neue Energie zu geben

Diese Aktivitäten können Wechsel erleichtern und uns helfen, aus dem Gedankenmodus herauszukommen und eine stärkere Verbindung zu unserem Körper herzustellen. Wir haben sie mit sämtlichen Altersgruppen durchgeführt, auch mit Erwachsenen. Wichtig ist, dass Sie die Übungen nicht nur anleiten, sondern daran teilnehmen. Sogar die „Energiespender" können zu „Beruhigenden Aktivitäten" werden, wenn sie von einem stillen Moment des Stehens und Wahrnehmens der Wirkung auf den Körper gefolgt werden, bevor der Unterricht fortgesetzt wird.

HÄNDE SCHÜTTELN – ENERGIESPENDER! (2 MINUTEN)

1. Bitten Sie Ihre Schüler aufzustehen, mit leicht gebeugten Knien sanft ein paarmal auf und ab zu federn und zu fühlen, wie ihre Füße mit dem Boden verbunden sind. Machen Sie mit.
2. Beginnen Sie sacht die Hände zu schütteln.
3. Schütteln Sie dann stärker.
4. Schütteln Sie, so sehr Sie können (denken Sie dabei aber an Ihre Nachbarin und an den Schmuck, den Sie möglicherweise tragen), während Sie laut von zehn bis null runterzählen. Sie können mit dem Tempo des Zählens spielen, Ihre Schüler dazu ermuntern, schneller und stärker zu schütteln (im vernünftigen Rahmen!).

5. Wenn Sie bei null ankommen, bitten Sie alle Schülerinnen aufzuhören, die Arme hängen zu lassen und in jegliche Empfindungen hineinzuspüren, die sie in ihren Händen, ihren Armen und dem Rest ihres Körpers wahrnehmen.

6. Fordern Sie sie möglicherweise dazu auf, sich in Zweierteams oder in der gesamten Gruppe über ihre Beobachtungen auszutauschen.

   Anmerkung: Einige Minuten später können Sie die Schüler dazu einladen, wieder Verbindung mit ihren Händen aufzunehmen, auch ohne sich zu bewegen.

MIT DEM KÖRPER WACKELN – ENERGIESPENDER! (4 MINUTEN)

1. Bitten Sie Ihre Schülerinnen, aufzustehen, mit leicht gebeugten Knien sanft ein paarmal auf und ab zu federn und zu fühlen, wie ihre Füße mit dem Boden verbunden sind. Machen Sie mit.

2. Fordern Sie sie auf, mit ihren kleinen Fingern kreisförmige Bewegungen zu machen, dann mit den Ringfingern, den Mittelfingern usw. und dabei in die Empfindungen der kleinen Kreise hineinzuspüren. Dann werden die Handgelenke miteinbezogen. Von nun an bleiben alle Körperteile in Bewegung, während weitere hinzukommen – die Ellbogen, die Arme, die Knöchel (erst der eine, dann der andere), die Knie, die Hüften, der Nacken und der Oberkörper, bis so viele Körperteile wie möglich gleichzeitig Kreise beschreiben.

   Anmerkung: Es ist unmöglich, die Bewegung aller Körperteile aufrechtzuerhalten. Das ist Teil des Vergnügens!

3. Bitten Sie die Schüler dann, aufzuhören und in die Empfindungen in ihrem Körper hineinzuspüren. Fordern Sie sie auf, bei der Rückkehr zu ihren Stühlen das Gewahrsein der Empfindungen beizubehalten.

SICH SCHÜTTELN WIE EIN NASSER HUND – ENERGIESPENDER! (1 MINUTE)

1. Diese Übung erklärt sich ziemlich von selbst! Alle beginnen damit, dass sie langsam ihren Körper schütteln, und steigern sich, bis sie sich schütteln wie ein nasser Hund.

Anmerkung: Um die Schülerinnen auf die Aktivität einzustimmen, können Sie ein Video eines Hundes zeigen, der genau diese Bewegung ausübt.

AUGEN UND OHREN – BERUHIGEND (2 BIS 4 MINUTEN)

1. Bitten Sie die Schüler, ihre Handflächen aneinanderzureiben. Machen Sie mit.
2. Erzeugen Sie, wenn möglich, etwas Wärme.
3. Legen Sie die hohlen Hände sanft auf die Augen, so dass die Handflächen über den Augen Schalen bilden.
4. Spüren Sie in jegliche Empfindungen hinein.
5. Wiederholen Sie dies.
6. Reiben Sie die Hände aneinander, legen Sie sie wie Schalen über die Ohren und lassen Sie diesen dann „Mini-Umarmungen" zukommen, indem Sie sich sanft in die Ohren zwicken.

FINGERDRÜCKEN – BERUHIGEND (2 BIS 4 MINUTEN)

1. Bitten Sie die Schüler, ihre Hände mit den Handflächen nach unten auf den Tisch zu legen. Machen Sie mit.
2. Drücken Sie den linken kleinen Finger langsam in den Tisch, lassen Sie wieder los. Ermuntern Sie die Schülerinnen, dies in einer Weise zu tun, dass niemand in der Lage wäre, ihr Drücken zu bemerken. Machen Sie

mit dem nächsten Finger weiter. Nehmen Sie sich zuerst jeden Finger der einen Hand vor und dann jeden der anderen Hand.

3. Nachdem Sie die Schüler durch ein Mal „Drücken" geleitet haben, fordern Sie sie dazu auf, die Aktivität in ihrem eigenen Tempo zu wiederholen. Wenn sie fertig sind, können sie daran arbeiten, die ganze Hand auf einmal herunterzudrücken, wieder mit der Absicht, dies so zu tun, dass niemand ihr Drücken bemerken könnte.

KLOPFEN – ENERGIESPENDER! (2 BIS 5 MINUTEN)

1. Bitten Sie Ihre Schüler aufzustehen, mit leicht gebeugten Knien sanft ein paarmal auf und ab zu federn und zu fühlen, wie ihre Füße mit dem Boden verbunden sind. Machen Sie mit.
2. Beginnen Sie, mit den Fingerspitzen sanft gegen Ihren Kopf zu klopfen, einmal ganz herum, auch gegen den Oberkopf, die Seiten, den Haaransatz.
3. Gehen Sie dann dazu über, gegen das Gesicht, die Stirn, die Wangen, die Nase, den Kiefer zu klopfen.
4. Schlagen Sie sich anschließend nun mit den Handflächen oder Fäusten gegen die Brust.
5. Wandern Sie dann klopfend einen Arm hinab und wieder hinauf. Wiederholen Sie dies mit der anderen Seite.
6. Bevor Sie mit dem Unterleib weitermachen, erinnern Sie die Schüler daran, sanft zu sein, da die Organe hier ein wenig empfindlicher sind.
7. Stärkere Fäuste können gleichzeitig gegen beide Hüften klopfen.
8. Wandern Sie mit beiden Händen klopfend die Vorderseite eines Beines hinunter, dann die Hinterseite desselben Beines wieder hinauf. Wiederholen Sie dies mit dem anderen Bein.
9. Klopfen Sie sanft gegen den unteren Rücken/die Nieren.
10. Beenden Sie die Übung, indem Sie die Hände gegeneinander schlagen = Applaus!

HERAUSFORDERUNG UHRZEIGERSINN – BERUHIGEND UND ENERGIE SPENDEND! (3 MINUTEN)

1. Bitten Sie Ihre Schüler aufzustehen, mit leicht gebeugten Knien sanft ein paarmal auf und ab zu federn und zu fühlen, wie ihre Füße mit dem Boden verbunden sind. Machen Sie mit.

2. Verlagern Sie Ihr Gewicht auf das linke Bein, heben Sie das rechte Knie und beginnen Sie, mit dem Unterschenkel Kreise im Uhrzeigersinn zu beschreiben. Wenn nötig, halten Sie sich mit der linken Hand irgendwo fest, um das Gleichgewicht zu halten; das ist kein Problem.

3. Etablieren Sie diesen Fokus und dieses Gleichgewicht und sagen Sie dann den nächsten Schritt an.

4. Die Herausforderung besteht darin, das Kreisen im Uhrzeigersinn mit dem rechten Unterschenkel fortzusetzen und gleichzeitig mit dem Zeigefinger der rechten Hand die Zahl 6 in die Luft zu „malen". Aus irgendeinem Grund scheint dies nicht möglich zu sein!

Quellen und weiterführende Literatur

Cozolino, Louis (2013), *The Social Neuroscience of Education: optimizing attachment and learning in the classroom,* New York, NY: W.W. Norton and Company, 2013.

Eine sehr beeindruckende Sammlung und Analyse eines Bestands an Forschungsmaterial, der erhebliche Auswirkungen darauf hat, wie wir unterrichten sollten.

Weaver, L. und Wilding, M. (2013), *The Five Dimensions of Engaged Teaching: A Practical Guide for Educators.* Bloomington, IN: Solution Tree Press, 2013.

Ein außergewöhnliches und äußerst praktisches Handbuch für Lehrerinnen und Lehrer zum Thema Weiterbildung, das auf Selbstfürsorge, Achtsamkeit und emotionaler Intelligenz aufbaut.

Marzano, Robert und Pickering, Debra (2011), *The Highly Engaged Classroom.* Bloomington, IN: Marzano Research Laboratory, 2011.

Robert Marzano wird wegen seiner Forschung und seiner evidenzbasierten Publikationen weithin geachtet. Dieses Werk, in dem es um den Aufbau von Aufmerksamkeit und Einsatz bei Schülern geht, enthält Unterrichtsbeispiele und -vorschläge sowie die sie stützenden theoretischen Grundlagen.

Powell, K. und Kusuma-Powell, O. (2010), *Becoming an Emotionally Intelligent Teacher.* London: Corwin, 2010.

Ein wertvoller praktischer Ratgeber zur Steigerung der affektiven Fähigkeiten und Verbesserung der Beziehungen im Klassenraum:

> “Haben Lehrerinnen auch keine vollständige Kontrolle über das emotionale Wetter im Klassenraum, haben sie doch einen gewaltigen Einfluss auf das affektive Klima. In den meisten Fällen können ihr verbales und nonverbales Verhalten sowie ihre Zurschaustellung von Emotion, Temperament und Stimmung starke Auswirkungen auf ihre Schüler haben. Die Emotionen, die Lehrer zeigen – sowohl bewusst als auch unbewusst – können den Lernprozess der Schülerinnen und Schüler erheblich fördern oder hemmen.“

Rodenburg, Patsy (2009), *Presence: How to Use Positive Energy for Success in Every Situation.* London: Penguin Books, 2009.

Rodenburgs Idee von drei Kreisen der Präsenz und Interaktion ist besonders hilfreich für Lehrerinnen und Lehrer (sowie für das normale Zielpublikum der Autorin: Schauspieler).

5

Achtsamkeit unterrichten

Dieses Kapitel:

- betrachtet, wie das Training achtsamen Gewahrseins in Schulen für den Aufbau von Aufmerksamkeitsfähigkeiten, Empathie und Mitgefühl bei Schülern eingesetzt wird;
- untersucht Forschungsergebnisse, die den Einsatz von Achtsamkeit in der Bildung unterstützen;
- zeigt, wie Schülerinnen das Training zur Erhöhung der Konzentration, zur Emotionsregulation und zur Stressbewältigung einsetzen.

Achtsam sein
Achtsam unterrichten
Achtsamkeit unterrichten

Das ganze Kind

Meine eigene Leidenschaft dafür, Kindern und Lehrern Zugang zum Training achtsamen Gewahrseins zu verschaffen, rührt von zwei Schlüsselerfahrungen her: Eine war die Einführung in die Meditation, die ich in den 1970er Jahren dank einer spontanen Überlandreise nach Indien erhielt; die andere war eine schwierige Zeit in der Mitte meines Lebens, als ich Meditation und Achtsamkeit aus der Not heraus wiederentdeckte – ich benötigte Hilfe, um mit der Situation fertigzuwerden und mich selbst zu unterstützen. Das Training, das ich dann absolvierte, half mir beim Aufbau einiger grundlegender Lebenskompetenzen, von denen ich wünschte, ich hätte sie mit 15 gelernt anstatt mit 50. Die Wirkung war so spürbar und positiv, dass ich mich nach dem Auftauchen aus dieser dunklen Zeit nach Möglichkeiten umsah, den Schülerinnen und Schülern meiner Schule in Prag Training auf diesem Gebiet zur Verfügung zu stellen. Es schien einfach naheliegend zu sein, dass viele junge Menschen von einer Einführung in die Achtsamkeit profitieren würden.

Dieser Wechsel mag für Schulen dennoch auf den ersten Blick nicht selbstverständlich sein. Im herkömmlichen Bildungssystem wird akademischen und analytischen Kenntnissen sowie Wettbewerbsfähigkeit häufig der Vorrang vor sozialen, emotionalen und kollaborativen Kompetenzen eingeräumt. Diese enge Ausrichtung, die in vielen Schulen vorherrscht, spiegelt ein in der Welt vorhandenes Ungleichgewicht wider. Wollen wir jungen Menschen aber wirklich bei der Entwicklung zu ausgeglichenen Erwachsenen helfen, welche die komplexen Schwierigkeiten, die uns gegenwärtig als Spezies herausfordern, kreativ angehen können, müssen wir den Fokus der Schulbildung verlagern, um in den Bildungsstätten das volle Spektrum unserer menschlichen Fähigkeiten zu kultivieren.

Damit in Schulen die Entwicklung „des ganzen Kindes“ vorangetrieben werden kann, ist eine Einbindung ganzheitlicher Ansätze notwendig, die akademische Fertigkeiten expliziter mit den sozialen, emotionalen und physischen Aspekten des Menschseins kombinieren. Obwohl jedes Lernen von der effektiven Nutzung des Geistes abhängt, bringen nur wenige Schulsysteme den Schülern etwas über die Funktionsweise des Geistes und die integrierte Natur der Geist-, Herz- und Körpersysteme bei.

Zum Unterrichten verpflichtet

Viele von uns haben einen „Drang zu unterrichten“. Ich erinnere mich daran, einmal bei einem Schweige-Retreat in Devon, England, während der Meditationssitzungen unvermutet zu Einsichten zu gelangen, die sich anfühlten wie ziemlich gewaltige persönliche Erkenntnisse. In meinem Gespräch unter vier Augen mit der Leiterin des Retreats erzählte ich ihr von meinen Erfahrungen und von meiner Überlegung, ich könnte diese dafür verwenden, an meiner Schule Schüler und Lehrerinnen in Achtsamkeit zu unterrichten. „Einen Augenblick mal, Kevin“, antwortete sie. „Es muss wenigstens ein kurzer Moment zwischen dem Gewinn dieser Erkenntnisse für dein eigenes Wachstum und dem Versuch liegen, sie bei deiner Arbeit mit anderen zu nutzen.“ Ertappt!

An diesem „Drang zu unterrichten“ ist nichts auszusetzen – er ist es, der viele von uns zum Unterrichten bringt, und vielleicht ist er es auch, der viele Lehrer anfangs dazu motiviert, am Training achtsamen Gewahrseins teilzunehmen. Das ist in Ordnung, aber die potenzielle Wirkung dieser Arbeit hängt von unserer Fähigkeit ab, unser eigenes persönliches Verständnis und unser Selbstgewahrsein zu vertiefen.

Keine durchschnittliche berufliche Weiterbildung

Falls Sie die Absicht haben, Schülerinnen in Achtsamkeit zu unterrichten, sollten Sie von vornherein wissen, dass viele Lehrertrainingsprogramme zu diesem Thema die Verpflichtung zu persönlicher Praxis voraussetzen und einige an erhebliche Vorbedingungen geknüpft sind. Auf Seite 205 skizzieren wir mögliche Wege, die Sie gehen können, wenn Sie Schüler in Achtsamkeit unterrichten möchten.

Diesen Stoff (oder eigentlich jede soziale, emotionale oder ethische Fertigkeit) vermitteln zu wollen, weil wir denken, es werde „gut für sie sein", funktioniert nicht – oder ist nicht einmal sinnvoll –, sofern wir nicht damit beschäftigt sind, dieselben wünschenswerten Fähigkeiten auch bei uns selbst zu entwickeln. Wir würden nicht anfangen, Menschen das Autofahren beizubringen – selbst wenn wir durch einen Kurs oder ein Buch dahinterkommen könnten, wie man fährt –, wenn wir nicht selbst schon fahren könnten. Das normale Wesen schulischer Weiterbildung besteht darin, dass man etwas lernt und dann bereit ist, dies seinen Kolleginnen beizubringen. Aber Achtsamkeitstraining ist keine durchschnittliche berufliche Weiterbildung. Erst einmal kann man nicht plötzlich Achtsamkeitslehrer werden. Das erfordert Zeit. Die meisten Schulen und viele Erzieherinnen sind darauf geeicht, zu glauben, dass jede Investition von Zeit in berufliche Weiterbildung zu einer umgehend sichtbaren Dividende im Klassenraum führen muss. Damit aber die Achtsamkeit in einer Bildungsorganisation Wurzeln schlagen und aufblühen kann, braucht sie sorgfältige Pflege und eine langsame organische Entwicklung. Viele Aspekte des Achtsamkeitstrainings erscheinen sehr einfach, doch ist es ebenfalls leicht, sie in einer Weise zu unterrichten, die an der Sache vorbeigeht oder den Kindern die Lust nimmt. Es ist deshalb von entscheidender Bedeutung, dass wir Achtsamkeit erst einmal eingehend selbst praktizieren, damit wir ein umfassendes Verständnis ihrer verschiedenen Aspekte haben. Dann sind wir in der Lage, aus persönlicher Erfahrung und nicht nur aus der Theorie heraus anzuleiten und zu sprechen.

Innehalten und atmen

Im Jahr 2008 begann ich auszuprobieren, an der International School of Prague Schülern der Mittelstufe, deren Leiter ich war, einfache Meditationsübungen beizubringen. Später schaute ich mich nach einem Programm um, das ich verwenden könnte, und stieß auf den *.b*-Kurs (*Dot Be* oder *Stop & Breathe*) für Teenager. Dieses Programm aus dem Mindfulness in Schools Project (MiSP) nahm damals in Großbritannien gerade seinen Anfang. Entwickelt worden war es von drei Erziehern: Richard Burnett, Chris Cullen und Chris O'Neil. Es war ideal für meine Klassen – durch eine Kombination aus einer Vielzahl fesselnder Übungen und unterhaltsamen Dias und Videos geschickt für jugendliche Schüler konzipiert –, und es befähigte die jungen Menschen, die ich unterrichtete, in einer Weise Zugang zum Lernen zu finden, die weit über meine eigenen ursprünglichen Bemühungen hinausging.

Jüngst hat der *Wellcome Trust* in Großbritannien ein bedeutendes Forschungsprogramm finanziert, das von der University of Oxford, dem University College London und der Medical Research Council Cognition and Brain Sciences Unit an der Cambridge University gemeinsam geleitet und von der University of Exeter und einer Reihe internationaler Kooperationspartner unterstützt wird. Das Programm umfasst mehrere Forschungsthemen und beinhaltet Studien, welche die kurzfristigen Auswirkungen des Achtsamkeitstrainings auf die jugendliche psychologische Funktionsfähigkeit und die Implementierung von Achtsamkeit in Schulen untersuchen (einschließlich der relativen Wirksamkeit verschiedener Formen des Achtsamkeitstrainings). Ebenfalls Bestandteil des Programms ist eine groß angelegte, randomisierte kontrollierte Längsschnittstudie. Diese Studie, die 2015 begann, strebt die Rekrutierung von 76 Schulen (304 Lehrerinnen und 5700 Schüler) in ganz Großbritannien an. Zur Ermittlung der Wirkung, die Achtsamkeitstraining auf die emotionale Gesundheit und das Wohlbefinden von Schülerinnen hat, sollen Lehrende, Schülerinnen und Schüler in der Hälfte der teilnehmenden Schulen in Achtsamkeit trainiert werden. Bei diesem umgerechnet 7,5 Millionen Euro teuren Projekt mit dem Namen MYRIAD (Mindfulness and Resilience in Adolescence) werden die Jugendlichen nach Abschluss ihres Trainings ungefähr zwei Jahre lang beobachtet. Der Kurs, der als Mittel für diese Forschung ausgewählt wurde, ist das .b-Programm.

Ab und zu werde ich auf die für Teenager und Grundschülerinnen entwickelten Programme aus dem Mindfulness in Schools Project (MiSP) zurückgreifen, um den Lesern ein Gefühl dafür zu geben, wie sich Achtsamkeit in schulischen Umgebungen einführen lässt. Diese Kurse für junge Menschen basieren auf den MBCT- und MBSR-Programmen, die in Kapitel 2 beschrieben wurden, und stützen sich insbesondere auf die Arbeit mit MBCT von Mark Williams vom Oxford Mindfulness Centre an der University of Oxford. Ich arbeite manchmal als Lehrerfortbilder für die MiSP-Programme und nutze diese Kurse als Beispiele für das Training achtsamen Gewahrseins in Schulen. Denn dies sind die Kurse, die ich in meiner Funktion als Lehrer am besten kenne, und ich habe festgestellt, dass sie sich sehr gut für Schüler eignen. Auf Seite 205 finden Sie eine Liste anderer Programme, die Sie vielleicht ebenfalls berücksichtigen möchten, wenn Sie planen, in Ihrer Schule ein Training achtsamen Gewahrseins einzuführen.

Ganz unterschiedliche Dinge – Training für Erwachsene und Training für Jugendliche

Erwachsene kommen vielleicht zur Achtsamkeit, weil sie seelisch oder körperlich leiden, weil alle anderen Methoden bei ihnen versagt haben oder weil sie einfach beschlossen haben, diese wunderbare, lebensspendende Erfahrung zu erkunden. Schüler hingegen, und insbesondere die in der Mittel- und Oberstufe, entscheiden sich nur selten für die Teilnahme an einem Achtsamkeitskurs. Die Kurse, die wir an Schulen unterrichten, sind keine klinischen oder therapeutischen Programme; sie sind als Einführung in die Achtsamkeit gedacht. Diese erfahrungsorientierten Kurse bieten ein gewisses Maß an Training und die Gelegenheit, inneres Gewahrsein und neue Fertigkeiten zu entwickeln, die sich auf unterschiedliche Weise anwenden lassen. Vor allem aber sollen die jungen Menschen ein Gefühl dafür bekommen, worum es sich bei Achtsamkeit handelt und was diese ihnen bringen kann. Insbesondere sollen sie lernen, dass es Achtsamkeit gibt und dass sie zur Verfügung steht, damit sie später im Leben im Falle schwieriger Erfahrungen wissen, es gibt Möglichkeiten der Hilfe. Eine wichtige Erkenntnis für Teenager ist die, dass man aktiv auf sein eigenes mentales, emotionales und körperliches Wohlbefinden einwirken kann.

Training achtsamen Gewahrseins in Schulen

Das Training achtsamen Gewahrseins kann Schülerinnen – und Erzieherinnen – eine Einleitung in die Achtsamkeit bieten, die:

- ihnen hilft, intellektuell und durch Erfahrung einige Schlüsselaspekte der Funktionsweise ihres Geistes, ihres Körpers und ihrer Emotionen zu verstehen
- es ihnen ermöglicht, einige zentrale Fähigkeiten des Selbstgewahrseins und des Aufrechterhaltens von Aufmerksamkeit zu entwickeln
- sie dazu befähigt, in manchen herausfordernden Situationen klüger antworten zu können.

Wie sich dies erreichen lässt, werden wir anhand einiger Beispiele für Achtsamkeitsprogramme für Grund- und Sekundarschüler verdeutlichen. Bitte beachten Sie, dass die Beispiele in diesem Kapitel Ihnen lediglich einen Eindruck davon vermitteln sollen, wie die Praxis aussieht, Sie aber nicht dafür rüsten, die beschriebenen Aktivitäten auch mit Schülerinnen durchzuführen.

In einer einführenden MiSP-Sitzung wird den Schülern anhand eines bezaubernden Abschnitts aus dem Film *Kung Fu Panda* (Dreamworks Animation and Paramount Pictures, 2008) eine zentrale Botschaft über Achtsamkeit mitgeteilt. Po, der Panda, ist gerade dabei, sich nach einem schlechten Tag selbst Vorwürfe zu machen, als er von der weisen alten Schildkröte Oogway unterbrochen wird:

Du beschäftigst dich zu sehr mit dem, was war und was sein wird.
Weißt du, es gibt da eine Redensart.
„Das Gestern ist Geschichte,
das Morgen nur Gerüchte,
doch das Heute ist die Gegenwart,
und die zu erleben ist ein Geschenk."

Nachdem sie die Schülerinnen an dieses Kernthema herangeführt haben, erklären Lehrer normalerweise, was Achtsamkeit ist, und werfen einen Blick auf die Wissenschaft, die dahinter steckt, sowie darauf, wie Achtsamkeit uns in der Schule und im Leben nützlich sein kann. Nur mit Theorie kommt man jedoch nicht besonders weit, deshalb liegt der wesentliche Punkt der Einführungen in die Achtsamkeit darin, dass Schüler (und Lehrerinnen) Letztere aus erster Hand *erfahren*.

Sei aufmerksam!

„Achtsamkeit ist ... das Gewahrsein, das entsteht, wenn wir auf eine bestimmte Art aufmerksam sind: bewusst ..."

In der ersten richtigen Stunde des Kurses geht es direkt darum zu verstehen, wie wir unseren Geist darauf trainieren können, eine tiefere Form der Aufmerksamkeit aufrechtzuerhalten. Angesichts der Fülle von Ablenkungen, mit denen wir heutzutage bombardiert werden, und der Ablenkbarkeit unseres modernen Geistes ist es überaus wichtig für junge Menschen, im Aufbau von Aufmerksamkeitsfähigkeiten geschult zu werden. Philippe Goldin, Forscher an der Stanford University, meinte einmal: „Eltern und Lehrer sagen Kindern hundertmal am Tag, sie sollen aufmerksam sein. Aber wir bringen ihnen nie bei, wie das geht" (Brown, 2007).

Diese erste Lektion bringt Kindern bei, spielerisch aufmerksam zu sein, anstatt sich gezwungen zu fühlen, aufmerksam zu sein. Mit leichter Hand werden die Schülerinnen in die Erfahrung hineingeleitet, ihre Aufmerksamkeit an unterschiedliche Stellen des Körpers zu lenken. Einen TEDx Talk, bei dem Richard Burnett vom MiSP in die Achtsamkeit in der Schulbildung einführt, finden (und erleben) Sie auf www.youtube.com/watch?v=6mlk6xD_xAQ.

Schauen Sie sich dieses (englischsprachige) Video möglichst an einem ruhigen Ort an, damit Sie die kurzen Übungen ausprobieren können, die Richard Burnett in den ersten 10 Minuten anleitet. Solche Übungen werden häufig in den Einführungsveranstaltungen mit Schülern eingesetzt, und es folgt ihnen immer eine „Ermittlung" – eine Gelegenheit für Schülerinnen, in Paaren über ihre Erfahrung zu reflektieren und dann ein paar Beispiele aus der gesamten Klasse herauszugreifen. Dies ist ein entscheidender Punkt, denn hier haben wir die Möglichkeit zu erkennen, dass es vollkommen normal ist, einen Geist zu haben, der wandert.

Wegen dieser natürlichen Neigung unseres Geistes zu wandern, verglich Jack Kornfield – Autor des Buches *Frag den Buddha – und geh den Weg des Herzens* (Kornfield, 2017) – die Schulung des Geistes mit dem Abrichten eines jungen Hundes. Die MiSP-Programme für Kinder bauen bei ihren Übungen zum Training der Aufmerksamkeit auf dieser Analogie auf. Sie zeigen, dass die Eigenschaften, die wir auf unserem Weg zum achtsamen Gewahrsein kultivieren müssen, denen recht ähnlich sein können, die für das Abrichten eines jungen Hundes benötigt werden. Bei diesen handelt es sich um: *Entschlossenheit, Geduld und Güte.*

Am Ende dieses ersten 40–60-minütigen Unterrichts haben wir normalerweise durch Erfahrung drei wesentliche Grundsätze aufstellen können:

1. Wir können entscheiden, worauf wir unsere Aufmerksamkeit richten.
2. Wenn wir versuchen, mit unserer Aufmerksamkeit an einem Ort zu bleiben, gelingt das nicht so leicht (der Geist wandert).
3. Wir können Strategien zur Verbesserung unserer Aufmerksamkeitsfähigkeit erlernen.

Aufmerksamkeit ist auch deshalb wichtig, weil die beteiligten Gehirnregionen durch das Aufmerksamsein Stärkung erfahren. Bei Taxifahrerinnen wird der Teil des Gehirns, der mit Navigation zu tun hat – der posteriore Hippocampus –, größer als im Durchschnitt (Maguire et al., 2006); bei Violinisten wachsen in den Gehirnarealen, die für die Fingerkoordination zuständig sind, dichtere Verbindungen (Elbert et al., 1995).

William James, eine der Schlüsselfiguren in der Entwicklung der Psychologie als moderne Wissenschaft, unterstrich die Bedeutung von Aufmerksamkeit:

> Die Fähigkeit, wandernde Aufmerksamkeit willentlich wieder und wieder zurückzuholen, ist die eigentliche Grundlage von Urteilsvermögen, Charakter und Wille. Eine Erziehung, die diese Fähigkeit verbessern würde, wäre eine Erziehung par excellence.
>
> Aber es ist einfacher, dieses Ideal zu definieren, als praktische Anweisungen für seine Umsetzung zu geben. (James, 1950)

Dank der in Kapitel 2 umrissenen Entwicklungen leisten gut konzipierte, evidenzbasierte Programme von Organisationen wie Mindful Schools (USA) und dem Mindfulness in Schools Project (Großbritannien) heute genau die von James beschriebene Arbeit. Sie tun dies auf eine Art, die Ende des 19. Jahrhunderts im Westen nicht denkbar war.

DIE AUFMERKSAMKEITSSPANNE EINES GOLDFISCHES

Zur Erforschung der Verbindung zwischen Aufmerksamkeit und Bildschirmnutzung befragte Microsoft in den Jahren 2013–14 2000 Kanadier und führte bei mehr als 100 von ihnen Hirnkartierungen durch (Microsoft, 2015). Die Ergebnisse zeigten, dass unsere durchschnittliche Aufmerksamkeitsspanne abnimmt – sie sank von 12 Sekunden im Jahr 2000 auf 8 Sekunden im Jahr 2013. (Peinlicherweise ist sie damit laut Microsoft kürzer als die 9 Sekunden lange Aufmerksamkeitsspanne eines Goldfisches. Alle diese Witze über die Aufmerksamkeitsspanne eines Goldfisches müssen also aufhören!) Der Bericht gelangte zu dem Schluss, dass „digitale Lebensstile insgesamt eine negative Auswirkung auf die anhaltende Konzentration haben", und führte als wichtigste Faktoren, welche die Aufmerksamkeit beeinflussen, folgende auf:

- Medienkonsum
- Gebrauch von sozialen Medien
- Tempo der Adaption neuer Technologie
- Gleichzeitige Nutzung mehrerer Bildschirme

Studien wie diese deuten darauf hin, dass unser bildschirmorientierter Lebensstil einige Aspekte unseres Vermögens, die Konzentration aufrechtzuerhalten, zerstören kann. Vielleicht verlieren wir nicht einfach unsere allgemeine Fähigkeit, aufmerksam zu sein, vielleicht nutzen wir diese Fähigkeit heute auf andere Art und Weise. Im jetzigen digitalen Zeitalter steigern wir notgedrungen unsere Tendenz, mehrere Dinge gleichzeitig zu tun oder mit zahlreichen Informationsquellen zurechtzukommen, sie unter einen Hut zu bringen und zwischen ihnen hin und her zu wechseln. Das Gehirn scheint plastisch genug zu sein, um dies zu ermöglichen, doch hat es seinen Preis: die anhaltende Konzentration. Dieselbe Plastizität kann uns aber auch die Möglichkeit geben, das Gehirn neu zu trainieren – unsere Aufmerksamkeitsspanne zu verlängern –, wenn wir diesem Bemühen die erforderliche Zeit und Energie widmen.

Und das sollten wir genau jetzt wollen, denn so wunderbar es auch ist, im Internet surfen zu können und alles mögliche zu entdecken, von dem wir früher ohne jahrelanges Studium in einer öffentlichen Bibliothek niemals etwas gewusst hätten, müssen wir doch auch unsere Fähigkeit entwickeln und bewahren, die Aufmerksamkeit aufrechtzuerhalten. In Kapitel 6 werden wir untersuchen, inwiefern unser Vermögen, wirklich aufmerksam zu sein, tief zuzuhören, und die Erfahrung, gehört zu werden, für unsere menschliche Verbundenheit unabdingbar sind.

Fokussieren

In seinem Buch *Konzentriert Euch!* zeigt der Psychologe Daniel Goleman auf, wie Sorge und andere ablenkende Emotionen die Fähigkeit einer Schülerin stören können, sich vollkommen mit ihrer Arbeit zu befassen (Goleman, 2015). Goleman äußert Besorgnis über den Einfluss, den unsere moderne technologische Umgebung durch die Reduzierung der direkten persönlichen Interaktion auf Kinder hat. Er argumentiert, die vermehrte Interaktion mit digitalen Bildschirmen könne eine Bedrohung für die neuronale Entwicklung unseres sozialen und emotionalen Schaltkreises darstellen, und verweist ebenfalls auf die oben erwähnte Abnahme anhaltender Aufmerksamkeit. Goleman behauptet, diese Entwicklung würde sich bereits in Schulen zu zeigen beginnen, da beispielsweise einige Mittelstufenschüler ausdauerndes Lesen als zu anstrengend empfänden. All dies, so der Psychologe, deute auf die Notwendigkeit hin, die Fähigkeiten des Selbstgewahrseins zu erlernen. Diese ermöglichten es uns zu bemerken, wann wir unsere Konzentration verlieren, und dann erneut zu fokussieren. Er plädiert nachdrücklich für „Programme wie Achtsamkeit, welche die exekutive Kontrolle des Gehirns steigern“ (Goleman, 2015).

Goleman unterstreicht zudem die Bedeutung, die das Training der Aufmerksamkeitsfähigkeiten für die Stärkung der Selbstkontrolle hat – einem Schlüsselfaktor für die Lebenszufriedenheit. Er beschreibt eine große in Neuseeland durchgeführte Studie, bei der sämtliche in einem Zeitraum von 12 Monaten in der Stadt Dunedin geborenen Babys (mehr als 1000 Kinder) über 20 Jahre hinweg beobachtet wurden. Hierbei wurde festgestellt, dass die *Selbstkontrolle* ein ebenso großer Prädiktor für Erfolg im Leben ist wie die *Gesellschaftsschicht*, der *IQ* oder die *Familie*. (Die Kriterien für „Erfolg" waren in diesem Fall Gesundheit, Wohlstand und gutes Verhalten.) (Moffitt et al., 2011) Wegen der Bedeutung des Erlernens von Selbstkontrolle fragt Goleman: „Wäre es nicht sinnvoll, jedem Kind diese Fähigkeiten beizubringen?" (Goleman, 2015).

Wie William James vor über einem Jahrhundert herausstellte, ist das Vermögen, die Aufmerksamkeit aufrechtzuerhalten, der Schlüssel zu tiefem Lernen. Das Selbstgewahrsein und die Disziplin zu besitzen, um zu erkennen, was wir nicht wissen oder nicht so gut können, und dann die Aufmerksamkeit neu auszurichten, um diese Themen zu wiederholen, bis wir sie beherrschen, ist in der Bildung eine grundlegende Kompetenz. Das Training achtsamen Gewahrseins kann ein äußerst effektives Mittel darstellen, diese Fähigkeit zu entwickeln (Sanger und Dorjee, 2016), und besitzt außerdem das Potenzial, eine positive psychische Gesundheit zu fördern und zum Schaffen der Grundlagen für ein erfülltes Leben beizutragen.

GRUNDSCHULE STANLEY GROVE IN MANCHESTER, GROSSBRITANNIEN

Die Stanley Grove Grundschule ist für die multikulturelle Gemeinde Longsight zuständig, eine innerstädtische, benachteiligte Gegend von Manchester. Es gibt hier eine lebendige lokale Gemeinschaft, deren Mitglieder zum größten Teil aus Osteuropa, Nordafrika und Südasien eingewandert sind. Über 90 Prozent der Schüler und Schülerinnen an der Schule sind Moslems, und sie alle erhalten die Gelegenheit, Achtsamkeit zu lernen (derzeit durchlaufen sämtliche Kinder im Alter zwischen acht und zehn Jahren achtwöchige Kurse).

Wir haben das Achtsamkeitstraining eingeführt, weil Untersuchungen gezeigt haben, dass das Einsetzen psychischer Gesundheitsprobleme im Alter von elf Jahren einen Höhepunkt erreicht. Außerdem wollen wir Kindern ein besseres Verständnis für die Funktionsweise ihres Geistes sowie Strategien zur Bewältigung der Schwierigkeiten, denen sie als Jugendliche gegenüberstehen werden, vermitteln. Mit der ganzen Technologie, die es heutzutage gibt, verbringen Kinder einen großen Teil ihrer Zeit im Denkmodus oder vor Bildschirmen. Achtsamkeit gibt ihnen eine Möglichkeit, sich hiervon abzukehren und etwas Zeit mehr in ihrem Körper als in ihrem Kopf zu verbringen.

Wir nutzen das „Paws b"-Programm (einen Kurs für 7- bis 11-Jährige) vom Mindfulness in Schools Projekt, das jede Menge Analogien und Metaphern enthält. So erklären wir beispielsweise, dass unsere Aufmerksamkeit wie eine Taschenlampe ist und man sie auf unterschiedliche Weise fokussieren kann. Wir schauen uns eine Schneekugel an und reden darüber, dass unser Geist sehr beschäftigt sein kann und sich dann mit einer geschüttelten Schneekugel vergleichen lässt, in der die ganzen kleinen Flocken herumwirbeln. Wir verwenden diese Analogie, damit sie verstehen, dass es Zeiten gibt, in denen unser Kopf einfach voll ist, und dass man manchmal nicht mehr klar denken oder sehen kann. Mit einer kurzen Übung kann man seine Konzentration dann aber wieder in seinen Körper lenken, mehr in den Spürmodus als in den Denkmodus, und es den Wogen ermöglichen, sich zu glätten.

Unsere Kinder sagen, dass sie Achtsamkeit nutzen, um sich zu beruhigen; sie nutzen sie, wenn sie mit Schwierigkeiten umzugehen haben – hier erwähnen sie zum Beispiel Zankereien oder Streit zu Hause –, und sie erzählen, dass sie sie vor Klassenarbeiten nutzen. Ein Mädchen sprach davon, dass es seine Angst vor dem Schwimmunterricht durch Achtsamkeitsübungen überwunden habe. Die Praxis hilft ihnen, ein bisschen besser zu spüren, was in ihrem Körper passiert. Wir bringen sie also dazu, einfach nur durch das Stillsein Dinge wahrzunehmen wie: „Oh, ich beiße meine Zähne zusammen", oder zu erkennen, dass man möglicherweise die Schultern hochzieht, wenn man gestresst ist. Unterschiedliche Menschen haben unterschiedliche Trigger. Dadurch, dass man diese einfach in sich bemerkt, hat man eine Wahl – statt impulsiv zu reagieren, kann man sich dafür entscheiden, vielleicht anders zu antworten.

Wir haben in unserer Schule Forschungsstudien durchführen lassen und festgestellt, dass sich die Aufmerksamkeit und die Konzentration der Kinder verbessern. Aber auch die Lehrerinnen erzählen von Dingen, die sie beobachtet haben – ihre Schüler zeigen im Unterricht eine viel bessere Fokussierung, weisen ein Verhalten auf, das dem Lernen zuträglicher ist, sind einfach in der Lage, die ganzen Spielplatz-Zankereien vor der Tür zu lassen, und sind mehr zum Lernen bereit, wenn sie sich in der Klasse befinden.

Natürlich sagt Achtsamkeit nicht jeder Person zu, aber manchmal muss sie einem einfach in einer Zeit nahegebracht werden, in der man dafür bereit ist. Eine achtjährige Schülerin, die ich in der 4. Klasse unterrichtete, sagte: „Kapier ich nicht, Miss, mag ich nicht, das ist langweilig." Dann unterrichtete ich in der 5. Klasse noch einmal nach demselben Lehrplan. In der Mitte des Jahres machte etwas bei ihr klick, und heute spricht sie mit Leidenschaft darüber, wie sie die Praxis anwendet, um ihre Nerven vor Klassenarbeiten und Aufführungen unter Kontrolle zu behalten.

Amy Footman, Schulleiterin von Stanley Grove

Herzlichkeit – mehr als nur „bloße Aufmerksamkeit"

> „Achtsamkeit bedeutet, aufmerksam zu sein …
> bewusst, *mit Neugier und Güte …*"

Ist Achtsamkeit also einfach „bloßes Aufmerksamkeitstraining"?

Aufmerksamkeitstraining ist eine Schlüsselkomponente von Achtsamkeit, aber nicht das gesamte Konzept. Sie könnten das Aufmerksamkeitstraining zum Beispiel zur Verbesserung Ihrer Fähigkeit nutzen, heimlich menschliche Ziele durch ein Scharfschützengewehr-Teleskop abzuschießen, doch würde dies nicht als Achtsamkeit gelten. Die *Qualität* der Aufmerksamkeit, die wir einem jeden Augenblick entgegenbringen, ist entscheidend. „Achtsamkeit" (bzw. *mindfulness* im Englischen) ist das Wort, das christliche Wissenschaftler wählten, als sie nach einer Übersetzung des Pali-Wortes *sati* suchten. Den Begriff *sati* nutzen Buddhisten zur Beschreibung eines bewussten Denkens daran, gegenwärtig zu sein, wobei dieses Gegenwärtigsein genauso „herzlich" wie „achtsam" ist.

Buddhistische Mönche aus dem Himalaya, die in den 1970er Jahren als Testpersonen für ein Forscherteam von der Harvard University fungierten, warfen sich buchstäblich vor Lachen auf den Boden, als die Wissenschaftler ihre Köpfe für das Experiment verkabelten. Sie konnten nicht glauben, dass die Menschen aus dem Westen dachten, der Geist befinde sich im Kopf:

> Als wir eine Elektrodenkappe auf Francisco Varelas Kopf setzten, um die EEG-Wellen zu messen, brachen alle Mönche in Lachen aus, so als hätten wir ihnen gerade den lustigsten Witz erzählt. Sie amüsierten sich darüber, dass wir zum Messen des Geistes ein Gerät nutzten, das auf der Kopfhaut platziert wurde, während es für sie offensichtlich war, dass sich der Geist nicht im Kopf befindet, sondern im Herzen. (Saron, 2013)

„Herzlichkeit“ – zu lernen, sich seinen Erfahrungen und anderen Menschen auf eine offene, gütige, nicht urteilende Art zuzuwenden – steht im Mittelpunkt des Trainings achtsamen Gewahrseins.

Das chinesische Schriftzeichen für „Achtsamkeit“ (siehe Abbildung 5.1) ist ein Piktogramm, welches den „gegenwärtigen Augenblick“ darstellt, der das Symbol für „Herz“ beschirmt (das Zeichen wird manchmal mit „Herzgeist“ übersetzt).

Abbildung 5.1 Das chinesische Schriftzeichen für „Achtsamkeit“

Menschen sind von Natur aus neugierig und kreativ, und unsere soziale Evolution ist auf diese Fähigkeiten angewiesen. Achtsamer Aufmerksamkeit wohnt eine bestimmte natürliche Qualität der Neugier und Güte inne, die unserer Erfahrung sowie unserer Verbindung mit uns selbst und anderen Wärme verleiht. Dieses Gefühl einer herzlichen Präsenz lässt sich durch Achtsamkeitstraining entwickeln – manchmal entsteht es spontan, manchmal kultivieren wir es bewusst, um unser Gefühl der Verbindung zu vertiefen. Ein gewisses Maß an Empathie kann auf natürlichem Wege entstehen, wenn wir unseren eigenen Geist und unsere Emotionen besser verstehen und schließlich erkennen, dass andere häufig mit ähnlichen Problemen und Erfahrungen zu kämpfen haben wie wir. Besteht vielleicht auch der weitverbreitete Eindruck, achtsames Gewahrsein bedeute einfach eine schnelle Wiederherstellung der Aufmerksamkeit, sind doch in Wirklichkeit Empathie und Mitgefühl zwei profunde und wesentliche Elemente der Achtsamkeitspraxis. Stephen Covey schrieb: „Zwischen Reiz und Reaktion gibt es einen Raum. In diesem Raum haben wir die Macht, unsere Reaktion zu wählen. In unserer Reaktion liegen unser Wachstum und unsere Freiheit" (Pattakos, 2005). Covey verwendete diese Textpassage in dem Versuch, eine von Viktor Frankls mühsam errungenen psychologischen Erkenntnissen über die Tatsache, dass innere Freiheit sich manchmal unter den feindlichsten Bedingungen entdecken lässt, zu beschreiben. In Konzentrationslagern in Nazi-Deutschland beobachtete Frankl, wie einige seiner Mitgefangenen auch inmitten des schweren Leids in der Lage waren, aus tiefen Quellen der Empathie und des Mitgefühls zu schöpfen.

Einige Neurowissenschaftler untersuchen heutzutage genau, warum das Achtsamkeitstraining uns helfen kann, die Zeit zwischen Reiz und Reaktion zu gewinnen, um klügere Entscheidungen hinsichtlich unserer Handlungen und Interaktionen zu treffen. Der Autor einer solchen Untersuchung, Micah Allen, sagt:

> Da wir anfangen zu erkennen, dass sich viele gesellschaftliche und gesundheitliche Probleme nicht allein durch Medikamente oder Aufmerksamkeitstraining lösen lassen, wird klar, dass Techniken zur Steigerung der emotionalen Funktion und des Wohlbefindens für die zukünftige Entwicklung unbedingt notwendig sind …
>
> Ich vermute, wir müssen anfangen, affektive Prozesse in unser Verständnis von optimalem Lernen mit aufzunehmen. (Allen, 2012)

Für Professor Richie Davidson, Leiter des Laboratory for Affective Neuroscience an der University of Wisconsin, ist Wohlbefinden eine Fertigkeit:

> Wohlbefinden unterscheidet sich im Grunde nicht vom Erlernen des Cellospiels. Praktiziert man die Fertigkeiten des Wohlbefindens, wird man besser darin. (Davidson, 2016)

Davidsons Schlussfolgerung stützt sich auf Laboruntersuchungen, die mit Freiwilligen und mit erfahrenen Meditierenden durchgeführt wurden. Bei Empathie und Mitgefühl handelt es sich um angeborene Fähigkeiten, die uns allen gemeinsam sind, auch wenn sie einigen Menschen selbstverständlich leichter fallen können als anderen. Der zentrale Punkt im Kontext dieses Buches ist der, dass sie sich alle bewusst entwickeln lassen. Sie sind sämtlich zwischenmenschliche Kompetenzen, die trainiert werden können, und das Training achtsamen Gewahrseins ist ein grundlegender Ansatz, der die Entwicklung dieser emotionalen Intelligenz unterstützen kann.

Bei einem Vortrag auf dem CASEL-Forum (Collaborative for Academic, Social, and Emotional Learning) in New York im Jahr 2007 sagte Professor Davidson:

> Soziales und emotionales Lernen ist eine empirisch abgesicherte Strategie zur Verbesserung der Emotionsregulation und der sozialen Anpassung. Eigenschaften wie Ruhe, Kooperation und Güte sollten alle im Wesentlichen als Fertigkeiten betrachtet werden, die sich trainieren lassen. Training wie das sozial-emotionale Lernen kann das Gehirn formen – und tatsächlich die Genexpression ändern. (Das vollständige Video ist abrufbar unter www.edutopia.org/richard-davidson-sel-brain-video.)

Selbst wenn Mitgefühl in einem Achtsamkeitsprogramm nicht als eigenständiges Thema aufgeführt ist, würden wir aufgrund der Art des Kurses doch erwarten, dass Empathie und Mitgefühl vom Lehrer modellhaft vorgeführt werden und in der Lernumgebung sowie den sich bildenden Lernbeziehungen Ausdruck finden. Ich habe die Erfahrung gemacht, dass in Schulen durchgeführtes Training achtsamen Gewahrseins auch dann zur Unterstützung von Mitgefühl und Empathie beitragen kann, wenn nicht explizit ein Fokus auf die Kultivierung dieser Qualitäten gelegt wird. Bei Achtsamkeit geht es niemals nur um „bloße Aufmerksamkeit". Indem wir ein gütiges, fokussiertes Gewahrsein fördern und unsere Fähigkeit aufbauen, uns Schwierigkeiten mit Gelassenheit zuzuwenden, legen wir die Grundlagen für eine empathische und mitfühlende Verbundenheit.

Einige Kurse sind mit dem Ziel entwickelt worden, Schülerinnen und Lehrerinnen diese Fertigkeiten beizubringen. Auch sie bauen auf einer Kombination aus traditionellen Ansätzen und neurowissenschaftlicher Forschung auf. Ein Beispiel hierfür ist das „Kindness Curriculum" („Lehrplan der Güte") des Centre for Investigating Healthy Minds an der University of Wisconsin-Madison (siehe Pinger und Flook, 2016). Siehe ebenfalls die Arbeit von Kristin Neff auf *http://self-compassion.org/*.

Unseren Geist, unseren Körper und unsere Emotionen verstehen

Wir werden mit einem Geist-Körper-System geboren, das sich über die Jahrtausende hinweg entwickelt hat, um uns bestmöglich mit den zum Überleben notwendigen Mitteln auszustatten. Es ist ein erstaunliches, unglaubliches technisches Meisterwerk – aber es ist keine perfekte Einheit, und unsere Emotionen und Gedanken funktionieren nicht immer so, wie wir es gerne hätten. Wie hoch entwickelt wir auch zu sein glauben, unsere Impulse und Reaktionen können uns dennoch überraschen, und gelegentlich sind wir alle zu einer unangemessenen Antwort fähig. Dies gilt insbesondere dann, wenn wir uns unwohl fühlen oder unter Druck stehen. Ein großer Teil unserer Arbeit als Erzieher auf diesem Gebiet dreht sich um folgende Frage:

> Können wir junge Menschen darauf vorbereiten, effektiver mit den Höhen und Tiefen des Lebens sowie mit unseren bisweilen unbeholfenen Reaktionen auf die unvermeidbaren Schwierigkeiten und Herausforderungen, die uns begegnen, zurechtzukommen?

Einige Unterrichtsstunden der Achtsamkeitsprogramme für junge Menschen zielen direkt auf eine Verbesserung unseres Verständnisses davon ab, wie Geist, Körper und Emotionen zusammenwirken – und wie sie uns manchmal ein Bein stellen können. Ein Beispiel für die praktische

Umsetzung des Kultivierens von Selbstgewahrsein, das im. b-Programm des MiSP mit Teenagern angewendet wird, sieht folgendermaßen aus: Die Jugendlichen sollen sich vorstellen, sie hätten kürzlich jemanden kennen gelernt, den sie sehr mochten, und Telefonnummern mit ihm oder ihr ausgetauscht. Dann sollen sie sich überlegen, was ihre Reaktion sein könnte, wenn sie dieser Person eine Textnachricht geschickt hätten und auf eine Antwort warteten, aber keine Antwort kommt.

Diese Übung fällt bei Teenagern auf fruchtbaren Boden, und einige Gruppen lassen sich eine große Bandbreite an Reaktionen einfallen. Manche davon sind positiv:

> „Möglicherweise ist ihnen das Telefon in die Toilette gefallen oder der Akku ist leer."

Am häufigsten aber sind sie ziemlich negativ (und letztlich selbsterniedrigend):

> „Vielleicht habe ich etwas Blödes gesagt?"
> „Vielleicht hat sie mich nie wirklich gemocht und wollte einfach weg?"
> „Warum mache ich's immer wieder falsch?"
> „Warum werde ich von niemandem wirklich gemocht ...?"

Das Negativitätsvorurteil

Um uns zu beschützen, hat unser Organismus den natürlichen Hang, auf Nummer sicher zu gehen, wenn er mit einer bedrohlichen Situation konfrontiert ist. Dies erzeugt bisweilen einen Effekt, der oft als angeborenes „Negativitätsvorurteil" bezeichnet wird. Viele der Aktivitäten, die in Kursen zu achtsamem Gewahrsein durchgeführt werden, helfen Kindern, diese innere Tendenz klarer zu verstehen. Wir nutzen das Modell des kognitiven Verhaltens (siehe Abb. 5.2), um Schülerinnen zu helfen, die Verflechtung von Gefühlen, Gedanken, Empfindungen und Handlun-

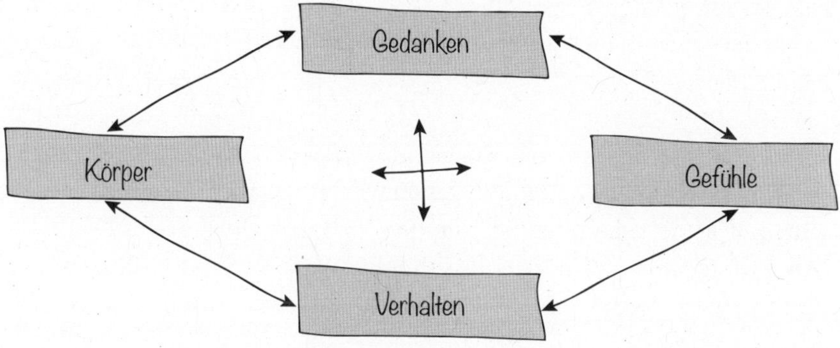

Abbildung 5.2 Modell des kognitiven Verhaltens

gen/Impulsen zu begreifen. Dadurch können sie lernen, diese Elemente voneinander zu trennen, die miteinander verknüpft einer Stimmung zugrunde liegen oder eine Reaktion auslösen könnten.

Wir stellen die Idee vor, dass einige unserer Gedanken und Geschichten zwar wahr sein mögen, andere aber nicht. Dies kann manchmal bei Teenagern zu recht profunden Einsichten führen, wenn sie beginnen, unsere instinktive Neigung zu verstehen, Geschichten um Erfahrungen herum zu erzeugen. Etliche Jugendliche, mit denen ich in Kursen zu achtsamem Gewahrsein gearbeitet habe, erzählten mir, dass das Erlangen dieses Verständnisses – „Gedanken sind keine Tatsachen" – für sie eine äußerst wichtige Lernerfahrung war.

„Diesen Teil über ‚Gedanken sind keine Tatsachen' habe ich schon angewendet, weil meine Freundinnen und ich vor zwei Wochen einen großen Streit hatten. Eine dachte etwas Bestimmtes, und dann waren die anderen gegen sie. Als mein Lehrer also sagte: „Gedanken sind keine Tatsachen", begann ich mir anzugucken, welches seine Sichtweise ist, und dann haben wir verstanden, dass es zwischen uns gar kein Problem gab, sondern dass das Problem war, dass jemand anders versuchte, uns zu trennen."

Eine zwölfjährige Schülerin

Es gibt ein schönes tibetisches Gleichnis, welches beschreibt, dass Gedanken und Gefühle kommen und gehen wie „auf Wasser Geschriebenes" – eine hilfreiche Veranschaulichung der dürftigen Qualität des Denkens. Aber diese stillen Windhauche auf dem Wasser wirken auf uns nicht immer so gehaltlos; häufig fühlen sie sich sehr konkret an und manchmal können sie große Macht über uns haben. Dies gilt insbesondere dann, wenn sie nicht geprüft werden. Nicht nur unsere Schüler schlagen sich damit herum – während ich diesen Absatz schreibe, weiß ich, dass das Datum, an dem ich Rückmeldung von einem Verlag erwartet hatte, jetzt verstrichen ist. Anfänglich ist das kein Problem, aber mit fortschreitender Zeit fange ich möglicherweise an, mir Gedanken darüber zu machen, ob mein Vorschlag wirklich gut genug war. An einem schlechten Tag könnte ich mich sogar fragen, ob wirklich irgendjemand an ihm interessiert ist. Das Negativitätsvorurteil, in Verbindung mit unserem unaufhörlichen inneren Geschichtenerzählen, kann uns allen bisweilen Probleme bereiten. Weil viele von uns mit einem starken inneren Kritiker leben, müssen wir manchmal bewusst die positiven Dinge, Beziehungen und Erfahrungen in unserem Leben beachten, uns die Zeit nehmen, das, was wir haben, wertzuschätzen und dankbar dafür zu sein. Kurse zur Praxis achtsamen Gewahrseins können, insbesondere wenn mit sozial-emotionalem Training oder positiver Psychologie kombiniert, manchen jungen Menschen helfen, den Wert der Wertschätzung und der Dankbarkeit auf der Erfahrungsebene zu lernen.

Mustervervollständigung

Wir neigen zu der Annahme, unsere visuelle Erfahrung einer Reihe von Augenblicken ähnele einer Videokamera, die einen Raum scannt und alles erfasst, was sie sieht. Doch hat die Neurowissenschaft herausgefunden, dass unser visueller Mechanismus mit seiner Zusammenstellung einzelner Bilder zu einer bewegten Abfolge eigentlich eher wie eine altmodische Filmspule funktioniert. Unsere wahrgenommene Erfahrung ist eine Collage aus unscharfen Abbildungen, die unser Gehirn zusammensetzt. Hierbei synthetisiert es visuelle Daten mit akustischen und anderen sensorischen Informationen, die in dem Moment empfangen werden, und wandelt alles in einen scheinbar natürlichen Fluss um, der zu unserer Sicht der Wirklichkeit wird (Lau und Rosenthal, 2011).

Es ist diese tiefsitzende Fähigkeit, Muster zu vervollständigen, kleine Informationsbrocken zu einem kohärenten Ganzen zusammenzuflechten, die unserer menschlichen Neigung zum Geschichtenerzählen zugrunde liegt. Auch wenn wir nur über begrenzte Informationen verfügen, ziehen wir voreilige Schlüsse und stellen Vermutungen an. Sind auf einer Seite ein paar Punkte, können wir Linien und Muster sehen und Kurven vorhersagen, seien sie nun wahr oder imaginär. Wo zum Beispiel würde Ihr Geist hinwandern, wenn Sie in folgendem Szenario die Lehrerin wären?

Es ist Freitagnachmittag und Sie machen schnell noch ein paar Fotokopien, bevor Sie den Heimweg antreten. Die Schulleiterin kommt vorbei, sieht Sie, zögert und sagt dann: „Ach, ich muss mit Ihnen reden. Können Sie Montagmorgen wohl mal bei mir reinschauen?" Sie antworten mit einem schnellen „Ja, natürlich", und ehe Sie sich's versehen, ist sie weg und lässt Sie fragend zurück.
Beim Nachhausefahren und immer wieder am Wochenende denken Sie darüber nach, worum es wohl gehen könnte. All die herausfordernden Situationen und Gespräche, die Sie in den letzten paar Wochen mit Schülern, Kolleginnen oder Eltern gehabt haben, kommen Ihnen in den Sinn. Wer hat sich über Sie beschwert? Lag es an dem Mal, an dem Sie überreagiert haben, als die Mädchen aus der 9. Klasse im Unterricht herumgealbert haben? Oder waren Sie letzte Woche zu ehrlich zu Herrn und Frau Obermaier, als es um die Lernschwierigkeiten ihres Sohnes ging?

Bis Montagmorgen drehen Sie sich im Kreis, und noch bevor die Schule beginnt, stehen Sie an der Tür der Leiterin.

„Guten Morgen", sagt Sie, „wie geht es Ihnen? Was kann ich für Sie tun?"

„Sie hatten mich gebeten vorbeizukommen."

„Hatte ich? Ach ja, Freitagnachmittag, stimmt, Entschuldigung, da war so viel los. Nein, ich wollte nur mit Ihnen über Ihr Geschichtsprojekt mit der 10. Klasse reden."

„Ach so."

„Ja, auf dem offenen Elternabend letzte Woche haben etliche Eltern darüber gesprochen, wie viel Spaß ihren Kindern die herausfordernden praktischen Aufgaben gemacht haben, die Sie den Schülern gestellt haben."

„Tatsächlich? Das haben sie?"

„Ja, haben Sie. Ich frage mich, ob Sie wohl mit den Schülerinnen der Klassenstufe 8 ein unterrichtsbegleitendes Programm durchführen könnten – die müssen sich nämlich in dieselbe Richtung bewegen. Ich finde, dass Sie dieses Jahr wirklich großartige Arbeit leisten."

Geborene Geschichtenerzähler

Dieser innere Erzählmodus, der manchmal ziemlich selbstkritisch sein kann, ist so beständig und fest verankert, dass wir ihn die meiste Zeit nicht einmal bemerken. Achtsamkeit kann uns helfen, der subtilen Schichten aus Gedanken und Empfindungen stärker gewahr zu werden, die unser tägliches Verhalten häufig antreiben. Dieses Gewahrsein kann uns die Freiheit geben, eine angemessene Antwort zu wählen, statt uns von einer unangemessenen Reaktion steuern zu lassen.

Das Verständnis, dass wir unsere Fähigkeit entwickeln können, *die Geschichten zu bemerken, die wir über uns selbst und über andere erzählen*, lässt sich auch auf einer kulturellen oder politischen Ebene anwenden. So können wir beispielsweise weit verbreitete Geschichten und falsche Annahmen über Flüchtlinge, Einwanderer oder den Klimawandel in Zweifel ziehen, die möglicherweise klugem Handeln im Weg stehen. Wenn wir uns der Geschichten und unterschwelligen Botschaften stärker bewusst werden, mit denen unsere Gruppe, Partei, Nation, Religion oder Kultur uns füttert, fangen wir vielleicht an, sie gründlicher zu untersuchen und uns zu fragen, ob sie uns eine Wahrheit erzählen, eine Angst oder ein Vorurteil offenbaren oder vielleicht das Bedürfnis maskieren, eine Überlegenheit aufrechtzuerhalten.

Konkurrierenden Erzählungen Rechnung tragen

Eine Lockerung der Zwänge kultureller Konditionierung lässt sich auf verschiedenen Wegen erreichen: Mir half als eine Möglichkeit das Reisen, andere Möglichkeiten sind das Entwickeln von Gewahrsein durch tiefen Dialog mit anderen oder durch Meditation. Ich liebe den Ausdruck des israelischen Schriftstellers Yossi Halevi, den er benutzt, wenn er fragt, ob es einem Israeli oder Palästinenser möglich sei zu lernen, „konkurrierenden Erzählungen Rechnung zu tragen" (Halevi, 2002). Beispielsweise zu wissen, dass ich eine Geschichte über deine Kultur habe, und mir trotzdem deine Geschichte über deine Kultur anhören zu können. Dies ist ein so wichtiger Bereich, sowohl bei der Konfliktlösung als auch für den Aufbau eines größeren Verständnisses zwischen Menschen, Geschlechtern, Rassen und Kulturen. Wenn es darum geht zu lernen, wie wir „den Planeten am besten miteinander teilen", ist dies eine Schlüsselkompetenz, deren Entwicklung wir in unseren jungen Menschen unterstützen müssen.

Beim Schreiben dieses Buches wurde ich von einer Kollegin in den USA, Rona Wilensky, über neue Arbeiten zu der Verbindung zwischen Achtsamkeit und sozialer Gerechtigkeit bei Fragen im Zusammenhang mit Rasse, ethnischer Zugehörigkeit, Geschlecht und Alter informiert. Dies sind heutzutage zentrale Bereiche, die wir alle untersuchen und unterstützen müssen. Rona erzählte mir von einem Expertinnen-Netzwerk, das gegenwärtig die Wechselbeziehung zwischen diesen zwei Bewegungen erkundet – insbesondere im Bereich der Vorurteile.

Eine Person, die auf diesem neuen Gebiet tätig ist, ist Rhonda Magee, Juraprofessorin an der University of San Francisco und Gastwissenschaftlerin am Berkeley Center for the Study of Law and Society. Magee hat an einer Reihe von Artikeln über Achtsamkeit und das Strafrechtssystem mitgewirkt, die von The Greater Good Centre in Berkeley veröffentlicht wurden, und sagt:

> Wie die meisten von uns aus einfacher, alltäglicher Erfahrung wissen, ist niemand von uns wirklich blind gegenüber Rasse oder Farbe. In der Tat bestätigt die Forschung eine weit verbreitete Kluft zwischen expliziter und impliziter Kognition, wenn es um Rasse und Farbe geht. Selbst wenn wir versuchen, in der Welt eine farbenblinde Sicht zu übernehmen, funktioniert das doch nicht, weil unser Gehirn nicht so arbeitet. (Magee, 2015)

Magee hat kontemplative Praktiken adaptiert, um Menschen bei der Kultivierung eines größeren Gewahrseins gegenüber Vorurteilen zu helfen. Diese Übungen können ihrer Aussage nach „den Weg zu neuen Erfahrungen ebnen, die uns helfen, unsere Bindungen an Erzählungen und andere Formen des Leidens zu lösen, die Vorurteile hervorrufen" (Magee, 2015). Eine Forschungsstudie, die Magees Arbeit unterstützt, fokussierte auf die Auswirkungen, die Achtsamkeit auf implizite altersbedingte und rassistische Vorurteile hat, und stellte fest: „Die Achtsamkeitsmeditation verursachte eine Abnahme … der impliziten rassistischen und altersbedingten Vorurteile … durch schwächere automatisch aktivierte Assoziationen beim impliziten Assoziationstest" (Lueke und Gibson, 2014). Diese Studie zeigte, dass Teilnehmerinnen, die das Achtsamkeitstraining besucht hatten, sich weniger auf zuvor gebildete Assoziationen verließen, und deutete darauf hin, dass bereits eine zehnminütige Achtsamkeitspraxis die Reduzierung rassistischer und altersbedingter Vorurteile in Gang setzen kann.

Achtsames Gewahrsein kann uns also davon abhalten, unseren Geschichten „an den Haken zu gehen", und hilft uns zu sehen, dass Gedanken fehlbar sein können. Das Verständnis der Funktionsweise unseres Geistes und unserer Emotionen kann uns helfen, in Beziehungen authentischere Verbindungen herzustellen. Wir können zudem erkennen, dass negative Geschichten uns möglicherweise isolieren, ein offeneres Gewahrsein uns jedoch einander näher bringt.

STANLEY CHAN, SCHULPSYCHOLOGE FÜR KINDER MIT BESONDEREN BEDÜRFNISSEN, HONGKONG

Wir haben einen Pilotversuch mit Kindern mit ADHS (8 bis 12 Jahre alt) gestartet. Wir haben mit den Kindern und mit den Eltern gearbeitet, ihnen Achtsamkeit beigebracht. Die Eltern berichteten, dass sich das Verhalten der Kinder verbessert habe. Sie sagten auch, sie würden stärkere Empathie und Akzeptanz für ihre Kinder empfinden, und meinten, dass ihre Emotionskontrolle besser sei. Sie werden mit geringerer Wahrscheinlichkeit wütend, und sie können bei ihren täglichen Interaktionen mit den Kindern ruhiger bleiben. Darüber hinaus hatten sie das Gefühl, dass sich ihre Selbstfürsorge verbessert habe – sie spüren, dass es wichtig ist, für sich selbst zu sorgen. Die vorläufigen Ergebnisse deuten darauf hin, dass das Programm den Stress der Eltern reduzieren, depressive Symptome verringern und vor allem den aus gestörten Eltern-Kind-Interaktionen resultierenden Stress abschwächen kann.

Wir nutzen eine Metapher, die wir von den Sicherheitsansagen auf Fährschiffen übernommen haben: „Eltern müssen lernen, sich selbst zu helfen, bevor sie ihren Kindern helfen."

Ich habe auch versucht, Schülern mit Autismus Achtsamkeit beizubringen. Das lief ziemlich gut. Die Kinder fanden es interessant und es half ihnen, ihr Gewahrsein ihrer Emotionen zu erhöhen, ruhiger zu sein und mit Stress fertig zu werden. Autistische Schülerinnen haben manchmal einen Tunnelblick, und vielleicht kann dies ihnen helfen, ihren Blick zu erweitern. Einer der Väter erzählte mir, dass sein Sohn sich in der Vergangenheit immer über dieses und jenes in der Schule beklagt habe, die Dinge nach Absolvieren des Programms aber leichter nehmen konnte.

Im letzten Schuljahr gab es ziemlich viele Fälle von Selbstmord in Hongkong. In den Arbeitszimmern der Schülerinnen in Hongkong geht es sehr stressig zu, deshalb glaube ich, dass dies sehr wichtig ist.

Research Autism, 2016 und de Bruin et al., 2015 sind hervorragende Quellen, um mehr über die Forschung im Bereich Achtsamkeit und Autismus zu erfahren.

(Persönliche Kommunikation, Februar 2016)

BEWEISE FÜR DEN NUTZEN VON ACHTSAMKEIT FÜR KINDER UND JUNGE MENSCHEN

Die Forschung, die bislang mit Kindern durchgeführt worden ist, hat zum großen Teil positive Ergebnisse erbracht. Jedoch muss man sich darüber im Klaren sein, dass Achtsamkeit, was die Forschung angeht, noch immer ein „aufstrebendes" Gebiet ist. Die mit Kindern unternommene Forschung fand bis vor Kurzem hauptsächlich im kleinen Rahmen statt, und größere Langzeitstudien wie der MYRIAD-Test stecken noch in den Anfängen.

Zieht man aber Rückschlüsse aus der vielversprechenden Forschung zum Thema Achtsamkeit mit Erwachsenen, könnte das Heranführen junger Menschen an die Achtsamkeit insofern einen erheblichen Nutzen haben, als es wahrscheinlich eine positive psychische Gesundheit fördern und das Gewahrsein erhöhen würde. Im Allgemeinen würden wir nicht erwarten, bei Schülerinnen und Schülern Auswirkungen derselben Tiefe zu sehen wie bei Erwachsenen, da das Training für Kinder normalerweise nur eine Einführung darstellt. Es findet nicht im klinischen Rahmen statt, es geschieht häufig unfreiwillig, und es beinhaltet gewöhnlich viel weniger Praxisstunden.

Im Oktober 2015 wurde in Großbritannien ein Bericht von der parteiübergreifenden parlamentarischen Arbeitsgruppe Achtsamkeit (Mindfulness All-Party Parliamentary Group, MAPPG) veröffentlicht. Dieses Komitee aus Parlamentsabgeordneten und Peers der größten politischen Parteien traf sich über einen zwölfmonatigen Zeitraum mit Fachleuten, um das Potenzial von Achtsamkeit im Bereich der psychischen Gesundheit, in der Justiz, am Arbeitsplatz und in der Bildung zu prüfen. Die Ergebnisse wurden in dem Bericht Mindful Nation UK zusammengetragen (MAPPG, 2015).

Nachdem sie ein breites Spektrum an Belegen untersucht hatte, empfahl die Gruppe der britischen Regierung nachdrücklich, in

Forschung und betriebliche Praxis zu investieren, um das Training achtsamen Gewahrseins in Schulen voranzubringen. Ihre Zusammenfassung der Beweise für den Nutzen von Achtsamkeit ist ein nützlicher Ausgangspunkt, wenn Sie daran interessiert sind, mehr über die Forschung zu erfahren:

> Es gibt vielversprechende Hinweise darauf, dass das Achtsamkeitstraining bei Kindern und Jugendlichen die exekutive Kontrolle erhöht. Dies stimmt mit den Beweisen aus der Forschung mit Erwachsenen überein. Kürzlich durchgeführte Metaanalysen der achtsamkeitsbasierten Interventionen (Mindfulness Based Interventions) für Kinder und Jugendliche deuten auf Verbesserungen bei Stress, Angst, Depression und emotionaler Verhaltensregulation hin, wobei von größerer Wirkung bei Personengruppen im klinischen als im nicht-klinischen Kontext berichtet wurde. ... Von besonderem Interesse ist die Tatsache, dass jene Menschen, bei denen das Maß an exekutiver Kontrolle und emotionaler Stabilität am geringsten ist, wahrscheinlich am meisten vom Achtsamkeitstraining profitieren. (MAPPG, 2015)

Der Bericht betont des Weiteren die positive Wirkung, die Stressreduzierung und eine Verbesserung der Selbstregulation auf die akademische Leistung haben, und verweist auf die Möglichkeit, Achtsamkeit mit sozial-emotionalem Lernen zu verbinden (unser Schwerpunkt in Kapitel 6). Die Politiker machen auf das durch die Forschung aufgedeckte Potenzial des Achtsamkeitstrainings aufmerksam, bei Verhaltensschwierigkeiten und Aufmerksamkeitsstörungen zu helfen – Kindern zu helfen, mit „Impulsivität, Aggression und oppositionellem Verhalten“ umzugehen.

Das Folgende ist eine kleine Auswahl weiterer Studien zu Achtsamkeit, die mit Kindern sämtlicher Altersgruppen durchgeführt wurden:

- Eine 2015 unternommene Untersuchung mit Sieben- bis Neunjährigen, die an einem achtwöchigen Achtsamkeitskurs teilnahmen, stellte bei den Kindern eine Verringerung des negativen Affekts (der negativen Stimmung) und eine Verbesserung des Selbstmanagements in Bezug auf die Organisation der Schulaufgaben fest (Vickery und Dorjee, 2016).
- Hennelly (2010) untersuchte die Auswirkungen des .b-Achtsamkeitskurses auf 11- bis 17-Jährige und fand heraus, dass es im Hinblick auf Achtsamkeit, Resilienz und Wohlbefinden erhebliche Unterschiede zwischen den am Kurs teilnehmenden Gruppen und den Kontrollgruppen gab. Schülerinnen, Lehrer und Eltern berichteten von subjektiven Verbesserungen bei der schulischen Motivation, dem Vertrauen, der Kompetenz und der Effektivität der Schüler.
- 2013 wurde von den Universitäten Oxford und Exeter eine Machbarkeitsstudie für den Test des MYRIAD-Projekts (My Resilience in Adolescence) durchgeführt (Kuyken et al., 2013). Diese fand heraus, dass Schüler, die einen achtwöchigen Achtsamkeitskurs für junge Menschen abschlossen, größeres Wohlbefinden empfanden und eine erhebliche Verringerung von Depression und Stress erfuhren.
- Die Forschung mit Schülerinnen beinhaltet zumeist keine Hirnscans; eine 2016 mit 16–18-Jährigen durchgeführte Studie (Sanger und Dorjee, 2016) aber machte Gebrauch vom EEG, um die Aufmerksamkeitsleistung bei computergestützten Ablenkungstests zu messen. Die Ergebnisse zeigten, dass die Angaben der Teilnehmer über ihre eigene Ablenkbarkeit mit den durch das EEG gewonnenen Hinweisen auf eine Verbesserung bei Konzentrati-

onsaufgaben korrelierten. Dies deutet darauf hin, „dass in achtsamkeitsbasierten Praktiken geschulte Jugendliche in der Lage waren, gezielt Reaktionen auf Reize zu hemmen, die für die Erfüllung der Aufgabe unerheblich waren". Mit anderen Worten konnten sie sich nach Durchlaufen des Trainings besser konzentrieren und waren imstande, „irrelevante Reize effizienter zu hemmen", was angesichts der derzeitigen digitalen Überlastung ganz wichtig ist. Die Schülerinnen wiesen zudem im Vergleich zur Kontrollgruppe eine Verringerung hyperkritischer Selbstüberzeugungen auf.

- Eine solide, große, randomisierte klinische Studie (Biegel et al., 2009) mit Schülern im Vor-, Grund- und Sekundarschulalter betrachtete Kinder im Alter von 4 bis 18 Jahren bei denen eine Reihe psychischer Probleme diagnostiziert worden waren. Nachdem sie an einem modifizierten MBSR-Programm teilgenommen hatten, berichteten die Schüler im Vergleich zu Kontrollgruppen von erheblich verringerten Symptomen der Angst und Depression sowie von gesteigertem Selbstwertgefühl und erhöhter Schlafqualität.

Einen umfangreichen, detaillierten Überblick über achtsamkeitsbasierte Interventionen im schulischen Rahmen in den USA gibt der Artikel von Felver et al. (2015). Einen Bericht über 15 Studien aus der ganzen Welt, welche die Wirksamkeit von Achtsamkeit bei der Verbesserung der Symptome psychischer Erkrankungen bei Kindern und Jugendlichen untersuchen, finden Sie bei Kallapiran et al. (2015).

Ein weiterer hilfreicher Ausgangspunkt für die Betrachtung von Belegen für die Wirksamkeit von Achtsamkeit bei Kindern und jungen Menschen ist eine 2013 von Katherine Weare geschriebene Abhandlung. Weare, emeritierte Professorin an der University of Exeter and Southampton, skizziert eine Reihe von Studien, die bei der Untersuchung der Anwendung von Achtsamkeit bei Kindern und Jugendlichen zu positiven Ergebnissen gelangt sind. Darunter waren Studien zu:

- der exekutiven Funktion von Grundschulkindern
- Angst bei Grundschulkindern
- der Selbstregulation bei Grundschulkindern aus benachteiligten Verhältnissen
- 9–13-Jährigen mit schulischen Problemen
- 10–13-Jährigen mit Verhaltensproblemen und Depression
- Lernschwierigkeiten bei Sekundarschülern.

„In diesem Stadium müssen die Schlussfolgerungen vorläufig sein. Jedoch bieten die Ergebnisse eines breiten Spektrums an Untersuchungen, die in unterschiedlichen Zusammenhängen durchgeführt wurden, eine Reihe vielversprechender Resultate, die darauf hindeuten, dass Achtsamkeit sich lohnt.

Es wird ersichtlich, dass Kinder und Jugendliche, die lernen, stärker „präsent" und weniger ängstlich zu sein, besser aufpassen und die Qualität ihrer Leistung erhöhen können, zum Beispiel im Unterricht, auf dem Sportplatz und in der darstellenden Kunst. Häufig werden sie konzentrierter und nimmt ihre Fähigkeit zu, Situationen aus einer neuen Perspektive anzugehen, bestehendes Wissen effektiver anzuwenden und aufmerksam zu sein.

Junge Menschen haben im Allgemeinen Spaß an den Interventionen und wissen sie zu schätzen, und die Prozesse sowie die Auswirkungen der Achtsamkeit auf die Kinder und Jugendlichen ähneln sehr den positiven Veränderungen, die sich bei Erwachsenen beobachten lassen. Das gibt Anlass zu dem Optimismus, dass hier dieselben psychologischen und physiologischen Prozesse am Werk sind." (Weare, 2013).

Diese Schlussfolgerungen leiten sich von diversen Forschungsaktivitäten her, die spezielle Gruppen und spezifische Interventionen ins

Visier nehmen. Man sollte die Ergebnisse von Forschungsstudien nicht überschätzen und nicht annehmen, sie würden etwas beweisen, das in irgendeinem Zusammenhang von Nutzen sein wird. Wir können beispielsweise nicht erwarten, dass ein verbindlicher, einführender Kurs in der Sekundarschule langfristige, messbare Auswirkungen auf eine große Zahl Schüler hat. Jedoch kann er für viele Individuen äußerst wichtig sein und könnte er für alle Schülerinnen eine bedeutsame Ergänzung zu dem kompetenzorientierten Unterricht sein, den unsere Schulen jungen Menschen bieten. Ich weiß von meiner Arbeit mit Kindern und Lehrern, dass viele durchaus das Gefühl haben, die Kurse seien für sie von großem Nutzen gewesen. Und wenn wir in Schulen ein Curriculum integrierter sozial-emotionaler, achtsamkeitsbasierter Aktivitäten entwickeln können, die sich von Jahr zu Jahr steigern, stellen wir wahrscheinlich eine Vertiefung der positiven Effekte fest, auf die die aktuelle Forschung hindeutet. Selbst wenn Schüler die Fertigkeiten, die sie lernen, nicht sofort anwenden, weiß man doch auf lange Sicht nie, wann sie sich als nützlich erweisen können – und sei es nur deshalb, weil die jungen Menschen dann wissen, dass Hilfe und Training für die psychische Gesundheit bei Bedarf zur Verfügung stehen.

Eine hilfreiche englischsprachige Sammlung an Infoblättern über die Forschung zu Achtsamkeit in der Bildung findet sich auf der kanadischen Website Discover Mindfulness (abrufbar unter http://discovermindfulness.ca/tool-kit/).

LEHRERIN AN EINER BILDUNGSEINRICHTUNG FÜR KINDER MIT SPEZIELLEN BEDÜRFNISSEN

Diese Einrichtung arbeitet mit Schülern, die nicht zur Schule gehen oder nur einen sehr eingeschränkten Stundenplan haben. Dass sie keine Schule besuchen, hat viele verschiedene Gründe: gesundheitliche Probleme (hauptsächlich psychische) sowie Mobbing und Nichterscheinen. Einige durchlaufen andere Therapien, wie etwa die von Kinder- und Jugenddiensten angebotene kognitive Verhaltenstherapie. Allen Schülerinnen wurde Achtsamkeit innerhalb des Schulfachs „Persönliche, soziale und gesundheitliche Erziehung", das in Großbritannien Teil des nationalen Lehrplans ist, im Rahmen des normalen Stundenplans vermittelt.

Im Laufe der Zeit haben wir große Veränderungen gesehen. Aus dem Fragebogen zu Stärken und Schwierigkeiten *(Strengths and Difficulties Questionnaire)* ergab sich, dass 75 Prozent der Schüler unter großer Angst litten; vier Jahre später war diese Zahl auf 35 Prozent gesunken. Ich kann nicht sagen, dass dies ausschließlich mit Achtsamkeit zu tun hatte, schließlich haben wir in einer nährenden Umgebung alle möglichen Aktivitäten durchgeführt. Was ich aber im Zusammenhang mit Achtsamkeit festgestellt habe, war die Fähigkeit der Schülerinnen, sich selbst einige Fertigkeiten anzueignen. Deshalb waren sie nicht auf andere Menschen angewiesen, um sich zu beruhigen oder bestimmte Dinge zu erkennen, zum Beispiel, ob sie gerade ängstlich wurden oder Schwierigkeiten mit Beziehungen hatten. Wir haben in der Schule eine Art Ethos aufgebaut, wonach es in Ordnung ist, Übungen zu machen wie „Seine Füße auf dem Boden spüren" oder „Einen Atemzug tun". Davor ging es immer nur darum, die Sache mit jemandem durchzusprechen; es hat also eine eindeutige Veränderung in der Hinsicht stattgefunden, dass die Kinder Achtsamkeit als eine aktive und akzeptable Möglichkeit nutzen.

Einige unserer Schüler identifizierten sich sehr mit ihrer Krankheit. Manche nutzten ihre Symptome als Grund dafür, nicht an Aktivitäten teilzunehmen, und sagten immer: „Ich bin zu müde, ich bin depressiv". Aber wir haben ihnen Fertigkeiten vermittelt, damit sie etwas Abstand nehmen konnten. Dies ermöglichte es ihnen, ihre Symptome wahrzunehmen und zu erkennen und bewusstere Entscheidungen zu treffen. Sie konnten verstehen, dass es sich bei den Symptomen einfach nur um die Symptome handelt und nicht um sie als Person.

Ein Junge kam eines Tages auf dem Flur auf mich zu und sagte: „Ich glaube, ich bekomme eine Panikattacke, ist es okay, wenn ich eine Sitzpraxis mache?"

Und ein junges Mädchen, bei dem ADHS diagnostiziert worden war und das zu den unruhigsten Schülerinnen gehörte, sagte nach einem Body-Scan: „Ich glaube, ich bin noch nie so ruhig und still gewesen". Diese Übung schien ihr einfach helfen zu können, mit ihren Symptomen der Unruhe umzugehen.

Natürlich standen wir vielen Herausforderungen gegenüber. Am Anfang herrschte eine ganze Menge Zynismus. Es gab viele falsche Vorstellungen darüber, was wir eigentlich machten. Und dann hatten wir ein Problem mit der Kontinuität und der Anwesenheit sowie damit, sicherzustellen, dass die Schüler, die mit dem Programm angefangen hatten, auch bis zum Ende dabeiblieben. Einige Kinder mochten es, manche sagten: „Das ist nichts für mich" oder „Hierbei werden wir gut schlafen". Ich versuche, sehr vorsichtig zu sein, wenn es um die Frage geht, wie ich mit diesen Schülern umgehe und wie ich den Ansatz modellhaft vorführe. Unterrichtsmanagement ist sehr wichtig – allen die Gelegenheit zu geben, sich auf ihrem eigenen Niveau darauf einzulassen.

Als ich die Vorteile in unserer Einrichtung sah, dachte ich mir, dass sämtliche Schüler die Möglichkeit haben müssen, diesen Ansatz zu lernen. Er half unseren Schülern, mit ihrem häufig chaotischen Leben fertig zu werden. Er ist wirklich wichtig und etwas, das ihnen potenziell in ihrem zukünftigen Leben helfen kann.

Anonyme persönliche Kommunikation, Juli 2016

Wie nutzen Schüler ihren eigenen Aussagen nach achtsames Gewahrsein?

Wenn es darum geht, wie Kinder dieses sich entwickelnde Verständnis ihrer selbst eigentlich nutzen, gibt es keine vorgeschriebene Liste an Lernergebnissen. Es handelt sich eher, wie das Mindfulness in Schools Project (MiSP) es ausdrückt, um ein Erkunden von „Möglichkeiten". Kinder, die Einführungskurse in Achtsamkeit besuchen, praktizieren nicht unbedingt viel zu Hause, der Großteil scheint jedoch ein paar Achtsamkeitsübungen im täglichen Leben anzuwenden. Manche Schülerinnen sprechen begeistert darüber, wie das Training ihnen geholfen hat, sich im Unterricht besser zu konzentrieren oder mit Angst bei Prüfungen bzw. bei musikalischen Darbietungen oder Theateraufführungen fertig zu werden. Einige sagen, sie würden die Atemtechniken und Methoden zur Erdung beim Sport anwenden, um sich zu konzentrieren und zu beruhigen (viele Schüler, die ich kenne, haben sie oft beim Basketball eingesetzt, beispielsweise genau vor einem Freiwurf). Einige haben das achtsame Gewahrsein genutzt, um Wut oder Nervosität im Zaum zu halten oder zu kanalisieren. Einige sprechen darüber, wie es ihnen geholfen hat, besser mit Familienmitgliedern oder Freunden zu interagieren; sehr häufig berichten sie, dass sie einen achtsamen Augenblick genutzt oder einmal Atem geholt haben, um sich in einer Auseinandersetzung mit den Eltern oder einem nervenden Geschwisterteil zu steuern.

Das Folgende sind ein paar Beispiele dafür, was Kinder unterschiedlichen Alters, die von mir und von Kollegen unterrichtet worden sind, darüber sagen, wie sie einige der in Kursen zu achtsamem Gewahrsein gelernten Strategien angewendet haben:

> Auch wenn ich nur neun Unterrichtsstunden gehabt habe, waren die doch wirklich hilfreich für mich, weil ich dadurch Zeit bekommen habe, mich gewissermaßen eine Stunde zurückzulehnen und über die Dinge nachzudenken, die in meinen Kursen passierten, und eine Aktivität auszuführen, die nicht unbedingt akademisch ausgerichtet war. Es war etwas, das ein bisschen anders war, und insoweit glaube ich, dass es eine richtig positive Erfahrung war. Die Übung, an die ich mich am besten erinnere, ist das 7/11-Atmen, und das habe ich dieses Jahr tatsächlich ein paar Mal eingesetzt. Ich habe einen Vortrag gehalten und war davor ziemlich nervös, und dann habe ich das 7/11-Atmen gemacht und das hat mich ganz schön beruhigt. Ich versuche auch, Sachen beim Schlafengehen zu machen, dabei irgendwie meine Energie zu fokussieren. Ich kenne ein paar Leute, die am Anfang zögerten, teilzunehmen, und denen es am Ende richtig gut gefiel. Und ich glaube, was man da rausholt, ist vor allem für die IB-Schüler und für den IB-Lehrplan nützlich, und ich finde auf jeden Fall, dass es Pflicht sein sollte.
>
> siebzehnjähriger Junge
>
> (Anm.: IB = *International Baccalaurate,* Internationales Abitur)

> Ich habe gelernt zu erkennen, ob ich mir Sorgen mache, und zu erkennen, ob etwas schwierig ist, um es dann einfach schwierig sein zu lassen und es einfach zu machen – nicht zu viel darüber nachzudenken, „oh nein, das ist schwierig, ich werde versagen und ich werde zu nichts nütze sein", und voreilige Schlüsse zu ziehen. Es einfach sein zu lassen und seine Schwierigkeit anzuerkennen. Ich meine, ich habe diese Momente, in denen ich komplett durchdrehe und denke, dass ich am College durchfalle und das alles, aber ich glaube wirklich, dass es hilft, und ich kann es jedem nur absolut empfehlen.
>
> achtzehnjähriges Mädchen

Ich weiß nicht, wie ich es erklären soll, aber der Kurs war wirklich aufregend und es hat Spaß gemacht, da drin zu sein und wirklich ruhig zu sein und so. Morgen auf der Bühne werde ich spielen, und ich glaube, es würde mir wirklich helfen zu atmen, weil es mich normalerweise richtig stresst, wenn ich vor vielen Leuten auftrete. Ich lerne die Zeilen auswendig und alles, und ich habe Angst, sie zu vergessen, aber immer, wenn ich atme, hilft es mir sehr.

zwölfjähriges Mädchen

Achtsamkeit ist gut, weil sie dir helfen kann, dich zu beruhigen, und für Leute, die wegen Prüfungen und solchen Sachen gestresst sind, ist das wie ein Moment des Friedens und der Stille, sodass man sich auf sein Gehirn konzentrieren kann, damit man sich bei der Klassenarbeit nicht davon ablenken lässt, dass jemand spricht. Ich mache es vielleicht manchmal vor dem Schlafen, so einmal die Woche. Es hilft dir, mit deinem Inneren zu kommunizieren. Wenn du darüber nachdenkst, was da drinnen sein könnte – da sind Blutzellen und alles im Inneren, und du richtest einfach deine Aufmerksamkeit auf alles, was im Inneren ist.

zehnjähriger Junge

Ich würde sagen, wenn man gestresst ist und sich einen Tag oder so nicht wie man selbst fühlt, kann man Achtsamkeit ausprobieren, und es hat Auswirkungen auf dich, weil es dich mit deinem inneren Körper kommunizieren lässt. Ich würde sagen, es ist für alle – jede kann das machen. Wenn du dich nicht besonders ruhig fühlst, und du hast eine Arbeit geschrieben und wartest auf die Ergebnisse, und du willst gute Noten haben, dann würde ich sagen, du könntest ein bisschen Achtsamkeit machen. Dann gehen die Gedanken weg, und an dem Tag, an dem es soweit ist, bist du nicht so gestresst, selbst wenn du schlechte Noten bekommst.

zehnjähriges Mädchen

EMMA NAISBETT, GRUNDSCHULLEHRERIN AN DER ENGLISH MARTYRS SCHOOL (DREI BIS ELFJÄHRIGE), SOUTHPORT, LIVERPOOL, GROSSBRITANNIEN

Die größte Wirkung auf die Kinder sieht man meiner Ansicht nach in ihrer Selbstregulation von Emotionen und ihrer Resilienz. Das gewissermaßen geteilte Gewahrsein, dass Gedanken nicht unbedingt wahr sind und dass sie wählen können, wie sie auf Gedanken reagieren, die sie haben. Ich glaube, dies hat einen enormen Einfluss auf ihr Selbstvertrauen, ihr Selbstwertgefühl und ihren Glaube an sie selbst gehabt. Wenn die Kinder etwa mit etwas Kniffligem konfrontiert sind oder mit etwas, das sie nervös macht, ermöglicht das Training es ihnen, es einfach mal zu probieren, und gibt ihnen Strategien, um effektiv mit Nervosität, mit Stress und mit Schwierigkeiten umzugehen.

Viele Kinder sprechen mit mir darüber, wie sie das nutzen, sei es für den Zahnarztbesuch, bei dem sie eine Plombe bekommen sollten und vor dem sie große Angst hatten, da erzählen sie, wie sie damit fertig werden konnten, oder für Sportereignisse innerhalb oder außerhalb der Schule, für Prüfungen und Zulassungstests für Universitäten, oder auch nur für kleinere Tests, Rechtschreibtests usw., die sie im Lauf der Woche haben. Auch bei Auseinandersetzungen mit Freunden – die Lehrerinnen müssen heute an unseren Schulen sehr viel weniger eingreifen, um Streitereien auf dem Spielplatz zu lösen, weil die Kinder mehr Werkzeuge in ihrem Werkzeugkoffer haben. Sie könnten sagen: „Weißt du, ich brauche einfach ein bisschen Zeit für mich, ein bisschen Zeit, um zu atmen", und danach könnten sie in der Lage sein, zu sagen: „Oh, das tut mir leid". Einfach sehr viel weniger Reaktivität – es hat einen enormen Einfluss gehabt.

Unsere Lehrer sagen, dass sie einen Unterschied bemerken – insbesondere in Übergangszeiten; sie sagen, dass das Training es den Kindern ermöglicht, schneller zur Ruhe zu kommen. Oder vielleicht kommen sie vom Spielen oder von irgendwo anders herein und sind noch nicht ganz bereit, sich direkt an die Arbeit zu machen. Eine Achtsamkeitsübung versetzt eine Klasse in die Lage, einfach anzukommen, ruhig aufmerksam zu sein und sich besser zu konzentrieren. Lehrerinnen haben mir erzählt, dass sie merken, wie Kinder das Training auf dem Spielplatz nutzen – sie haben sie dabei beobachtet, wie sie einzeln und in Gruppen Übungen gemacht haben, oder sie können sehen, wie sie dies allein in der Klasse tun.

Ich hatte einen anderen Jungen, der viele Schwierigkeiten hatte, und das hat echte Auswirkungen auf seinen Schlaf gehabt. Jetzt macht er nachts Übungen, und jetzt kann er einschlafen und schläft ganz durch, und das hat seinen Schlaf enorm verbessert. Es gibt also einen Haufen unterschiedlicher Beispiele dafür, wie Kinder aus verschiedenen Altersgruppen dies nutzen.

Persönliche Kommunikation, August 2016

Kürzlich war ich in eine Grundschule in Schottland eingeladen, um einer Gruppe Achtjähriger und ihren Lehrerinnen das Konzept der Achtsamkeit vorzustellen. Es war eine ziemlich üble Gegend von Edinburgh, aber die Kinder waren sehr aufmerksam, artig – und lustig! Am Ende der Stunde kam ein kleines Mädchen zu mir und flüsterte fast: „Ich habe schon länger Probleme mit Angst“. Leider ist das selbst in diesem zarten Alter heutzutage gar nicht so ungewöhnlich.

Wie Sie bei einigen der Beispiele in diesem Kapitel gesehen haben werden, sprechen Lehrer oft davon, dass Kinder die Achtsamkeitstechniken anwenden, um mit Prüfungen und Klassenarbeiten, Familienstreits und Nervosität fertig zu werden. Das ist auch meine Erfahrung mit Schülern gewesen. Die 10- bis 11-Jährigen, die ich in Prag unterrichtet habe, sprachen immer sehr offen über Stress. Wir wissen alle um das steigende Stressniveau, mit dem junge Menschen heute konfrontiert sind, und um die damit einhergehende Zunahme psychischer Gesundheitsprobleme, die in vielen Ländern anfangen, ernsthaft Anlass zur Sorge zu geben. Der Druck unterschiedlicher Art, den wir dem Leben der Kinder durch das Bildungssystem und unsere auf Prüfungen basierenden Ansätze hinzufügen, ist nicht unerheblich und muss sorgfältig untersucht werden.

Uns stehen einige bewährte Techniken zur Verfügung, die Kindern beim Umgang mit Stress helfen können. Der größte Nutzen ist möglicherweise das Gefühl der Stärke, das ein Kind aus dem Wissen erlangen kann, dass es nicht alleine ist, dass andere Menschen mit ähnlichen Problemen umgehen und dass es Dinge gibt, die man lernen kann, um für sich selbst zu sorgen. In dieser Hinsicht versuchen wir alle – Lehrer und Schüler –, so gut wir können mit einigen gemeinsamen Herausforderungen zurechtzukommen. Das kann die Arbeit für uns als Erwachsene attraktiver machen – sitzen wir doch alle im selben Boot des „Menschseins".

Wenn wir anfangen, Kinder schon früh mit altersgemäßen Übungen zu trainieren, und dieses Gewahrseinstraining die ganze Schulzeit hindurch steigern, es dabei mit anderen sozialen und emotionalen Lerngelegenheiten verbinden, haben wir das Potenzial, vielen jungen Menschen zu helfen, besser für den Umgang mit dem Leben gerüstet aufzuwachsen – resilienter und letzten Endes glücklicher. Das wäre in der Tat eine bedeutsame Verlagerung des Fokus der Bildung.

WAS IST WIRKLICH WICHTIG?

- In der Lage sein, die Aufmerksamkeit aufrechtzuerhalten, wenn wir dies wollen oder müssen.
- Lernen, uns unseren Erfahrungen und anderen Menschen auf eine offene, gütige, nicht urteilende Art zuzuwenden.
- Kinder wissen lassen, dass es Möglichkeiten gibt, mit psychischen Gesundheitsproblemen umzugehen.

PROBIEREN SIE ES AUS!

Für diejenigen Leser, die diese „Probieren Sie es aus“-Abschnitte der Reihe nach durcharbeiten, setzen wir das Konzept fort, damit sie auf der Basis des jeweiligen Kapitelinhalts ihre persönliche Praxis aufbauen können. Wir empfehlen Ihnen, eine persönliche Praxis zu etablieren und sich schulen zu lassen, bevor Sie beginnen, Schüler in Achtsamkeit zu unterrichten. Information über Programme zu diesem Thema finden Sie am Ende dieses Kapitels.

- Schauen Sie sich, falls noch nicht geschehen, jetzt das Video des TEDx Talks mit Richard Burnett an (www.youtube.com/watch?v=6mlk6xD_xAQ).

Wählen Sie hierfür einen ruhigen Ort, damit Sie die kurzen Übungen, die in den ersten 10 Minuten vorgestellt werden, ausprobieren können. Diese werden häufig in den Einführungsstunden mit den Schülern eingesetzt.

Denken Sie darüber nach, Aufzeichnungen über Ihre Erfahrung mit den Übungen zu machen.

- Versuchen Sie diese Woche, *die Neigung Ihres Geistes zum Geschichtenerzählen* wahrzunehmen und insbesondere immer wiederkehrende Geschichten oder Muster zu bemerken, die vom „Negativitätsbias“ gesteuert sein könnten. Das Aufschreiben dieser inneren Erzählungen kann manchmal dabei helfen, sie in die richtige Perspektive zu rücken.
- *Persönliche Praxis:* Versuchen Sie, die folgenden Vorschläge als Hilfe zu nutzen, um eine etwas längere, ungeführte, formelle Sitzpraxis zu etablieren.
    - Setzen Sie sich an einen ruhigen Platz, wo Sie ungefähr 15 Minuten lang nicht gestört werden.

- Stellen Sie sich einen Timer oder Küchenwecker, damit Sie sich keine Gedanken darüber machen müssen, wann Sie aufhören (es gibt eine hilfreiche App mit Namen *Insight Timer,* die schöne Gongs und in Intervallen wiederkehrende Gongschläge ertönen lässt).
  - Nehmen Sie eine Haltung ein, die dem Aufrechterhalten einer entspannten, wachsamen Präsenz förderlich ist und es Ihnen ermöglicht, leicht zu atmen.
  - Lassen Sie Ihre Aufmerksamkeit zur Ruhe kommen, indem Sie die körperlichen Empfindungen der unteren Hälfte des sitzenden Körpers wahrnehmen.
  - Weiten Sie Ihre Aufmerksamkeit sanft aus, um den Atem wahrzunehmen, der in den Körper hinein- und wieder aus ihm herausströmt, oder um jegliche mit der Atmung verbundene Ausdehnung und Kontraktion im Körper zu spüren.
  - Nehmen Sie sich vor, Ihre Aufmerksamkeit so gut Sie können bei der Bewegung des Atems zu belassen.
  - Seien Sie sich darüber im Klaren, dass der Geist abschweifen wird und Sie sich im Denken verfangen werden.
  - Wenn Sie merken, dass dies passiert ist, bringen Sie Ihre Aufmerksamkeit sanft, bestimmt und geduldig zurück zum Anker Ihres Atems (oder vielleicht ziehen Sie es vor, das Lauschen von Klängen oder das Spüren der körperlichen Empfindungen des Körpers als Anker zu nutzen, die Sie im gegenwärtigen Moment halten).
  - Nehmen Sie sich, wenn der Gong die Sitzung beendet, einen Moment Zeit, um zu spüren, wie Sie sich fühlen, um den Raum wahrzunehmen und um sich sanft zu strecken und mit Gewahrsein in Ihren Tag zurückzukehren.

- Lassen Sie sich von einem ruhelosen Geist nicht entmutigen – er ist einer der Gründe dafür, warum wir auf diese Weise trainieren. Ein einzelner gezielter Fokus, der die Aufmerksamkeit verankern kann, führt zu einem stärkeren Gewahrsein der Natur des wandernden Geistes.
- Denken Sie daran, wie wichtig es ist, dass Sie sich selbst Güte entgegenbringen, wenn Sie müde sind, sich unwohl fühlen, unruhig oder frustriert sind oder das Gefühl haben, Sie können „das einfach nicht"!

Programme zum Unterrichten von Schülern in Achtsamkeit

(mit Genehmigung übernommen von www.discovermindfulness.ca)

Das Mindfulness in Schools Project

„.b" für Teenager [ausgesprochen: „dot bi"] steht für „Stop, Breathe, and Be!" („Innehalten, Atmen und Sein!"). Es handelt sich um ein für Jugendliche im Alter von 11 bis 18 Jahren konzipiertes Programm aus zehn Unterrichtsstunden, bei dem in jeder Sitzung eine bestimmte Achtsamkeitsfertigkeit unterrichtet wird – auf eine Art und Weise, die junge Köpfe fesselt.

Das für Sieben- bis Elfjährige entworfene „Paws b" ähnelt .b und umfasst ein Programm aus sechs 60-minütigen oder zwölf 30-minütigen Unterrichtsstunden.

Der Zertifizierungskurs zum Unterrichten des .b-Programms ist ein viertägiger, der zum Unterrichten von Paws b ein dreitägiger Lehrgang. Zu den Voraussetzungen für beide gehört, dass Sie selbst an einem anerkannten achtwöchigen säkularen Achtsamkeitskurs teilgenommen haben und seit mindestens sechs Monaten täglich praktizieren.

Siehe: www.mindfulnessinschools.org.

Mindful Schools

Mindful Educator Essentials, ein sechswöchiger Online-Kurs, vermittelt den Teilnehmerinnen, wie sie unter Nutzung des sogenannten K-12 Mindful Schools Curriculum (für Schüler vom Kindergartenalter bis zum Abitur) Achtsamkeit in ihre Arbeit integrieren. Angeboten werden ein Curriculum aus 30 Modulen für Schülerinnen im Alter von 5 bis 12 Jahren und ein Mittel- und Oberstufen-Curriculum aus 25 Modulen für 12- bis 17-jährige.

Mindfulness Fundamentals, ein sechswöchiger Online-Kurs, ist eine Voraussetzung für den Kurs *Educator Essentials*. Er hilft den Teilnehmern, eine persönliche Achtsamkeitspraxis zu etablieren.

Mindful Leader, bestehend aus einem einjährigen Zertifizierungsprogramm, zwei persönlichen Retreats und einem zehnwöchigen Online-Kurs, ist eine etablierte Achtsamkeitspraxis mit einer Dauer von mindestens zwei Jahren. Vorbedingung für die Teilnahme ist der Abschluss der Kurse *Mindfulness Fundamentals* und *Educator Essentials*. Das einjährige Zertifizierungsprogramm ist für Menschen gedacht, die mit Hingabe im Bereich psychische Gesundheit und Bildung tätig sind und nach einer fundierten, auf einem Curriculum basierenden Ausbildung Ausschau halten, die sie zu kompetenten Achtsamkeitslehrerinnen für junge Leute macht. Zu dem Kurs gehören zwei einwöchige Sommer-Retreats in den USA zu Beginn und Ende des Jahres und zehn Monate Online-Unterricht.

Siehe: www.mindfulschools.org.

A Still Quiet Place

Dieser zehnwöchige Online-Kurs wurde für Erzieher junger Menschen (vom Kindergartenalter bis zum Abitur) und in verwandten Berufen Tätige konzipiert, die Interesse daran haben, Kindern und Jugendlichen Achtsamkeit anzubieten – um sie in der Entwicklung ihrer natürlichen Fähigkeiten zu fokussierter Aufmerksamkeit, engagiertem Lernen, emotionaler Leichtigkeit, respektvoller Kommunikation und mitfühlendem Handeln zu unterstützen.

Siehe: www.stillquietplace.com.

Mindfulness Based Stress Reduction for Teens (MBSR-T)

Dieses zehnwöchige Online-Programm zur Stressbewältigung durch Achtsamkeit für Teenager bietet ein intensives Training für Fachkräfte, die gestressten Jugendlichen bei der Suche nach Linderung und Klarheit helfen möchten.

Siehe: www.stressedteens.com.

Inward Bound Mindfulness Education (iBme)

Hierbei handelt es sich um ein einjähriges Zertifizierungsprogramm, in dem es darum geht, Jugendlichen Achtsamkeit zu vermitteln. Das *Mindfulness Teacher Training* von iBme bereitet Erzieher darauf vor, in Highschools, Colleges und anderen Einrichtungen für junge Menschen ein fundiertes Achtsamkeitscurriculum zu implementieren. Die Teilnehmerinnen erlernen speziell für Jugendliche entwickelte Achtsamkeitspraktiken und die Fertigkeiten, die sie brauchen, um effektive Achtsamkeitsmentoren zu sein. Das Programm verbindet persönliche Retreats (in den USA) mit Online-Unterricht.

Siehe: www.ibme.info.

Mindfulness Without Borders

Diese aus zwei Niveaus bestehende Kursreihe richtet sich an Erzieher und andere Fachkräfte, die sich für die Konzepte Achtsamkeit und sozial-emotionales Lernen sowie für die Lernstrategien des forschungsgestützten Mindfulness Ambassador Council-Jugendprogramms (s. u.) interessieren.

- *Niveau 1, Mindful 365*, umfasst fünf Online-Kurse, in denen die Grundprinzipien von Achtsamkeit und sozial-emotionalem Lernen im Zusammenhang mit Selbstgewahrsein, Selbstmanagement, sozialem Gewahrsein, Aufmerksamkeit und Stressbewältigung untersucht werden.
- besteht aus sieben Online-Kursen, die eine gezielte Unterweisung in das Mindfulness Ambassador Council (MAC) bieten. Das MAC ist

eine zwölfwöchige Intervention, bei der jene Strategien behandelt werden, die junge Menschen zur Unterstützung ihrer gesunden Entwicklung benötigen. Zu den mit diesem Programm verbundenen Fertigkeiten gehören fokussierte Aufmerksamkeit, Emotions- und Verhaltensregulation, Perspektivenübernahme, kritisches Denken und Stressbewältigung.

Siehe: www.mindfulnesswithoutborders.org.

Learning to BREATHE (L2B)

Ein achtsamkeitsbasiertes Curriculum für Jugendliche, das für die Anwendung mit einer Schulklasse oder Gruppe entworfen wurde. Das Curriculum soll die Aufmerksamkeit und Emotionsregulation verbessern, gesunde Emotionen wie Dankbarkeit und Mitgefühl fördern, das Repertoire an Stressbewältigungskompetenzen erweitern und den Teilnehmern helfen, Achtsamkeit in ihr Leben zu integrieren. Jede Stunde umfasst altersgemäße Diskussionen und Gelegenheiten, Achtsamkeit in der Gruppe zu praktizieren.

Siehe: www.learning2breathe.org.

MindUP™

Ein forschungsgestütztes Trainingsprogramm für Erzieher und Kinder. Das Programm setzt sich zusammen aus 15 Unterrichtsstunden, deren Inhalt sich aus der Neurowissenschaft herleitet. Die Schüler lernen, ihr Verhalten selbst zu regulieren und sich achtsam auf die fokussierte Konzentration einzulassen, die Voraussetzung für schulischen Erfolg ist. Die Unterrichtsstunden von MindUP™ unterstützen eine gesteigerte akademische Leistung, während sie gleichzeitig die Fähigkeit zur Perspektivenübernahme, die Empathie und die Freundlichkeit der Teilnehmerinnen verbessern und komplexe Problemlösungskompetenzen begünstigen. Es gibt Leitfäden für Curricula für die Altersstufen Kindergarten bis 2. Klasse, 3. bis 5. Klasse und 6. bis 8. Klasse.

Siehe: www.mindup.org.

InnerKids

Das Programm vermittelt altersangemessene, säkulare Aktivitäten, die bei jungen Menschen – vom Kleinkindalter bis zum jungen Erwachsenenalter – Aufmerksamkeit, Ausgeglichenheit und Mitgefühl fördern. InnerKids verstärkt und unterstützt die Kommunikation und den Unterricht von Erziehern mit Aktivitäten, die ein größeres Gewahrsein des Geistes und des Körpers sowie mitfühlende Lebenskompetenzen fördern und Kindern und Jugendlichen bei der Stressbewältigung helfen.

Siehe: www.susankaisergreenland.com.

Teach. Breathe. Learn („Lehre, Atme, Lerne")

Dieser vierwöchige Online-Kurs stattet die Teilnehmer mit den Kompetenzen und dem Vertrauen aus, Achtsamkeit und sozial-emotionales Lernen (SEL) wirkungsvoll in ihre eigene Unterrichtspraxis zu integrieren und auf professionelle Weise für ein in Achtsamkeit und SEL wurzelndes Lerninteresse und -engagement zu sorgen. Der Kurs besteht aus einem wöchentlichen, 90-minütigen Webinar und bietet Gelegenheiten für Coaching und Unterstützung.

Siehe: www.teachbreathelearn.com

Quellen und weiterführende Literatur

Kaiser Greenland, Susan (2011), *Wache Kinder: Wie wir unseren Kindern helfen, mit Stress umzugehen und Glück, Freude und Mitgefühl zu erleben.* Freiburg: Arbor Verlag, 2011 (orig. dies., *The Mindful Child: how to help your kid manage stress and become happier, kinder, and more compassionate.* New York: Free Press (Simon & Schuster), 2010).

Voller Weisheit und großartiger Geschichten, mit vielen Ideen für Aktivitäten. Besonders nützlich für die Arbeit mit Kindern im Grundschulalter.

Rechtschaffen, Daniel (2016), *Die achtsame Schule: Achtsamkeit als Weg zu mehr Wohlbefinden für Lehrer und Schüler.* Freiburg: Arbor Verlag, 2016 (orig. ders., *The Way of Mindful Education, Cultivating Well-Being in Teachers and Students.* New York: Norton Publishers, 2014).

Dies ist eine wunderbare Ressource, die Lehrerinnen beim Entwickeln ihrer eigenen Praxis unterstützt und viele praktische Ideen für die Integration von Achtsamkeit in den Unterricht enthält.

Jennings, Patricia (2017), *Achtsamkeit im Klassenzimmer: Mit einfachen Strategien eine gute Lernatmosphäre schaffen.* Freiburg: Arbor Verlag, 2017.

Ein hoch geschätztes praktisches Handbuch für Lehrerinnen und Lehrer. Es soll helfen bei der Stressbewältigung, dem Verständnis der Forschung, welche die Wirksamkeit der Achtsamkeit unterstützt, sowie bei dem Entdecken von Wegen, das Lehren und Lernen zu beeinflussen.

Srinivasan, Meena (2014), *Teach, breathe, learn: Mindfulness in and out of the classroom.* Berkeley, CA: Parallax Press, 2014.

Ein warmherzig und persönlich geschriebenes Handbuch für Lehrende, das ein detailliertes Curriculum für das Heranführen der Schüler an das Konzept der Achtsamkeit enthält und sich auf die Arbeit und Weisheit von Thich Nhat Hanh stützt.

Saltzman, Amy (2018), *Ein friedlicher, ruhiger Ort.* Freiburg: Arbor Verlag, 2018 (orig. dies., *A Still Quiet Place: A Mindfulness Program for Teaching Children and Adolescents to Ease Stress and Difficult Emotions.* Oakland, CA: New Harbinger, 2014).

Ein auf dem MBSR-Ansatz aufbauendes Programm für Kinder und Jugendliche mit ausgezeichneter Anleitung aus erster Hand, basierend auf Saltzmans Erfahrung in der Arbeit mit Kindern.

Nhat Hanh, Thich und Weare, Katherine (2017), *Happy Teachers Change the World: A guide for cultivating mindfulness in education.* Berkeley, CA: Parallax Press, 2017.

Dies ist das erste offizielle, verbindliche Handbuch über den von Thich Nhat Hanh/Plum Village vertretenen Ansatz zu Achtsamkeit in der Bildung. Es enthält Schritt-für-Schritt-Anleitungen für die Kernpraktiken, Hinweise von Erziehern zur der Frage, wie diese Praktiken funktionieren und wirken, und eine Untersuchung der Anwendung dieser Lehren im Leben der Lehrerinnen, in den Klassenräumen, Schulen, Universitäten und Gemeinden.

6

Achtsamkeit, sozial-emotionales Lernen (SEL) und Wohlbefinden

Dieses Kapitel:

- bietet einen ganzheitlichen Rahmen für die Förderung des Wohlbefindens von Schulgemeinschaften – einen, der eine kohärente Vision für die Vermittlung akademischer, sozialer und emotionaler Fertigkeiten unterstützt;
- richtet den Fokus auf die Kontextualisierung des Achtsamkeitstrainings in Schulen und das Herstellen von Verbindungen zu anderen Kompetenzen und Bereichen des Lehrplans;
- wirft einen Blick auf Schulen, die bereits begonnen haben, „den Fokus zu verlagern", indem sie Achtsamkeit mit der Entwicklung sozial-emotionaler Fähigkeiten kombinieren.

Teil 1: Das Training achtsamen Gewahrseins in Schulen integrieren

Authentisch und verbunden

Die Bildung ist mittlerweile so strukturiert, so organisiert und aufwändig verpackt, dass man leicht vergessen kann, dass Schulen das Lernen nicht *erzeugen.*

> *Menschen lernen* – das ist die normalste Sache der Welt.
> Schulen können existieren, *weil* Menschen lernen.

In meiner gesamten Laufbahn als Lehrer habe ich mich häufig auf die Botschaft zurückbesonnen, die Schank und Cleave (1995) in ihrem vom Santa Fe Institute veröffentlichten Artikel „Natural learning, natural teacher“ aufgestellt haben: dass Schulen keine natürlichen Lernorte sind.

> „Die Methode, die Menschen von Natur aus anwenden, um sich Wissen anzueignen, wird von der traditionellen Unterrichtspraxis größtenteils nicht unterstützt. Der menschliche Geist ist besser dafür gerüstet, Information über die Welt dadurch zu sammeln, dass er in ihr arbeitet, als dadurch, dass er etwas über sie liest, Vorträge über sie hört oder abstrakte Modelle von ihr studiert.“

Angesichts der etwas künstlichen Natur der Schulbildung ist es wichtig, dafür zu sorgen, dass das Lernen mit der Welt außerhalb des Klassenraums verbunden und so authentisch wie möglich bleibt. Die Wörter **authentisch** und **verbunden** wurden für mich als Mittelschulleiter bei der Betrachtung von Lehrplanentwicklung, Projektarbeit und Fächerintegration zu Geboten. Dass das Lernen real und in Kontakt mit den Bedürfnissen und Interessen des Lernenden bleibt, ist ein entscheidender Faktor für engagiertes Lernen. Dieser Bedarf an Authentizität und Verbindung gilt ebenso sehr, falls nicht noch mehr, wenn wir unser Innenleben und unser Herz ins Lernen miteinbeziehen. Wenn wir die umfassenderen Entwicklungsbedürfnisse und Erfahrungen des Lernenden explizit berücksichtigen und schätzen, nähern wir die Schulbildung den natürlichen Neigungen des menschlichen Lernens an – und machen sie relevanter.

Ein Rahmen für Wohlbefinden

Das Trainieren von Fertigkeiten der **Achtsamkeit** in Schulen hat größere Relevanz, wenn es in den Kontext der Vermittlung **sozialer und emotionaler** Fähigkeiten eingebettet wird. Letztere wiederum können in den breiteren Rahmen einer Verbesserung des **Wohlbefindens** integriert werden (siehe Abbildung 6.1). Das Training achtsamen Gewahrseins hilft beim Aufbau von Aufmerksamkeit, Emotionsregulation und ähnlichen Fähigkeiten, die einer Reihe sozialer, emotionaler und akademischer Kompetenzen zugrunde liegen.

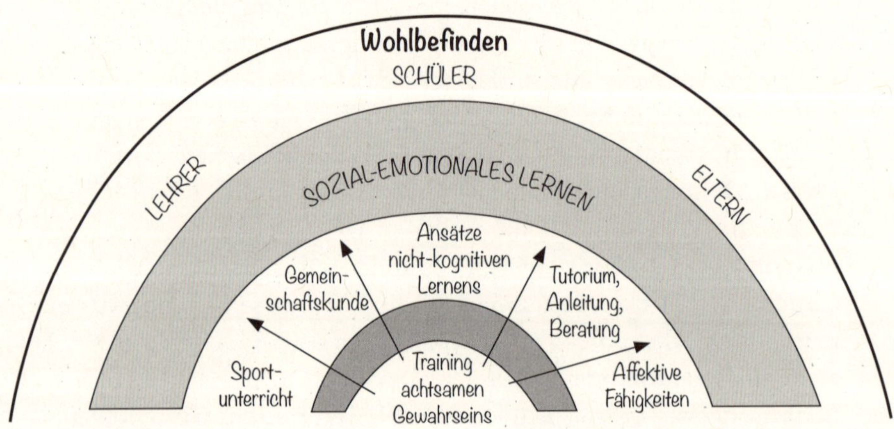

Abbildung 6.1 Ein Rahmen für Achtsamkeit, soziale und emotionale Fähigkeiten und Wohlbefinden in Schulen

Wie beeinflusst achtsames Gewahrsein das sozial-emotionale Lernen?

Achtsamkeitsprogramme für Kinder und junge Menschen bieten häufig Gelegenheit, ein wachsendes Selbstgewahrsein mit der praktischen Anwendung von Kompetenzen im täglichen Leben zu verbinden. Wir sehen den direkten Transfer der Fertigkeiten des achtsamen Gewahrseins auf die soziale und emotionale Entwicklung, wenn Schülerinnen beispielsweise ihr Selbstgewahrsein mit der Fähigkeit verbinden, unterschiedliche Perspektiven anzuerkennen. Möglicherweise bedienen sie sich ihres empathischen Verständnisses, um zu versuchen, sich in jemand anders hineinzuversetzen. In anderen Fällen lernen Kinder, wann sie einen Atemzug machen sollten, bevor sie auf schwierige Situationen, andere Menschen oder innere Impulse reagieren.

- Das Training achtsamen Gewahrseins kann unsere Aufmerksamkeitskompetenzen stärken und die Fähigkeit aufbauen, die Neugier selbst dort zu bewahren, wo etwas schwierig oder herausfordernd ist.
- Die erworbenen Techniken des Atmens und der Erdung können uns helfen, uns zu beruhigen und zu zentrieren, womit wir ein klein bisschen mehr Raum und Zeit gewinnen. In diesem gewonnenen Zeitraum können wir uns dafür entscheiden, zu antworten statt zu reagieren.
- Das erhöhte Gewahrsein körperlicher, emotionaler und mentaler Ereignisse kann die Selbsterkenntnis steigern. Dadurch können wir zum Beispiel erkennen, was uns nährt, und uns immer wiederkehrender selbstkritischer Gedankenmuster bewusst werden, die uns möglicherweise unterminieren.
- Alles in allem baut dieses erhöhte Selbstgewahrsein Empathie auf. Wenn wir uns selbst besser verstehen, können wir die Schwierigkeiten und Perspektiven anderer eher nachvollziehen.

Bei der Betrachtung sozialer und emotionaler Kompetenzen ist die in Abbildung 6.2 dargestellte Kategorisierung der *Collaborative for Academic Social and Emotional Learning* (CASEL), die sich die Förderung und Etablierung des sozial-emotionalen Lernens auf die Fahnen geschrieben hat, sehr hilfreich.

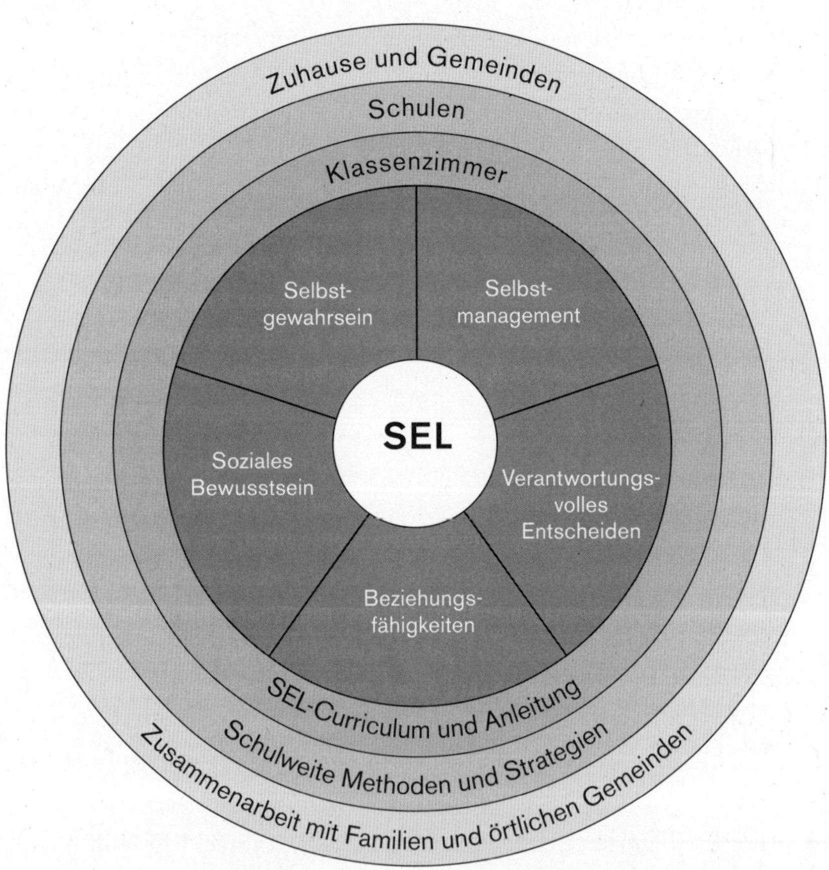

Abbildung 6.2 Rad des sozialen und emotionalen Lernens in Schulen (CASEL)

Das CASEL-Rad stellt diese Schlüsselkompetenzen des sozialen und emotionalen Lernens (SEL) in Zusammenhang mit Umgebungen, in denen die Schüler ihre Zeit verbringen, und unterteilt sie in drei Kernbereiche:

Intrapersonell: Selbstgewahrsein und Selbstmanagement

Interpersonell: Soziales Bewusstsein und Beziehungsfähigkeiten

Verhaltensbezogen / ethisch: Verantwortungsvolles Entscheiden

Wenn wir darüber sprechen, das Herz durch Achtsamkeit stärker ins Zentrum der herkömmlichen Schulbildung zu rücken, konzentrieren wir uns auf diese Aspekte des Lernens. Es handelt sich bei ihnen um eine Kombination aus Fertigkeiten, die das Selbstgewahrsein und die Selbstregulation fördern. Mit dem sozial-emotionalen Lernen verfolgen wir die Absicht, unsere Stimmungen und Emotionen erkennen und artikulieren zu können; „das Herz in den Lernprozess einbeziehen" bedeutet aber auch, dass wir unsere Gefühle und Impulse verstehen, damit wir sie bei Bedarf mäßigen können. Es geht darum, ein Gleichgewicht zu finden.

Achtsamkeitsbasiertes SEL in Aktion

Erfahrungsorientiertes Training achtsamen Gewahrseins kann persönliche Einsichten und Erkenntnisse aufbauen, die in unserem Leben unmittelbar Relevanz haben und Anwendung finden können. Wenn eine Schule diese affektiven Bereiche – neben der akademischen Entwicklung – ins Zentrum ihrer Arbeit stellt, hat sich der Fokus des zentralen Lernkonzepts verlagert und wir können diese fruchtbare Allianz aus Achtsamkeit und SEL sehen.

Abbildung 6.3 Geist, Körper und Herz im Gleichgewicht halten (abgedruckt mit Genehmigung von Petr Dimitrov, International School of Prague)

Bei dieser ganzheitlichen Betrachtungsweise wird es selbstverständlicher, Lehrpläne und Aktivitäten zu planen, die das Akademische mit dem Affektiven und dem Physischen kombinieren; das heißt, in den Lernansätzen ein Gleichgewicht zwischen dem Kopf, dem Herzen und dem Körper herzustellen. Eine Schule, die daran arbeitet, eine derartige Vision in die alltägliche Erfahrung ihrer Schülerinnen zu integrieren, ist das United World College Thailand.

UNITED WORLD COLLEGE, PHUKET, THAILAND

Das United World College (UCW) Thailand ist eine unabhängige Schule, die auf Grund-, Mittel- und Sekundarstufenniveau dem curricularen Rahmen des International Baccalaureate folgt. Die Schule (zuvor Phuket International Academy) wurde 2009 in einer Gemeinschaft mit kindzentriertem Ansatz auf der Grundlage einer Kombination aus Achtsamkeit und sozial-emotionalem Lernen (SEL) gegründet und legt den Fokus auf entdeckendes Lernen sowie Lernen durch Engagement. Die Vision der Schule ist die, dass Schüler, Lehrerinnen und Familien „ein gutes Herz, einen ausgeglichenen Geist und einen gesunden Körper" entwickeln. Ihr Leitbild lautet:

„Realisierung unseres größten menschlichen Potenzials

Kultivierung aufrichtiger Zufriedenheit

Ausführung achtsamer und mitfühlender Handlungen (für Frieden und eine nachhaltige Zukunft)."

Jeden Tag nehmen Schüler im Alter von 13 bis 18 Jahren an irgendeiner Aktivität zur Förderung des achtsamen Gewahrseins und der sozial-emotionalen Fähigkeiten teil. Die Verantwortlichen „würzen den Tag", wie es heißt, mit entwicklungsangemessenen Übungen und flechten die Entwicklung der affektiven Kompetenzen auf allen Schulstufen in ihre International Baccalaureate-Programme ein. Es gibt sogar einen Direktor für SEL und Achtsamkeit. Die Gründungsdirektorin des Programms SEL und Achtsamkeit, Krysten Fort-Catanese, hat uns die folgende Grafik (siehe Abbildung 6.4) zur Verfügung gestellt, die sie entwickelt hat, um zu zeigen, dass sozial-emotionale Kompetenzen durch das Training achtsamen Gewahrseins in der Schule unterstützt werden.

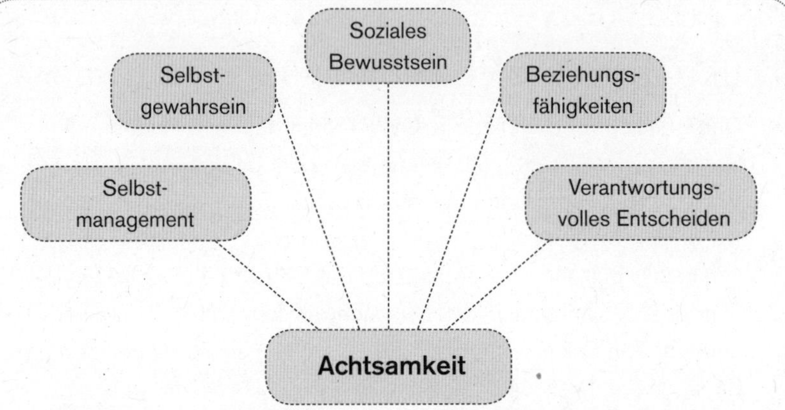

Abbildung 6.4 Achtsamkeitsbasierte soziale und emotionale Kompetenzen (mit freundlicher Genehmigung von K. Fort-Catanese)

Eine ganzheitliche Vision

Die fünf in Abbildung 6.4 aufgeführten Kompetenzen stammen von der *Collaborative for Academic Social and Emotional Learning* (CASEL), und es sollte an dieser Stelle darauf hingewiesen werden, dass in dem Namen „CASEL" akademisches mit sozialem und emotionalem Lernen kombiniert wird. Es ist diese Geschlossenheit der Perspektive, diese ganzheitliche Vision von Kernkompetenzen für das Lernen und für das Leben, das zur Transformation der Schulbildung im 21. Jahrhundert beitragen kann. Wir haben bereits miterlebt, welche Auswirkungen die Revolution der Informationstechnologie auf die Bildung hatte, und es ist jetzt Zeit für eine parallele Bewegung, bei der die affektiven Fähigkeiten priorisiert und stärker ins Zentrum des Lernens gerückt werden. Es gibt nur wenige „Direktorinnen für Achtsamkeit und SEL" in der Welt, und diesem Bereich wird nicht annähernd derselbe Status eingeräumt wie beispielsweise IT-Führungskräften, doch gibt es Anzeichen dafür, dass sich dies zu ändern beginnt.

Selbst an einer Schule wie dem UWC Thailand, das über eine klare Vision und eine Grundlage aus achtsamkeitsbasiertem SEL (mindfulness-based SEL, MBSEL) verfügt, ist die Umsetzung derartiger Ansätze nach Aussage von Krysten Fort-Catanese „immer eine Situation, in der der Igel den Wettlauf gewinnt. In den Anfangsjahren herrschte an der Phuket International Academy sowohl in der Verwaltung als auch bei den Lehrern eine starke Fluktuation, weshalb es schwierig war, im Hinblick auf SEL und Achtsamkeit Nachhaltigkeit an der Schule zu erzeugen. Im Laufe der Zeit, mit erhöhter Stabilität und gestärkter Führung, die sich unter anderem in der Etablierung der Rolle eines Direktors für SEL und Achtsamkeit zeigte, beteiligten sich letztendlich sämtliche Lehrer und Verwaltungsmitarbeiter an dem Bemühen, eine Kultur zu schaffen, die durch derartige Ansätze geprägt ist."

Die Schule hatte den Vorteil, von zahlreichen Kooperationen und von Beratungen durch eine beeindruckende Reihe wichtiger Forscher und Praktizierender aus diesem Bereich profitieren zu können, darunter Susan Kaiser-Greenland, Matthieu Ricard, B. Alan Wallace, Paul Ekman, Richard Davidson, Daniel Rechtschaffen, Joan Halifax und Amy Saltzman. Krysten erläutert:

> Wir bildeten ein „SEL und Achtsamkeit"-Komitee, und eines Tages begann sich der Schulleiter daran zu beteiligen, um zu demonstrieren, dass alles sozusagen „von oben" ausgeht. Es gehört jetzt zur Einarbeitung dazu, dass alle Mitarbeiter einen achtwöchigen Achtsamkeitskurs durchlaufen, damit sie das Leitbild der Schule selber leben, anstatt sich nur auf die Ergebnisse bei den Schülerinnen zu konzentrieren. Es gibt jetzt auch ein größeres Bewusstsein unter den Lehrern, dass sie für das Klima in ihrem Klassenzimmer selbst verantwortlich sind.

Ein „Lehrer-Wachstumszyklus"-Prozess hilft bei der Koordinierung der Pflichtlektüre für die Mitarbeiter über Achtsamkeit in der Bildung. Ein von der Schule entworfenes Dokument *(IB Learner Profile through SEL Lens)* soll zudem die Ziele der Lehrerinnen prägen. Die Lehrer geben Beispiele dafür an, wie sie anderen von Nutzen gewesen sind und wie sie ihre eigene Selbstfürsorge betreiben. „Es war ein langer Weg, aber die Integration von Systemen in den Einstellungs- und Einarbeitungsprozess hat eine ungemein positive Auswirkung auf die fortwährende Verpflichtung der Schule zu SEL und Achtsamkeit gehabt."

Siehe www.uwcthailand.net/ für weitere Information.

Bewusstseinswandel

Eine neue Schule auf der Grundlage einer ganzheitlichen Philosophie zu schaffen, wie es beim UWC Thailand der Fall war, ist eine Sache; die meisten von uns aber versuchen, ein verändertes Konzept in ein bereits funktionierendes Schulsystem zu integrieren, und das ist eine ganz andere Sache. Die Einrichtung eines eigenständigen Kurses zur Praxis des achtsamen Gewahrseins oder eines SEL-Kurses kann für viele Schulen ein nützlicher Einstieg sein. Weit wirkungsvoller wird es, wenn Sie derartige Initiativen mit bereits existierenden Programmen und Ansätzen verbinden können. Es mag manchmal schwer zu erkennen sein, wie sich dies erreichen lässt, aber es geht hier vor allem um einen Bewusstseinswandel. Wenn wir erneut überprüfen, was wir in Schulen zu tun versuchen, „was wirklich wichtig ist", dann sehen wir dies nicht als „noch eine weitere Sache", die wir unserem ohnehin bereits überladenen Lehrplan hinzuzufügen haben, sondern können eine derartige Veränderung vielmehr aufrichtig wertschätzen. Und wenn wir dann die Lehrpläne überarbeiten, können wir eine ganzheitlichere Sicht anwenden, die uns hilft, die tieferen Vorteile des Kombinierens von akademischen Inhalten und

Wohlbefinden zu sehen. Die Kombination aus einer Vertiefung des Dialogs zur Anregung eines solchen Bewusstseinswandels und einem graduellen, organischen Wandel in der Ausbildung der Mitarbeiter sowie in der Lehrplangestaltung kann zur Etablierung einer festen Grundlage für diese Arbeit beitragen. (Kapitel 7 enthält praktische Beispiele für die Durchführung eines solchen Prozesses.)

Das Lernen beleben

Wenn wir das Training achtsamen Gewahrseins in Schulen mit bereits bestehenden Initiativen zu Themen wie Charakterbildung, Beziehungsaufbau oder Interventionen zur Bekämpfung von Mobbing kombinieren, kann die erfahrungsorientierte Natur der Achtsamkeit das Lernen erheblich beleben. Da bei diesem Training Wert auf das sorgfältige Wahrnehmen persönlicher Erfahrung gelegt wird, kann es dazu beitragen, dass die oben erwähnten Programme weniger „akademisch" ablaufen und eine stärkere körperliche Ausrichtung bekommen – dass sie praktischer und relevanter werden. Normalerweise verfolgen Kurse wie Staatsbürgerkunde oder Ethik einen eher zerebralen Ansatz und laufen Gefahr, letztendlich zu Auflistungen von Lebensregeln zu werden. Erkennen und schätzen wir aber die innere Erfahrung des Lernenden, können wir Kindern beim Entwickeln praktischer moralischer Codes und relevanter Lektionen für das Leben helfen, die *von innen heraus* Sinn ergeben. Diese Lebenslektionen sind dann einprägsamer, und es besteht eine größere Chance, dass sie gelebt und nicht sofort bei Ende des Kurses vergessen werden. Auf diese Weise beginnen wir Teile des Kindes zu unterrichten, welche die gewöhnliche herkömmliche Schulbildung nicht oft erreicht.

Zwar ist das UWC Thailand in vielerlei Hinsicht einzigartig, doch beginnen auch einige andere Schulen, anspruchsvolle, verantwortungsvolle Stellen zu schaffen, durch die der Bereich *Wohlbefinden* in Schulen große Anerkennung und wichtige Führung erhält. Manche überarbeiten ihre traditionelle Definition von „Wohlbefinden" oder „Erfolg der Schüler" und wenden die Konzepte nun auf die gesamte Schulgemeinschaft an, statt sich ihrer nur im Falle von Interventionen bei Schülern mit Problemen zu bedienen. Während die Übernahme von IT in der Bildung durch bedeutende technologische Entwicklungen in der Gesellschaft vorangetrieben wurde, muss der Wechsel zur Betonung von SEL in Schulen möglicherweise auf eine bewusstere, geplantere Weise erfolgen. Es bedarf anhaltender Anstrengung und Willenskraft, um diesen Fokus zu verlagern.

Kehrtwende mitten im Fluss

Das Ändern der Kultur einer Schule ist eine anspruchsvolle Aufgabe, und das Engagement der Lehrerinnen ist ein integraler Bestandteil des Prozesses. Sehen wir uns also das Beispiel einer Schule an, die im Rahmen einer fest etablierten Kultur hart an dem Versuch gearbeitet hat, etwas anderes zu schaffen.

TASIS LONDON

TASIS, The American School in Switzerland, scheint für eine Schule im Südwesten von London einen sonderbaren Namen zu tragen, verfügt aber als eines der teuersten unabhängigen Internate in Großbritannien über eine Tradition von akademischem Anspruch und Persönlichkeitsentwicklung. Im Laufe der letzten fünf Jahre hat TASIS auf die Durchsetzung umfassender Veränderungen hingearbeitet, mit denen in den curricularen Programmen und bei außerschulischen Aktivitäten sehr viel mehr Betonung auf affektive Bereiche gelegt werden soll. Das Rezept für diese Arbeit ist im Wesentlichen eine Kombination aus Positiver Psychologie und Achtsamkeit.

Vor einigen Jahren war ich eingeladen, die Kollegen von TASIS mit Achtsamkeit bekannt zu machen und ihnen die Möglichkeit vorzustellen, sich in diesem Bereich schulen zu lassen; seither verfolge ich die Entwicklungen an der Schule. Jason Tait, der Leiter von *Upper School Student Life,* hat diese Initiative geleitet. Ursprünglich motiviert durch das zunehmende Stressniveau bei Schülern, begannen Jason und einige seiner Kollegen zu versuchen, die Kultur der Schule zu verändern: Die Entwicklung zentraler Fähigkeiten, mit denen die Resilienz und das Wohlbefinden gefördert werden, soll enger mit eingebunden werden. Insgesamt sollen die einzelnen Schüler und Lehrer sowie die gesamte Schulgemeinschaft in die Lage versetzt werden, aufzublühen oder zu *gedeihen („flourish").* Das auf Forschungsergebnissen und Erkenntnissen aus der Positiven Psychologie basierende Ziel besteht darin, dass die Schüler nicht einfach nur Stress bewältigen und mit schwierigen Situationen fertig werden können, sondern in einer grundlegend gesunden Lernumgebung lernen und wachsen, in der sich die Fertigkeiten, das Wissen und die Kompetenzen entwickeln lassen, die für ein „erfülltes Leben" notwendig sind.

Aufbauend auf Strukturen nicht-akademischer Aspekte des Lernens und der Entwicklung von Führungsstärke konzentrierten sich die Initiatoren zunächst auf das Lehrertraining, wobei das gesamte Kollegium eine Einführung in Möglichkeiten der beruflichen Weiterbildung in jedem der folgenden drei Bereiche erhielt: Charakterstärken, Resilienz und Achtsamkeit. Die Lehrerinnen konnten dann einen dieser Bereiche auswählen, auf den sie sich bei ihrer eigenen persönlichen/beruflichen Weiterbildung konzentrieren wollten. Sobald sie sich hatten schulen lassen, konnten sie etwas mit einer Klasse ausprobieren und dann, falls es gut lief, mit einem ganzen Jahrgang. Nach fünf Jahren Lehrertraining, Curriculumplanung und erster Umsetzung mit Schülerinnen begannen Jason Tait und seine Kollegen, ein „Rahmenwerk für das Gedeihen" aufzustellen, das es ihnen ermöglichen würde, für jeden Jahrgang spezielle, entwicklungsangemessene Fertigkeiten festzulegen und vorzugeben.

Wie Sie in Abbildung 6.5 sehen können, verwebt das Rahmenwerk Achtsamkeits-, Charakterstärken- und Resilienzarbeit, wobei ein Fokus auf positiven Emotionen liegt, und es bietet Schülern verschiedene Möglichkeiten, sich an diese Bereiche heranführen und in ihnen trainieren zu lassen.

Eines der ursprünglichen Modelle für diese Arbeit war die Geelong Grammar School in Melbourne, Australien. Jason Tait war bereits an Positiver Psychologie interessiert und hörte dann, dass ihr Begründer, Martin Seligman, 6 Monate an der Geelong Grammar School verbracht und ihr geholfen hatte, einen auf Positiver Psychologie aufbauenden gesamtschulischen Ansatz zu entwickeln. Jason reiste dorthin, um sich in „positiver Bildung" und in praktischen Möglichkeiten schulen zu lassen, eine Schulgemeinschaft zu einer zu machen, in der Schüler wirklich gedeihen können. Ich glaube, diese Kombination aus Positiver Psychologie und Achtsamkeit hat ein großes Potenzial und würde eine bedeutsame Allianz darstellen. Die ausgezeichnete Arbeit von Carol Dweck (2009) bei der Förderung einer wachstumsorientierten Denkweise („growth mindset") – die mittlerweile Teil des Programms an der Geelong Grammar School ist – könnte meiner Ansicht nach einen leistungsstarken Ansatz für die Entwicklung der Schülerinnen hervorbringen. Hierfür müsste die wachstumsorientierte Denkweise in Schulen mit dem Training achtsamen Gewahrseins kombiniert werden.

Obwohl Schulen wie TASIS und Geelong ihre Schüler traditionsgemäß mit vielen Herausforderungen versorgen, legten sie in der Vergangenheit normalerweise keinen Schwerpunkt darauf, Schülern zu vermitteln, *wie* man mit diesen Herausforderungen umgeht. Wenn Lehrerinnen oder Eltern beispielsweise feststellten, dass Schüler sich mit ihrer Arbeit abmühten, bestand die Antwort häufig darin, für zusätzliche Stunden oder Privatunterricht zu sorgen und ihnen damit bisweilen noch mehr Arbeit aufzubürden. „Der Umgang mit Stress und

Angst bei Schülern ist für uns zu einem täglichen Thema geworden", sagt Jason. Er hält die „Initiative des Gedeihens" für eine praktische Möglichkeit, eine Schulkultur zu entwickeln, die den Stress reduziert und den Schülern hilft, zu lernen, wie sich Stress bewältigen lässt.

Bei ihrem Versuch, diese Arbeit umzusetzen, stießen Jason und seine Kollegen auf viele Herausforderungen; und ihrer vollständigen Verankerung in der Schule stehen weiterhin reale Hindernisse im Weg. Normalerweise finden die Schüler Gefallen an den gebotenen Lernerfahrungen und wissen sie zu schätzen, aber ironischerweise sagen viele, sie hätten eigentlich keine Zeit dafür, sie seien einfach zu beschäftigt. Die Lehrer können ebenfalls frustriert sein, weil sie in diesen Bereichen arbeiten wollen, aber keine Zeit für eine angemessene Ausführung dieser Arbeit haben. Zusätzlich dazu zwingen die neuesten Berichte der nicht-ministeriellen britischen Regierungseinrichtig OFSTED (Office for Standards in Education) über die Inspektion von Schulen Letztere möglicherweise dazu, anderen Schwerpunkten mehr Zeit im Lehrplan einzuräumen. Es braucht einen klaren Fokus, Geduld und eine starke Absicht, um diese wesentlichen Entwicklungen in Schulen aufrechtzuerhalten.

Nach Jasons Ansicht ist es wichtig, von Anfang an die Zustimmung der Lehrer zu haben, um die Kultur in einer Schule wirklich zu verändern. „Von Geelong habe ich gelernt, dass man Lehrer, die während ihres Studiums oder Referendariats noch gar nicht hiermit gearbeitet haben, auf eine Weise motivieren muss, die für ihr eigenes Leben von Bedeutung ist."

Eltern werden von Lehrern und Schulleitern bei dieser Art von Arbeit häufig als Hindernisse betrachtet, doch spiegelt das, was Jason festgestellt hat, meine eigene Erfahrung und die vieler anderer Schulen wider: „Wir begannen diese Ideen bei Elternversammlungen vorzustellen. Wir haben Eltern, die sich nur darauf zu konzentrieren scheinen, ihr Kind auf die Universität vorzubereiten, aber viele von ihnen erzählten auch, dass ihre Kinder weniger als fünf Stunden pro Nacht schlafen. Und die meisten sagen jetzt, dass sie froh sind, dass wir dies tun. Sie unterstützen es."

Jason hat bei der Einrichtung einer ständigen Kommission für das Gedeihen *(Standing Committee on Flourishing)* für das European Council of International Schools geholfen, und im Jahr 2016 war TASIS Ausrichter der ersten Konferenz mit dem Ziel, andere Schulen an diese Ansätze heranzuführen. Eine Sache ist klar: Initiativen, die sich um eine echte Fokusverlagerung in Schulen bemühen, lassen sich nicht überstürzen. Sie müssen allmählich und organisch wachsen und können Lehrern nicht einfach aufgezwungen werden. Sie brauchen Zeit, nicht zuletzt deshalb, weil wir es hier mit Aspekten der menschlichen Psyche zu tun haben, die normalerweise nicht als etwas betrachtet werden, das in den zentralen Zuständigkeitsbereich unserer Schulen fällt.

(Mehr über den Weg der Geelong Grammar School finden Sie hier: *www.ggs.vic.edu.au/School/Positive-Education/What-is-Positive-Education)*

GEDEIHEN („*FLOURISHING*") AN DER TASIS ENGLAND

Das Programm zum Gedeihen

Dieses einzigartige Programm versucht Schülern, Lehrerinnen und sämtlichen Mitgliedern der Gemeinschaft die Gelegenheit zu bieten, jene lebenslangen Fertigkeiten und Gewohnheiten zu entwickeln, die für ein produktives Leben erforderlich sind. Erreicht wird dies durch eine Kombination aus gutem Gefühl und effektivem Funktionieren (Huppert und So, 2011).

Sich selbst kennen

Wir müssen wissen, wer wir sind, um das Beste in uns zum Vorschein zu bringen. Wir blühen angesichts von Herausforderungen und Gelegenheiten auf, wenn wir um unsere eigenen Stärken wissen und die Resilienz entwickeln, Herausforderungen zu bewältigen.

Man selbst sein

TASIS glaubt an den Wert einer jeden einzelnen Schülerin und an ihr Potenzial, etwas Positives in der Welt zu bewirken. Um dieses Potenzial zu realisieren, müssen Schüler lernen, geschickt auf die Gegenwart zu reagieren, und sich bemühen, aus eigener Anstrengung heraus zu wachsen. Wir müssen zudem den Mut haben, Fehler zu machen und aus ihnen zu lernen. In dieser Umgebung können alle Mitglieder der Gemeinschaft ein bedeutsameres Leben schaffen.

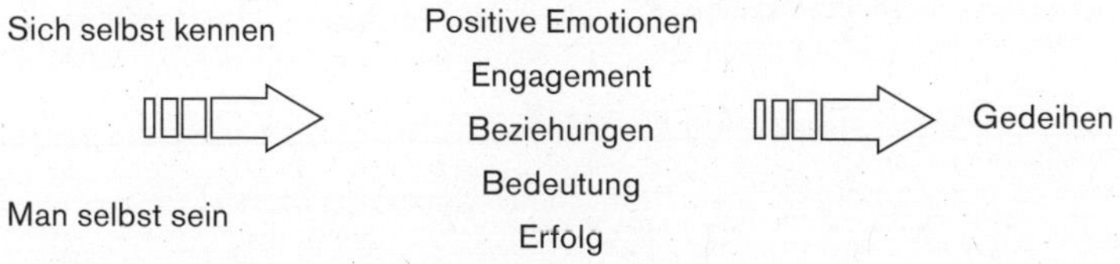

Sich selbst kennen

Man selbst sein

⇒

Positive Emotionen
Engagement
Beziehungen
Bedeutung
Erfolg

⇒

Gedeihen

TASIS The American
School In England
www.tasisengland.org

Vorschulische Einrichtungen und Grundschule	**Mit zentralen Werten aufblühen**	**Meine Gefühle kennen & verstehen**
Kinderkrippe, Vorkindergarten, Kindergarten & Klassenstufen 1, 2, 3 und 4	Das Gedeihen in dieser Stufe fußt auf dem „Programm der zentralen Werte", das zu bestimmten Gewohnheiten des Herzens und des Geistes ermuntert. Die Ziele des Programms: • Die Fantasie der Schüler entfachen. • Sie dazu inspirieren, durch Charakterbildung und positive Beiträge zur Gemeinschaft ihr Bestes zu geben und sich von ihrer besten Seite zu zeigen.	Kinder in der Krippe, im Vorkindergarten und im Kindergarten lernen etwas über ihre Gefühle, einschließlich ihrer Emotionen und Impulse. Sie entwickeln ein emotionales Vokabular und beginnen zu lernen, wie sie anderen ihre Gefühle mitteilen können. In dieser Phase liegt zudem ein Fokus auf Selbstbeherrschung und Selbstständigkeit.
		Mich selbst kennen & mögen Schüler der ersten und zweiten Klasse beginnen etwas über sich selbst zu lernen, darunter, was sie an sich selbst mögen, und gewinnen ein Verständnis dafür, wie Schwierigkeiten zu bewältigen sind. Sie üben Fertigkeiten, mit denen Selbstvertrauen aufgebaut wird, und fangen an, etwas über Identität zu lernen.
		Mich von meiner besten Seite zeigen Schüler der dritten und vierten Klasse entwickeln Fertigkeiten, die ihnen dabei helfen, ihre einzigartigen Stärken zur Verbesserung der Beziehungen zu Gleichaltrigen und zur Förderung ihres akademischen Erfolges zu nutzen. Sie erkunden die Themen Zielsetzung, Empathie, Risikobereitschaft, Problemlösung und Lernstile.

5	**Entdeckung**	Schüler der fünften Klasse erlernen das Vokabular des Wohlbefindens, werden an die Fähigkeiten der Selbstfürsorge herangeführt und beginnen mit dem Prozess des Entdeckens ihrer Stärken. Das Programm berührt viele Aspekte des Gedeihens, darunter Elan, Achtsamkeit, Resilienz und positives Denken.
6	**Werkzeuge zum Erfolg**	Schüler der sechsten Klasse werden weiter mit den Werkzeugen zum Erfolg bekannt gemacht: Beherztheit, Selbstbeherrschung, Optimismus, Dankbarkeit, soziale Intelligenz und Neugier. Beim Aufbau von Dankbarkeit, Achtsamkeit und Resilienz werden empathische Fähigkeiten wie Toleranz und Güte untersucht.
7	**Mich selbst managen**	Selbstbeherrschung, Problemlösung und sozial-emotionales Lernen sind die zentralen Themen für Schüler der siebten Klasse. Beim Untersuchen ihrer Stärken lernen die Schülerinnen, ihr bestes Ich zu kultivieren sowie nach dem Positiven zu suchen und dieses zu genießen.
8	**Fertigkeiten für die Zukunft**	Nachdem sie an der Erhebung VIA Charakter Strength Survey teilgenommen haben, beginnen die Schüler der achten Klasse zu verstehen, wie sie ihre Stärken im Alltag einsetzen können. Sie lernen etwas über Denkfallen und über das Bekämpfen der Auswirkung von Stress durch Achtsamkeit. Die Schülerinnen werden zudem mit den Konzepten Beherztheit und wachstumsorientierte Denkweise bekannt gemacht.

9	**Gedeihen angesichts von Herausforderungen und Gelegenheiten**	Schüler der neunten Klasse entwickeln ein gründliches Verständnis ihres eigenen Verhaltens und der Art und Weise, wie sie sich angesichts von Herausforderungen und Gelegenheiten gut fühlen und effektiv funktionieren können. Dieses Modul des Programms bietet den Schülern einen tiefen Einblick in die Fähigkeiten der Resilienz.
10	**Meine Führungsfähigkeit entwickeln**	Im ersten Halbjahr lernen die Schülerinnen der zehnten Klasse, eine auf Werten/Stärken aufbauende Vorgehensweise zur Entwicklung von Führungskompetenzen zu übernehmen. Im zweiten Halbjahr werden die Schüler mit Achtsamkeit bekannt gemacht und lernen, geschickt und wirkungsvoll auf die Gegenwart zu reagieren.
11	**Mein Potenzial entfalten**	Das Erlangen eines Verständnisses von Beherztheit ist das Hauptthema in der elften Klasse. Zu den Schlüsselkonzepten gehören: Mut, Gewissenhaftigkeit, Leistung versus Zuverlässigkeit, das Setzen langfristiger Ziele, Resilienz, Optimismus, Selbstvertrauen, Kreativität und Vortrefflichkeit versus Perfektionismus.
12	**Selbstständig gedeihen**	Um die Schulabgängerinnen in der nächsten wichtigen Phase ihres Lebens zu unterstützen, liegt der Fokus auf der Entwicklung der Fertigkeiten, Werte und Gewohnheiten, die es ihnen ermöglichen werden, über die Zeit an der TASIS England hinaus ein bedeutsames und erfüllendes Leben zu führen.

Abbildung 6.5 Gedeihen an der TASIS England

Die Hände um die Flamme

Es gibt viele Exzellenzfelder in der herkömmlichen Bildung und zahlreiche bewährte Verfahren, um die herum sich etwas aufbauen lässt. Jedoch sind es wahrscheinlich die Vertreter fortschrittlicher Traditionen, die, befreit vom Druck der nationalen Lehrpläne und Prüfungsordnungen, häufiger den Raum und die Zeit haben, ganzheitlichere Ansätze der Schulbildung zu untersuchen. Sie sind schon länger, wie Michael Fielding (2005) es ausdrückt, „die Hände um die Flamme". Und es ist das von diesen Flammen ausgehende Licht, das zur Erhellung von Wegen beitragen kann, die zu einer ausgewogeneren, integrierteren Bildung führen. Wir können auf fortschrittliche Traditionen wie den Ansatz von Reggio Emilia zurückgreifen, die im Laufe der Geschichte von Fortschrittsdenkern wie beispielsweise Dewey, Montessori und Steiner entwickelt wurden. Sie alle haben uns etwas zu bieten, wenn wir eine ganzheitlichere Bildung untersuchen wollen.

Natürlich ist es für manche reichen, privaten, unabhängigen Schulen einfacher, den Weg zu einer Fokusverlagerung in der Bildung in einem Bereich wie Achtsamkeit einzuschlagen, doch gibt es auch einige visionäre staatliche Schulen, die „das Licht ganzheitlicher Bildung entzünden", indem sie darauf hinwirken, achtsamere Schulgemeinschaften zu werden. Wir haben bereits gesehen, wie Achtsamkeit in Großbritannien im Lehrplan gewöhnlicher Grundschulen verankert wurde und wie dies begonnen hat, die Kultur der Schulen zu verändern. Die Stanley Grove Primary School in Manchester ist ein Beispiel für eine Schule, die Achtsamkeit für Schüler und Lehrerinnen erfolgreich etabliert hat und jetzt beabsichtigt, eine „achtsamere Schule" zu werden.

STANLEY GROVE PRIMARY SCHOOL, MANCHESTER, GROSSBRITANNIEN

Amy Footman leitete in ihrer Zeit als stellvertretende Schulleiterin die Initiative Achtsamkeit und weiß, dass sie jetzt, als Leiterin der Schule, die Entwicklung der Achtsamkeit weiter befördern möchte, aber einen ausgewogenen Ansatz beibehalten muss. Zwar hat mehr als die Hälfte des Personals mittlerweile zum eigenen Nutzen einen vollständigen Erwachsenenkurs absolviert, doch gibt es keine Verpflichtung, sich in Achtsamkeit schulen zu lassen oder diese zu unterrichten. Achtsamkeit ist Bestandteil des Lehrplans für das Fach „Persönliche, soziale und gesundheitliche Erziehung", und Amy Footman würde nun gerne mehr Verbindungen zwischen dem Achtsamkeitstraining und anderen Bereichen des Curriculums sowie dem Verhalten der Schüler herstellen.

> „Die nächste große Herausforderung besteht darin, die Änderung im Verhaltensethos in der Schule auszuweiten. Es geht um die Art, wie wir Gespräche mit Schülern führen, die ein paar schlechte Entscheidungen getroffen haben – zum Beispiel in Situationen, wo ich nach einem Zwischenfall tätig werden muss. Es kommt heutzutage nicht zu vielen Streitereien, aber vielleicht hat ein Kind ein anderes auf dem Spielplatz getreten. Dann wäre es gut, mit den Kindern vom 4. Schuljahr aufwärts, die das Training durchlaufen haben, untersuchen zu können, was mit ihnen geschehen ist, und dabei das Vokabular und die Symbolik des Kurses anwenden zu können.
>
> Wir haben ein paar Auszeit-Tische eingerichtet, zu denen sie gehen und an die sie sich ein paar Minuten setzen können, um dann bereit zu sein, über das zu sprechen, was passiert ist. Es sollen eher Räume sein, die zur Reflexion einladen, deshalb stehen sie nicht an der Wand, wo sich die Kinder vielleicht gedemütigt

fühlen würden. Um diese Bereiche herum gibt es eine Präsentation, in der es darum geht, wie man sich mit seinen Gefühlen verbindet, was der Körper einem sagt, wie man sich mit positiven Gefühlen oder Erinnerungen verbindet, man wird daran erinnert, eine Atemübung zu machen usw.

Damit dies Teil der Kultur der Schule wird, die Schülerinnen und Lehrern hilft, Verhalten zu steuern, müssen wir dann in diesen Situationen solche Gespräche mit den Schülern über ihre Gedanken und Gefühle führen und ihnen helfen, in ihre Erfahrung im gegenwärtigen Moment hineinzuspüren, um besser zu verstehen, was gerade abläuft, und um daraus zu lernen und zu wachsen."

Zeit und Raum

Für viele Schulen mit überfrachteten Lehrplänen und bereits zu arbeitsreichen Tagen kann es schwierig wirken, auch nur damit zu beginnen, noch einen weiteren neuen Schwerpunktbereich zu integrieren. Aber hier kommt's: *Wenn wir anfangen, den affektiven Aspekten des Lebens und Lernens Zeit und Raum zuzugestehen, steigen die akademischen Leistungen.*

Eine bedeutende Metaanalyse (Durlak et al., 2011) betrachtete drei Jahrzehnte sozialer und emotionaler Initiativen in den USA. Das Ergebnis: Wenn Schulen effektiven sozialen und emotionalen Programmen Zeit widmeten, „steigerten sich Schüler, die ein Training zur Förderung des sozial-emotionalen Lernens durchlaufen hatten, bei standardisierten Tests im Gegensatz zu Schülerinnen, die kein Training erhalten hatten, im Durchschnitt um elf Prozentpunkte". Dies erfolgte natürlich zusätzlich zu beobachteten Verbesserungen in den Verhaltensweisen, auf welche die Interventionen abzielten, wie zum Beispiel in den Bereichen Charakterbildung, Bekämpfung von Mobbing usw.

> „Die neuronalen Leitungsbahnen im Gehirn, die Stress verarbeiten, sind dieselben, die zum Lernen genutzt werden. Schulen erkennen, dass sie Kindern helfen müssen, ihre Gefühle zu verstehen und effektiv mit ihnen umzugehen. Wir … wollen, dass unsere Kinder in akademischer Hinsicht mehr erreichen, aber dies ist uns nicht möglich, wenn unsere Kinder nicht emotional gesund sind."
>
> Mark Bracket, Direktor des Yale Center for Emotional Intelligence, USA (Scelfo, 2015)

Die Anerkennung der Bedeutung, die der Förderung der emotionalen Gesundheit im Bildungssystem zukommt, ist in den letzten Jahren in einigen Ländern auf nationaler Ebene sichtbar geworden. Singapur liegt, was die akademischen Fähigkeiten der Schüler angeht, im weltweiten Vergleich regelmäßig auf dem Spitzenplatz, doch hat man eine Änderung vorgenommen, um den Fokus auf die affektiven Fähigkeiten zu verlagern (unter Nutzung der von CASEL entwickelten fünf Kernkompetenzen) und diese in den Mittelpunkt der Bildungsziele zu rücken. Diese Änderung steht im Einklang mit einem Glaube an die Bedeutung, die soziale Kompetenz für die Wirtschaft und den Aufbau einer harmonischen Gesellschaft hat. Sie wird sicherstellen, dass sämtliche Kinder während ihrer gesamten Schullaufbahn an Aktivitäten zur Förderung des sozial-emotionalen Lernens teilnehmen.

In den USA, wo die Bewegung des sozial-emotionalen Lernens deutlich an Dynamik gewonnen hat, wurde an der Denkfabrik Aspen Institute eine Nationale Kommission zur sozial-emotionalen und akademischen Entwicklung (National Commission on Social Emotional and Academic Development) eingerichtet:

> Vom Schulgebäude bis zum Parlamentsgebäude haben wir die akademischen Fähigkeiten betont, die unsere Schülerinnen benötigen. Aber überwältigende Beweise verlangen, dass wir den Fokus auf das Akademische mit der Entwicklung der sozialen und emotionalen Fähigkeiten und Kompetenzen komplementieren, die ebenso wichtig für den Erfolg der Schüler in der Schule, im Beruf und im Leben sind.

> Die Nationale Kommission beabsichtigt, das wichtigste Gespräch über die Bildung vom Kindergarten bis zum Abitur zu entfachen, das wir seit einer Generation geführt haben – den grundlegenden Kern dessen zu untersuchen, was Erfolg in unseren Schulen ausmacht. Aufbauend auf Forschungsergebnissen und viel versprechenden Methoden wird die Kommission untersuchen, wie sich die soziale, emotionale und akademische Entwicklung (SEAD) zum Bestandteil des Gefüges einer jeden Schule machen lässt.
>
> (National Commission of Social, Emotional, and Academic Development, 2018)

Walter Isaacson, Präsident und Geschäftsführer des Aspen Institute, fasst die Bedeutung dieser Anstrengung, den Fokus in Schulen zu verlagern, folgendermaßen zusammen: „Wir wissen aus der Menschheitsgeschichte und den jüngsten Ergebnissen der Wissenschaft vom Lernen, dass Erfolg aus der Kombination von akademischem Wissen und der Fähigkeit zur Zusammenarbeit mit anderen resultiert. Das öffentliche Schulwesen muss diese Erkenntnis widerspiegeln" (ebd.).

MARK GREENBERG, PENNSYLVANIA STATE UNIVERSITY, USA

Eine der Leitfiguren bei der Entwicklung des sozial-emotionalen Lernens in den Vereinigten Staaten ist Professor Mark Greenberg von der Pennsylvania State University. Durch seine über dreißigjährige Erfahrung als Psychologe und Forscher hat Greenberg ein tiefes Verständnis für den Wert sozialer und emotionaler Kompetenzen gewonnen. In einer Stellungnahme zu einer von ihm mitverfassten Studie, die einen erheblichen Zusammenhang zwischen sozialer Kompetenz im Kindergarten und Erfolg im Erwachsenenleben feststellte, sagte Greenberg:

> „Dies zeigt uns, dass die Fähigkeiten, die dem zugrundeliegen, was wir testen – mit anderen zurechtkommen, Freundschaften

> schließen –, tatsächlich wesentliche Fähigkeiten sind, die sämtliche Bereiche des Lebens beeinflussen" (Scelfo, 2015).

Trotz seiner Erfahrung auf diesem Gebiet war Greenberg überrascht davon, wie eindeutig die Ergebnisse dieser Studie zeigten, dass frühe soziale Kompetenzen bei der Vorhersage von Wohlbefinden im späteren Leben schwerer wogen als die soziale Schicht, die Familienumstände und frühe intellektuelle Leistung.

Greenberg setzte seine akademischen und beruflichen Erfahrungen praxisnah ein, indem er gemeinsam mit Carol Kusché ein sehr erfolgreiches SEL-Programm für Grundschulen entwickelte. Das PATHS-Curriculum (Promoting Alternative Thinking Strategies) wird in verschiedenen Ländern in Schulen angewendet, darunter in Nordirland und Israel. Eine Reihe von Forschungsstudien haben gezeigt, dass PATHS in einer Vielzahl von Vorschul- und Grundschulumgebungen die gesunde Entwicklung der Schülerinnen, das Engagement im Unterricht und das Lernen steigert und gleichzeitig Verhaltensauffälligkeiten und emotionale Probleme verringert.

Hinsichtlich des Gesamtwerts von SEL meint Greenberg Folgendes:

> „Es geht nicht einfach nur darum, wie man sich fühlt, sondern darum, wie man ein Problem lösen wird, sei es ein akademisches Problem oder ein Problem mit einem Mitschüler oder ein Beziehungsproblem mit einem Vater oder einer Mutter. Die Fähigkeit, mit anderen zurechtzukommen, ist wirklich der Leim einer gesunden menschlichen Entwicklung." (Persönliche Korrespondenz, 2016)

Wie wir gesehen haben, besteht der grundlegende Zweck von SEL darin, Schülerinnen und Lehrern zu helfen, die normale Bandbreite positiver und negativer Gefühle anzuerkennen, und ihnen Werkzeuge an die Hand zu geben, um beim Umgang mit Konflikten langsamer zu werden und nachzudenken. Des Weiteren sollen durch SEL Empathie und Güte sich selbst und anderen gegenüber gefördert werden. Diese Fähigkeiten lassen sich alle durch das Training achtsamen Gewahrseins unterstützen und entwickeln. Mark Greenberg bemerkt, dass die Arbeit an Achtsamkeit in der Bildung sehr gut zu der größeren Bewegung der Förderung von SEL passt:

> „Achtsamkeit hat das Potenzial, das Erlernen der Fähigkeiten des sozial-emotionalen Lernens durch Schärfung der Aufmerksamkeit und des Gewahrseins der Kinder sowie durch die Förderung eines tief empfundenen Mitgefühls für andere wesentlich zu vertiefen." (Persönliche Kommunikation, 2016)

In der Provinz British Columbia in Kanada verfolgen die Bildungsbehörden schon seit vielen Jahren das Wohlbefinden der Schülerinnen. In einer Untersuchung (Schonert-Reichl et al., 2015) verzeichneten Grundschüler, die an einem achtsamkeitsbasierten Trainingskurs (MindUp) teilnahmen, im Vergleich zu den Schülerinnen, die dem regulären SEL-Programm folgten, einen durchschnittlichen Anstieg ihrer Punktzahlen in Mathematik um 15 Prozent. Weitere Zugewinne waren eine erhöhte kognitive Kontrolle, die Reduktion von Stress sowie eine Verbesserung des Wohlbefindens und der sozialen Interaktionen.

Denkt man einmal darüber nach, sind diese Ergebnisse nicht sonderlich überraschend: Wir können nicht tief oder effektiv lernen, wenn wir uns unsicher fühlen oder durch innere Aufruhr abgelenkt werden. Psychologe und Autor Daniel Goleman meint, er habe erkannt, dass das Ergänzen des SEL durch Aufmerksamkeitstraining eine hervorragende Möglichkeit sei, „den neuronalen Schaltkreis zu fördern, der das Herzstück der emotionalen Intelligenz darstellt" (Goleman, 2015). Er glaubt, das Training achtsamen Gewahrseins könne – insbesondere bei Eingliederung in fest verankerte SEL-Programme – erheblich dazu beitragen, dass Schüler die Schlüsselfunktion einer verbesserten exekutiven Kontrolle entwickeln. Linda Lantieri, Direktorin des Programms *Inner Resilience*, unterstützt diese Ansicht, wenn sie sagt:

„Ich unterrichte seit Jahren SEL, [aber] als ich Achtsamkeit hinzufügte, sah ich eine dramatisch schnellere Verkörperung der Beruhigungsfähigkeit und der Lernbereitschaft. Es geschieht in einem jüngeren Alter und zu einem früheren Zeitpunkt im Schuljahr. Wir legen die Grundlagen für Selbstgewahrsein und Selbstmanagement, auf denen man Stück für Stück die anderen SEL-Fertigkeiten aufbauen kann, wie aktives Zuhören, das Identifizieren von Gefühlen usw." (Goleman, 2015)

Teil 2: Achtsamkeitsbasiertes SEL im Unterricht – praktische Beispiele

In meiner Tätigkeit als Lehrer und Schulleiter hatte ich das Glück, in Schulen arbeiten zu können, in denen es normalerweise den Spielraum gab, sich auf die sozialen und emotionalen Aspekte des Lernens zu konzentrieren. In Großbritannien war ich an Schulen in Bradford als Lehrer für Englisch als Fremdsprache tätig und arbeitete vor allem mit Einwanderergemeinschaften in ziemlich armen Stadtvierteln. Die Notwendigkeit, Schüler und Lehrerinnen dazu zu motivieren, eine emotionale Investition in ihr Lernen bzw. Lehren einzubringen, stellte dort einen Schlüsselfaktor dar. In Tansania war meine Schule klein und fest in der Elterngemeinschaft verwurzelt. Wir erhielten den Respekt und das Vertrauen der Eltern, sodass uns diese unterstützen konnten, als wir unsere Aufmerksamkeit anderen Aspekten des Lernens schenkten als lediglich dem Erzielen guter Noten, und die Schule wirklich aufblühte. In der Tschechischen Republik war ich zehn Jahre lang Leiter der Mittelstufe (11–14-Jährige) an der International School of Prague (ISP). Im Folgenden beschreibe ich drei konkrete Beispiele aus diesem Zusammenhang für die Anwendung von Achtsamkeit zur Unterstützung und Verbesserung sozialer und emotionaler Aspekte des Lernens. Dabei konzentriere ich mich hier insbesondere auf eine zentrale soziale Kompetenz – das Zuhören.

Beispiel 1 – Tiefere Verbindungen fördern

Wir weiteten das ISP-Tutoriumsprogramm aus (das daraus bestand, dass ein Lehrer sich regelmäßig mit 12 bis 15 Schülern traf, um mit ihnen einen Fokus auf sozial-emotionale Kompetenzen zu legen, Anm. d. Übers.), sodass die Lehrerinnen (Tutoren) jeden Tag 40 Minuten mit einer kleinen Gruppe Schülerinnen verbrachten und sich mit ihnen auf organisatorische Fähigkeiten, den Aufbau von Beziehungen und die Reflexion konzentrierten. Das Tutorinnenteam der Klassenstufe 8 (13 bis 14-jährige) in Prag legte für seine Sitzungen einen rotierenden Fokus fest und nutzte tschechische Begriffe für die Beschreibung dreier unterschiedlicher Stile.

Bei *Niterně* ging es um individuelle „innere" Arbeit (z. B. Tagebuchschreiben oder Reflektieren); der *Meza Námi*-Unterricht konzentrierte sich auf den Austausch „untereinander" und beinhaltete normalerweise Paararbeit oder das Gespräch mit der Tutandengruppe; und bei *Společně* standen Gruppenaktivitäten – an denen häufig die ganze Klasse teilnahm – im Mittelpunkt. Dieses System funktionierte gut (siehe Abbildung 6.6), und die Tutorinnen dachten sich gewöhnlich innovative Aktivitäten aus. Sie hatten aber auch das Gefühl, dass es ihnen im Bereich *Meza Námi* an formelleren Ansätzen zum Beziehungsaufbau mangelte, und so baten sie um Anregungen.

Abbildung 6.6 Rotierender Fokus in Klasse 8 an der International School of Prague (abgedruckt mit Genehmigung von Petr Dimitrov, ISP)

Durch Zufall war ich ein paar Monate zuvor auf der Konferenz der Central and Eastern European Schools Association gewesen und bei der letzten Veranstaltung am Abschlusstag zu einem Workshop über das Fördern tieferer Verbindungen zwischen Schülern gegangen. Ich wusste nicht genau, was mich erwarten würde, und der Raum war fast leer (wir waren nur drei Teilnehmerinnen von zwei verschiedenen Schulen), aber der Workshop erwies sich als eine der besten Veranstaltungen der Konferenz. Dieser 45 Minuten lange Input sollte uns das Gerüst für manche dynamische Arbeit liefern, die in der Schule noch heute, viele Jahre später, fortgeführt wird.

Die Moderatorin des Workshops war Catherine Ottaviano, Mittelstufenberaterin (11- bis 14-jährige) an der American International School of Bucharest (AISB). Sie und ihr Kollege Andy Mennick, Oberstufenberater, hatten eine Kluft zwischen den Schülern des Gastlandes (Rumänien) und der internationalen Schülerschaft diagnostiziert, die eine Verminderung der sozialen Integration innerhalb der Schule zur Folge hatte. Ihre Antwort auf diese Erkenntnis war die Einrichtung eines Tutoriumskurses, der sich auf die Arbeit von Rachael Kessler stützte. Diese scheint ein außergewöhnliches Talent für das Verständnis und die Erfüllung der Bedürfnisse von Teenagern gehabt zu haben. Ihr Buch *The Soul of Education* (Kessler, 2000) ist ein Kleinod – mehr ein Ansatz als ein Programm, aber voller aussagekräftiger Einblicke in die Sehnsüchte von Teenagern und voller Ideen für dynamische und praktische Wege, auf die Befriedigung dieser Bedürfnisse hinzuarbeiten.

Wir übernahmen die auf Kesslers Ansatz fußende Arbeit der AISB und passten sie an die Bedürfnisse unserer 8. Klassenstufe in Prag an. Die meisten unserer Achtklässler hatten bereits ein Achtsamkeitstraining durchlaufen, hatten also das gemeinsame Sitzen in der Stille erlebt und gelernt, ihre Aufmerksamkeit zu fokussieren. Wir nutzten achtsame Signale, um ihnen beim Einfinden in diese andere Form der Tutoriumsstunde zu helfen und dann ein tieferes Zuhören zu fördern. Zu jeder dieser speziellen Sitzungen fanden die Schülerinnen bei ihrer Ankunft eine freigeräumte Fläche auf dem Boden vor, die mit einem Tuch oder einer Decke und mit Kissen bedeckt war und auf die sie sich setzen sollten (was ihnen signalisierte, dass dies kein normaler 40-minütiger Unterricht sein würde).

Gelegentlich wurden die Schüler am Tag zuvor gebeten, einen Gegenstand von zu Hause mitzubringen, etwas, das ihnen wichtig war. Die versammelten Objekte (darunter eins von der Lehrkraft) wurden in die Mitte der Klasse gelegt, und nach einigen Augenblicken des achtsamen Zur-Ruhe-Kommens zum Überwechseln in diesen anderen Raum machte eine Schülerin den Anfang, indem sie fragte: „Was ist das hier?“ Der Besitzer nahm dann das Objekt auf und erzählte ein paar Minuten, warum es ihm wichtig war. In dieser Zeit sprach niemand anders: Der Rest der Gruppe praktizierte aufmerksames Zuhören, schuf einen Raum, in den hinein die Sprecherin sprechen konnte und in dem sie vollständig gehört wurde. Wenn der Schüler fertig war, gab es keinen Kommentar, nur ein „Danke schön“ von der Lehrkraft, dann ging es mit dem nächsten Objekt weiter. Am Ende der Stunde war noch Zeit für ein offeneres Gespräch, in dem die Schülerinnen einander weitere Fragen stellen oder noch mehr Bemerkungen zu ihrem eigenen Objekt oder zu dem anderer abgeben konnten. Der Schwerpunkt dieser Stunden des Austauschs variierte jedes Mal, und jede Aktivität war mit irgendeinem Kunstwerk, Ritual oder Gegenstand verbunden. Zum Beispiel dekorierten die Schüler einen Pappteller, um damit bildlich darzustellen, „was ich einbringe“, oder wurde das Schuljahr mit einem Ritual des Verbrennens von Kunstwerken beendet, die symbolisch standen für „Dinge, die ich in der Mittelstufe hinter mir lassen möchte“.

Die Veränderung der Qualität des Sprechens und Zuhörens in diesen Sitzungen war spürbar. Ihr Achtsamkeitstraining unterstützte die Fähigkeit der Schüler, einander tief zuzuhören. Häufig sagten sie am Anfang, sie würden sich etwas unwohl fühlen, begannen diese Stunden dann aber wirklich zu schätzen: „Ich habe etwas über meine Freundin gelernt, über das ich sie nie zuvor habe sprechen hören“ oder „Ich verstehe jetzt ein bisschen besser, warum er sich so verhält, und es nervt mich nicht mehr so“. Wir achteten darauf, uns mit Fragen der Vertraulichkeit zu befassen, und schufen nicht nur innerhalb der Stunden einen sicheren Raum, sondern trafen auch Vereinbarungen über das Respektieren der Rechte und Gefühle anderer, das darin Ausdruck fand, dass der Inhalt der Sitzungen nicht außerhalb des Unterrichts diskutiert wurde.

Ich lernte hieraus und aus der Lektüre von Rachael Kesslers Buch, dass junge Menschen *durchaus* gut auf Rituale und Gelegenheiten, tiefere Verbindungen einzugehen, reagieren – viel besser als ich es mir vorgestellt hätte – und dass Teenager, genau wie ihre Pendants im Grundschulalter, sich *durchaus* austauschen wollen und sich sogar danach sehnen. In mancher Hinsicht ähnelt diese Aktivität dem Sitzkreis in der Grundschule – der Unterschied besteht darin, dass das Schaffen der Bedingungen für einen tieferen Austausch bei Teenagern einer sehr viel vorsichtigeren und einfühlsameren Moderation bedarf: Die Bedingungen müssen genau stimmen, damit die Schülerinnen sich in dieser Phase sicher genug fühlen, um sich offener mitzuteilen und einander *wirklich* zuzuhören.

In Bukarest waren sämtliche Sitzungen in der Oberstufe von Beratern geleitet worden, in Prag aber entschieden wir, die Tutoren zu schulen, damit sie die Sitzungen selbst moderieren konnten. Meine Co-Trainerin Amy Burke und ich trafen uns immer etwa eine Woche vor diesen besonderen Aktivitäten mit der Gruppe Lehrerinnen und spielten die Übungen mit ihr in Echtzeit durch (das Sitzen auf dem Boden, Vorstellen eines Gegenstands etc.). Dadurch hatten die Lehrer die Möglichkeit, ein Gefühl für die Bedeutung des „Bereithaltens des Raumes“ zu bekommen, der für den Erfolg der Aktivität erforderlich sein würde, und die Logistik des Ablaufs zu überprüfen.

Ein wichtiger und unerwarteter Nebeneffekt dieser Arbeit war der, dass dieser Prozess eine tiefere Verbindung zwischen den Tutorinnen erzeugte. Ich hatte festgestellt, dass es mir wirklich Freude bereitete, mit dieser Gruppe zu arbeiten, und als Mittelstufenleiter und Kollege fühlte ich mich von ihr sehr akzeptiert. Aber erst, als sich eine der Lehrerinnen in unserer letzten Sitzung zu Wort meldete, war ich in der Lage, dieses Gefühl auf die mit der Schulung verbundene Gruppenarbeit zurückzuführen. Die Lehrerin hatte zuvor an einer sehr guten internationalen Schule mit einem gut entwickelten Tutoriumssystem gearbeitet. Sie war viele Jahre lang dort gewesen, erzählte uns aber, sie würde sich nach nur wenigen Monaten der Arbeit mit dem Team für die Klassenstufe 8 dieser Lehrergruppe näher fühlen, als sie sich den Lehrerinnen an der vorherigen Schule jemals gefühlt habe. Sie führte dies auf unsere Schulungseinheiten zurück. Wir tauschten uns hierbei nicht unbedingt immer auf einer tiefen Ebene aus, die Geschichte dieser Lehrerin aber zeigte, dass es uns gar nicht so schwer fällt, den Fokus eines hektischen Schultages zu verlagern, damit er einige tiefere Augenblicke authentischer Verbindung enthält – Augenblicke, für die wir normalerweise einfach nicht die Zeit und den Raum finden. Diese Verbindungen können unsere Arbeitsbeziehungen ehrlich verbessern und sowohl die formelle als auch die informelle Zusammenarbeit in Schulen effektiver machen.

Council

Das Format, das wir in unseren Sitzungen für das Vertiefen des Dialogs nutzten, baute auf der Praxis des Councils (übersetzt etwa: zu Rate sitzen) auf, die sich aus den Traditionen der indigenen Völker ableitet. Auf YouTube können Sie ein wunderbares englischsprachiges Video über die Anwendung dieser Praxis in Schulen sehen: www.youtube.com/watch?-v=fKSh73dO49s&ab_channel=ojaifoundation. (Anmerkung: Die Sektion *Council in Schools* der Ojai Foundation bietet eine umfassende Schulung zur Durchführung des Councils an.)

Sobald sie den Bogen heraushatten, stellten einige Lehrer fest, dass sich das Council in unterschiedlichen Situationen anwenden lässt (z. B. bei Diskussionen im Sozialkundeunterricht oder bei der Besprechung von Literatur) – überall dort, wo wir unseren Schülerinnen helfen wollen, einander wirklich zuzuhören. Dasselbe gilt für die MBSEL-Ansätze (achtsamkeitsbasiertes sozial-emotionales Lernen) im Allgemeinen – sie müssen nicht auf die Tutoriumsstunden oder den Gemeinschaftskundeunterricht beschränkt bleiben. Achtsames Gewahrsein und SEL können zwar als eigenständige Kurse unterrichtet werden, doch kann eine Betonung der affektiven Fähigkeiten auch sämtliche Bereiche des Lehrplans durchziehen. Wenn Sie erst einmal anfangen, den Wert des Kombinierens von Kopf und Herz beim Lernen zu erkennen, werden Sie viele Gelegenheiten finden können, diese Fähigkeiten in einer Vielzahl von Zusammenhängen zur Anwendung zu bringen. Selbstverständlich bestehen natürliche Verbindungen zwischen Sportunterricht, Gesundheitserziehung und dem Gewahrsein des Geistes, des Körpers und der Emotionen; aber es gibt auch viele andere Möglichkeiten, einen ausgewogeneren Lernansatz auszubauen.

In dem zuvor erwähnten Video findet sich ein schönes Zitat von Joe Provisor, dem Gründer von *Council in Schools:*

> „Im Wesentlichen handelt es sich bei Council um eine Praxis, welche die Grundfertigkeiten Zuhören und Sprechen unterstützt, und diese liegen den Fertigkeiten Lesen und Schreiben zugrunde.
>
> Was ist Lesen anderes, als von Herzen der Geschichte eines anderen zuzuhören?
>
> Und was ist Schreiben anderes, als zu fühlen, dass man beim Zuhören anderer eine Geschichte zu erzählen hat?
>
> Auf diese Weise ist Council die Grundlage aller anderen intellektuellen Fertigkeiten."

Und es stimmt – die traditionelle Schulbildung ist schnell damit bei der Hand, auf das Analytische und das Kritische zu fokussieren, häufig auf Kosten tieferer, wesentlicherer menschlicher Fähigkeiten und Erfahrungen. Wenn eine Künstlerin oder ein Musiker ein Werk hervorbringt, machen sie sich diese Qualitäten zunutze. Eine Schriftstellerin schreibt aus dem Herzen heraus eine bedeutsame Geschichte, und wir spüren beim Lesen ihre Botschaft. Aber was tun wir mit ihr in der Schule? Wir machen uns sofort daran, sie zu analysieren, gehen mit unseren kritischen Fähigkeiten zu Werke – bei denen es sich um höchst wichtige Kompetenzen handelt, ja, aber widmen wir dem Anhören und Wertschätzen der Antwort des Lernenden auf das Werk die gleiche Aufmerksamkeit? Wissen wir, wie wir eine emotional sichere Lernumgebung schaffen, in der die Leser diese Antworten auf einer tieferen, mehr durch die Empfindungen des Herzens gekennzeichneten Ebene registrieren können? Einige Lehrerinnen sind sehr versiert darin, diese Antworten bei ihren Schülern zum Vorschein zu bringen, aber allzu oft laufen wir Gefahr, wegen eines zukünftigen Tests einem kreativen Kunstwerk unbeabsichtigt das Leben auszusaugen. Wir können diese Kunstwerke als Geschichten und Erfahrungen verstehen und schätzen, die vom Herzen kommen und sowohl durch Emotionen als auch durch Analyse verstanden werden.

Selbst in Bereichen, in denen das Herz eine weniger zentrale Rolle spielt, wie beispielsweise den Naturwissenschaften, können wir Schülerinnen helfen, ihr analytisches Verständnis der Welt mit einem Gefühl des Staunens zu kombinieren. Was nützt einem jungen Menschen das detaillierte Wissen über die zellulären Prozesse der Photosynthese, solange er nicht auch an einem Sommertag unter einem Baum sitzen und die erstaunliche Tatsache würdigen kann, dass wir hier sind, in genau dieser Entfernung zur Sonne, nicht zu heiß, nicht zu kalt, in einem Sonnenlicht, das in dieses filternde Blatt eindringen kann und mit *genau* der richtigen Temperatur auf unseren Körper trifft, und den Baum bestaunen kann, der aus dem Licht genau vor unseren Augen seine Nahrung bezieht, in diesem Augenblick, jetzt?

Biologie, die „Wissenschaft vom Leben", sollte für Schüler mehr sein als nur das Auswendiglernen zellulärer Prozesse. Dem Erkunden der Sinne kann in der Wissenschaft eine wichtige Rolle zukommen – und die Rolle unserer eigenen, einzigartigen Erfahrung sollte hier auch nicht übersehen werden. Beim Leben und Lernen geht es nicht einfach nur darum, sich mit bekannten Fakten vollzustopfen, es geht auch darum, zu fühlen, zu würdigen und zu verstehen – von innen heraus.

In der *Psychologie*, der erstaunlichen „Wissenschaft von der menschlichen Psyche" und von Theorien über den Geist, sollte es gewiss auch darum gehen, dass wir die Funktionsweise unseres eigenen Geistes untersuchen, insbesondere, weil dieser unser Lerninstrument darstellt. Beide meiner Töchter lernten Psychologie auf dem IB-Niveau, und eine wählte Psychologie anschließend als Hauptfach an der Uni. Ausgezeichnete Kurse, ja, aber in den fünf Jahren, in denen sie die Psyche (anderer) studierte, wurde nicht von ihr erwartet, auch nur fünf Minuten auf die Erkundung ihrer eigenen Psyche zu verwenden.

Wir plädieren bestimmt nicht dafür, dass Schulen zu Orten der Introspektion werden, an denen die Schülerinnen einander endlos die Seele freilegen; aber wir müssen beim Lernen ein besseres Gleichgewicht zwischen Kopf und Herz finden. Können wir die Bildung mit einem Mehr der Menschlichkeit erfüllen, die sie verdient, wenn wir der Artikulierung und Legitimisierung unserer tieferen Antworten eine achtsamere Aufmerksamkeit entgegenbringen?

Beispiel 2 – Im Fremdsprachenunterricht das Zuhören trainieren

In einem Jahr ging ich in Prag in jeden Fremdsprachenunterricht der 7. Klassenstufe (12 bis 13-jährige) und lehrte Fähigkeiten des tiefen Zuhörens. Dann besuchte ich alle EAL-Kurse (Englisch als Zusatzsprache) und SEN-Kurse (für Schüler mit besonderem Förderbedarf). So war ich tatsächlich in der Lage, die gesamte Klassenstufe zu erfassen. Die Lehrerinnen bereiteten immer eine herausfordernde Hörübung vor; beispielsweise sollten die Schüler im Spanischunterricht drei unterschiedliche südamerikanische Akzente auseinanderhalten und gemeinsamen Inhalt erkennen. Bevor es damit losging, leitete ich die Klasse durch eine lustige achtsame Höraktivität, die ihr auditorisches Gewahrsein steigerte und ihren Geist zur Ruhe brachte, um sie für das offene, rezeptive Zuhören bereit zu machen. Nach dieser Vorbereitung ließen sie sich sehr gut auf die Hörübung der Lehrkraft ein.

Das Konzept, das ich in diesen Klassen anwendete, war eine andere Art des Zuhörens als bei den Standardübungen, bei denen man sich stark konzentrieren muss, um das in einer anderen Sprache Gesagte interpretieren zu können. Ich stützte diesen Ansatz auf meine eigenen Erfahrungen mit dem Erlernen von Fremdsprachen.

SPRACHLANDSCHAFTEN

„Aus Kevin wird nie ein Linguist." Diese vernichtenden Worte zu meinen Leistungen in Französisch auf dem Zeugnis, das ich im Alter von 13 Jahren an der Chichester High School for Boys erhielt, hatten sich tief in mein Gedächtnis eingegraben. Viele Jahre lang glaubte ich sie, und wenn französische Kollegen meines Vaters uns besuchen kamen, stellte ich fest, dass mein Schuljungenfranzösisch wirklich zu nichts taugte. Kein Wunder angesichts der Art und Weise, wie wir in der Schule unterrichtet wurden. Französisch wurde einfach behandelt wie alle anderen Fächer, als etwas, das es zu studieren und zu analysieren galt, nicht wie eine lebendige Sprache, die man anwenden oder mit der man spielen sollte. Trotz der gelegentlichen „Sprachlabor"-Aktivitäten war der Unterricht todlangweilig und ich lernte sehr wenig.

Erst als ich 22 war, entdeckte ich, dass ich Sprachen lernen kann. Aber ich muss sie hören, darf sie nicht einfach nur in Büchern studieren. Ich muss von der Sprache umgeben sein und in die Kultur eintauchen. Nach einem dreimonatigen Aufenthalt im französischen Chartres sprach ich ein ziemlich flüssiges (wenngleich ungrammatisches) Straßenfranzösisch. Ich stellte fast, dass ich mir eine Sprache durchaus ziemlich schnell aneignen konnte, wenn ich in die Kultur eintauchte, fast so tat, als sei ich Franzose, und zum Hören und Sprechen der Sprache gezwungen war.

Einige Jahre später, auf einer Reise nach Südamerika, hoffte ich, mein Französisch und mein elementares Latein würden mir eine Grundlage für die spanische Sprache geben. Aber erst, als ich an meinem ersten Tag in Mexiko viele Stunden lang – vergeblich – versucht hatte, von Tijuanas Busstation zu Tijuanas Bahnhof zu gelangen, erkannte ich, dass ich wirklich kein Spanisch konnte, zumindest keines, das irgend jemand verstehen konnte.

Zwei Wochen später lag ich auf einem Klappbett auf dem Dach der Pension, in der ich in Mazatlán wohnte. Meine Mitbewohner, eine

Gruppe mexikanischer Collegestudenten, waren mit irgendeiner Art von Spiel beschäftigt. Erschöpft davon, mit einer Sprache bombardiert zu werden, die ich nicht verstehen konnte, und meine eigene nicht benutzen zu können, lehnte ich mich zurück, schaute in den Himmel und ließ einfach los. Ich hörte auf zu versuchen, alles zu übersetzen, und lauschte einfach dem, was ich eigentlich hörte. Zum ersten Mal *hörte* ich tatsächlich das mexikanische Spanisch. Statt zu versuchen, dieses neue „Terrain" mit der Landschaft meiner Muttersprache zu vergleichen, hörte ich es einfach, für sich allein.

Weil ich einen Einblick in die „Gesamtform" der Sprache erhalten hatte, fügten sich von dem Augenblick an sämtliche Fragmente und Teile, die ich verstand, in einen Zusammenhang ein. Am Ende der dritten Woche unterbrachen mich meine Freunde eines Abends mitten im Satz und fragten: „Hey, Kevin, was ist los? Letzte Woche konntest du keine zwei Worte sagen, und jetzt kannst du nicht aufhören zu reden. Was ist passiert?"

Das Ziel der Aktivitäten des „tiefen Zuhörens", die ich mit den Sprachschülerinnen durchführte, bestand darin, zu lernen, manchmal das Streben nach dem Übersetzen loszulassen und einfach die Musik einer Sprache an sich zu genießen. Ich glaube, wenn wir dies tun, gelangen wir in einen achtsameren „Seinsmodus" und ermöglichen es dem Gehirn, einen Teil der Arbeit selbst zu erledigen, neue Klänge in eine entstehende sprachliche Landschaft zu integrieren. Ich habe diese Aktivität in anderen Schulen ausprobiert, sowohl mit sehr kleinen Kindern als auch mit Schülern auf dem Niveau des IB-Diploms, und die Lehrerinnen berichteten, dass es den Schülern wirklich gefallen habe und sie danach um mehr Höraktivitäten gebeten hätten.

Als ich die 7. Klassenstufe in diesem Ansatz trainierte, ließ ich als Geschenk an die Klasse immer einen Klangstab zurück. Sie sollte ihn jederzeit als Hilfe nutzen können, um einen Augenblick in Schweigen zu verfallen. Auf diese Weise sowie durch das Zuhören halfen wir Schülerinnen und Lehrern, einen gemeinsamen stillen Raum zu schaffen, an den sie vor einer Höraktivität oder bei emsiger Projektarbeit zurückkehren konnten. Es kann für Schüler erholsam sein, während des Unterrichts von Zeit zu Zeit einen Moment der Stille zu haben, an einen ruhigeren Ort zurückzukommen und dann von dort aus neu loszulegen. Dies ist auch gut für die psychische Gesundheit der Lehrerinnen!

EIN WARNHINWEIS – GLOCKEN UND STILLE

Ich verwende in Schulen zumeist Klangstäbe, weil diese zur normalen Ausstattung einer Schule gehören und über Kataloge des Fachbereichs Musik erhältlich sind, während Glocken den Eindruck einer eher religiösen Bedeutung entstehen lassen können. Sie sollten jedoch nicht anfangen, anstelle Ihrer üblichen Methoden, die Aufmerksamkeit der Schüler zu bekommen (z. B. das Heben der Hand, Herunterzählen von 5 bis 0 usw.), eine Glocke oder einen Klangstab zu benutzen. Die Glocke für etwas „Einladenderes" zu reservieren, bedeutet, dass die Schülerinnen dem kurzen Verweilen in einem vertrauten stillen Raum eher positiv gegenüberstehen – ansonsten kann das Instrument einfach wie ein weiteres Kontrollwerkzeug wirken. Die Methode funktioniert natürlich sehr viel besser, wenn die Schüler richtig in der Praxis der gemeinsamen Stille trainiert worden sind, sodass sie wissen, was sie zu erwarten haben, wenn man eine Glocke erklingen lässt. Einige Lehrerinnen gestatten es ihren Schülern, um einen „achtsamen Augenblick" zu bitten; dann hat die bittende Schülerin die Möglichkeit, für die Klasse die Glocke zu läuten, was die jungen Leuten offensichtlich mit Vergnügen tun.

Ich habe gesehen, wie Schulen sich für Achtsamkeit zu interessieren beginnen und sich dann in dem Glaube, es sei alles ganz einfach, zu schnell hineinstürzen und in jeder Sitzung eine Phase der Stille veranlassen oder im Unterricht Glocken läuten, um zur Ruhe aufzufordern. Dies kann manchen Kindern (und Lehrern) in der Tat die Idee verleiden, still zu sein, und funktioniert nur, wenn die notwendigen Voraussetzungen geschaffen wurden – die Lehrerinnen müssen selbst Erfahrung mit Achtsamkeitsmeditation haben, damit sie verstehen können, dass sich nicht jeder während einer gemeinsamen Stille ruhig fühlt. Schüler zum Eintreten in ihren „friedlichen, ruhigen Ort" (wie Dr. Amy Saltzmann ihn in ihren Achtsamkeitsprogrammen für Kinder nennt) aufzufordern, ergibt sehr viel mehr Sinn, wenn die Schüler angemessen im Aufsuchen dieses Ortes trainiert worden sind – und wissen, dass es in Ordnung ist, wenn sich dieser manchmal gar nicht ruhig oder friedlich anfühlt!

Beispiel 3 – Fähigkeiten des tiefen Zuhörens für die Gruppenarbeit trainieren

Schülerinnen der Mittel- und Oberstufe dazu zu bringen, ruhig zu sitzen und Atemübungen zu machen oder ihre Füße auf dem Boden zu spüren, stößt in dieser Altersguppe nicht immer auf sofortige Begeisterung. Ich habe aber festgestellt, dass die meisten Kinder und Teenager Spaß an den Höraktivitäten haben, insbesondere, wenn man ihre Fähigkeiten lobt. Sie erzählen einem gerne von all den subtilen Lauten, die sie gehört haben und man selbst nicht.

In Prag gingen wir manchmal noch einen Schritt weiter und sahen uns mit einer Jahrgangsstufe eingehender die Bedeutung des Zuhörens und des Anwendens der Fertigkeiten des Zuhörens auf Schul- und Lebenszusammenhänge an. Ich pflegte meine Lehrer häufig daran zu erinnern, dass es uns zwar leicht fällt, Kinder zum gemeinsamen Arbeiten in Gruppen einzuteilen, wir aber nicht unbedingt immer klar erkennen, wie schwierig es sein kann zusammenzuarbeiten. Selbst bei uns als Kolleginnen können Persönlichkeiten und Konzepte natürlich aufeinanderprallen. Die International School of Prague arbeitet viel mit projektbezogenem Lernen, was den Schülerinnen reichlich Gelegenheit bietet, sich zu verkrachen oder sich mit effektiver Kommunikation abzumühen. Weil Team- und Kommunikationsfähigkeiten heutzutage so wichtig sind, lenkten wir die Aufmerksamkeit auf eine Reihe von Gruppenarbeits- und Selbstmanagementkompetenzen, auf die sich die Schüler dann während dieser Projekte zusätzlich zu ihren akademischen Zielen konzentrierten.

Bevor es losging, bereitete die Beraterin die Schüler vor, indem sie ihnen einige Begriffe beibrachte, die sich für die Gruppenarbeit verwenden ließen. Können sie *Rollen* erkennen, die sie manchmal in Gruppen spielen? Helfen sie beim *Problemlösen* oder *Harmonisieren* einer Gruppe? Oder *blockieren* bzw. *stören* sie manchmal Anstrengungen der Gruppe? Dann übernahm ich die ganze Klasse einen Nachmittag lang, um auf die Fertigkeiten des Zuhörens zu fokussieren. Sämtliche Schülerinnen hatten bereits in ihrem Sprachunterricht oder bei der Lernunterstützung eine Einführung ins Zuhören erhalten, deshalb konnte ich direkt mit diesen Aktivitäten beginnen.

Das Folgende ist eine vergnügliche, von mir oft genutzte Möglichkeit, die Fokussierung auf das Zuhören einzuleiten:

SCHRITT 1 – SICH GEHÖRT FÜHLEN (10–15 MINUTEN)

- Wählen Sie zwei Freiwillige aus. Normalerweise sollten dies Lehrerinnen sein, es können aber auch Schüler sein, solange Sie Ihre Auswahl sorgfältig treffen und ihnen sagen, was kommt.
- Stellen Sie sich vorne in den Raum, eine Freiwillige an jeder Seite. Wenden Sie sich einer zu und sagen Sie: „Erzähl mir einfach eine oder zwei Minuten lang etwas darüber, was dir zum Arbeiten in Gruppen einfällt."
- Schenken Sie Ihre Aufmerksamkeit zunächst dem Sprecher und lassen Sie ihn dann nach kurzer Zeit sehen, dass Ihr Fokus zu wandern beginnt. Vielleicht wenden Sie sich ein wenig ab, vielleicht unterdrücken Sie (nicht zu diskret) ein Gähnen, vielleicht schalten Sie sich ein und bringen schnell Ihre eigene Meinung vor, schauen dann wieder weg. Behalten Sie dies eine kurze Zeit bei, auch wenn die Sprecherin Mühe hat, nicht den Faden zu verlieren.
- Danken Sie dem ersten Freiwilligen und wenden Sie sich dann mit derselben Frage an die zweite. Dieses Mal widmen Sie dem Sprecher Ihre

volle, ruhige Aufmerksamkeit, stellen Augenkontakt her, begleiten seine Worte mit dezentem Nicken oder mit zustimmenden „Ahas", und wenn er fertig ist, fassen Sie das von ihm Gesagte noch einmal zusammen.

- Bevor Sie die Schülerinnen auffordern, Feedback zu geben, bitten Sie die Freiwilligen, zu erzählen, wie sie sich gefühlt haben.

Wenn ich die Schüler fragte, was die zweite Person gesagt habe, konnten sie es mir normalerweise sagen. An die Worte der ersten konnten sie sich hingegen kaum erinnern. Dies ist eine schöne Überleitung zu der Frage:

> "Ist es jemals vorgekommen, dass du jemandem etwas erzählen wolltest, es aber nicht wirklich so aussah, als würde er zuhören?"

Und natürlich hat jeder schon mal diese Erfahrung gemacht.

> "Und wie fühlt sich das an?"

Dann, im Gegensatz dazu:

> "Hast du jemals die Erfahrung gemacht, dass du jemandem etwas erzählt hast, das dir wichtig war, und er wirklich gut zugehört hat?"
>
> „Wie fühlt sich das an?"

Und all das rüstet die Gruppe dafür, zum Reflektieren über folgende Frage bereit zu sein:

> "Was verhindert, dass wir jemandem wirklich zuhören?"

Diese Frage ist eigentlich gleichzusetzen mit der folgenden: „Was verhindert, dass wir wirklich präsent sind?" Die Schülerinnen bringen möglicherweise Ideen vor wie die, dass man durch andere Geräusche, durch Gedanken oder Schmerz abgelenkt wird, sich unwohl fühlt oder gelangweilt ist, seine eigene Geschichte erzählen möchte und so weiter. Dies können alles hilfreiche Erinnerungen an die Herausforderung sein, wirklich „mit jemandem zusammen zu sein". Selbst die Anerkennung dieser Hindernisse im jeweiligen Augenblick kann uns helfen, einen Schritt in Richtung eines stärkeren Präsentseins zu tun. Bei älteren Schülern und Lehrerinnen kommt häufig die Idee zum Vorschein, „zu versuchen, Dinge zu richten". Dies lässt uns die Macht untersuchen, die darin liegt, einfach mit jemandem zusammen zu sein, ohne zu versuchen, dessen Probleme zu lösen. Zudem taucht oft ein Verständnis davon auf, wie außerordentlich wertvoll es ist, gehört zu werden.

SCHRITT 2 – PAARFLÜSTERN (10–15 MINUTEN)

Im Anschluss an die Übung „Sich gehört fühlen" führe ich normalerweise eine Aktivität des „Paarflüsterns" durch, bei der ich das Vokabular nutze, das der Berater den Schülern bereits bei Betrachtung der „Rollen, die Menschen in Gruppen spielen" beigebracht hat (für Details siehe den Abschnitt „Probieren Sie es aus" am Ende dieses Kapitels).

- (Die Paare sitzen Schulter an Schulter, sehen sich nicht an, die Gesichter zeigen in unterschiedliche Richtungen.
- Ich führe eine kurze Praxis des angeleiteten Zuhörens durch, lasse die Schülerinnen eine Minute lang erst dem Ton des Klangstabs lauschen, während er verklingt, und dann anderen Klängen und Lautlosigkeiten, die den Raum füllen.
- Dann gebe ich ihnen mit dem Klangstab ein Signal, das sie dazu auffordert, aufmerksam zuzuhören, wenn der erste Sprecher flüsternd oder leise darüber spricht, „Wie ich bei der Gruppenarbeit bin".
- Die Zuhörerin fasst anschließend zusammen, was gehört wurde. Die beiden tauschen die Rollen, bevor sie die Aktivität mit einem letzten, normalen Gespräch über die Gruppenarbeit oder darüber, wie es sich angefühlt hat, diese Übung auszuführen, abschließen.

Dies erzeugt fast immer eine eindringliche Atmosphäre im Raum, bei den Lehrern genauso wie bei den Schülerinnen. Natürlich ist die Ebene des Dialogs eine ganz andere, wenn es in einer normalen Unterrichtssituation zu dem Gerangel bei der Gruppenarbeit kommt. Aber die Lehrer können an diesen praktischen Sitzungen teilnehmen und die Schüler dann an die Bedeutung des aufmerksamen Zuhörens und achtsamen Sprechens erinnern. Manchmal nutzen sie vielleicht einen Moment der Stille oder eine Council-Praxis, um in einer normalen Unterrichtssituation eine Vertiefung des Dialogs zu unterstützen. Bis zum Ende des Projekts sind die Lernenden in der Lage, den Eltern auf einer von Schülerinnen moderierten Zusammenkunft ziemlich artikuliert zu erklären, wie ihre affektiven Fähigkeiten sich im Laufe des Projekts entwickelt haben.

Diese Beispiele zeigen, wie nützlich und wichtig derartige Fertigkeiten beim Lernen, aber auch im Leben sind, insbesondere in einer Welt, in der es manchmal so scheint, als würde jeder sprechen, aber keiner zuhören. Ich wünschte, meine Lehrerinnen hätten mehr über die Bedeutung des Entwickelns sowohl emotionaler Intelligenz als auch akademischer Fertigkeiten gewusst, als ich zur Schule ging – ich hätte dieses Training immer und immer wieder in meinem Privatleben und bei meiner Arbeit anwenden können. Die affektiven Fähigkeiten in Schulen stärker in den Mittelpunkt zu rücken, kann das Lernen folglich relevanter machen und außerdem zur Entwicklung eines ausgeglicheneren Lernenden – und Menschen – beitragen.

WAS IST WIRKLICH WICHTIG?

- Erkennen, dass wir soziale, emotionale, intellektuelle und physische Wesen sind und dass wir uns und unsere Schulen dafür öffnen müssen, den Reichtum des menschlichen Geistes in all seinen Formen zu ehren.
- In Schulen praktische Gelegenheiten finden, um relevante und bedeutsame Fertigkeiten und Qualitäten wie tiefes Zuhören, Empathie und Mitgefühl zu entwickeln.

PROBIEREN SIE ES AUS!

Für Sie selbst:

- Bevor Sie es ausprobieren, mit Schülerinnen an den Fähigkeiten des Zuhörens zu arbeiten, sollten Sie darüber nachdenken, bei Ihrer eigenen regelmäßigen, formellen achtsamen Meditationspraxis Geräusche zur Verankerung Ihrer Aufmerksamkeit zu nutzen.
  - Sehen Sie sich die unten aufgeführte Anleitung für eine Geräuschmeditation an oder hören Sie sich eine Aufnahme davon an (auf https://www.arbor-verlag.de/uebungen-hawkins-achtsame-lehrer).
- Geräuschübung für Lehrerinnen (8 bis 10 Minuten)
  - Kommen Sie wie gewöhnlich in Ihrer Sitzhaltung zur Ruhe; nutzen Sie vielleicht die Empfindungen des Körpers als Hilfe.
  - Werden Sie der Bewegung des Atems im Körper gewahr.
  - Lassen Sie die Augen zugehen oder den Blick sinken und weich werden.
  - Wenn Sie sich ruhig fühlen und bereit sind, sich für Geräusche zu öffnen, wandern Sie mit Ihrer Aufmerksamkeit zu den Ohren und werden sanft der Geräuschlandschaft gewahr, die Sie in diesem Moment umgibt.
  - Nehmen Sie wahr, welche Geräusche Ihnen am meisten auffallen – jene, die von außerhalb des Zimmers oder aus der Nähe oder von Ihrem Körper kommen?
  - Es besteht kein Grund, nach den Geräuschen zu greifen, öffnen Sie sich einfach für sie, lassen Sie sie zu Ihnen kommen.
  - Wenn Sie bemerken, dass der Geist zum Denken, „Etikettieren" oder Erzählen von Geschichten, die mit Geräuschen ver-

bunden sind, übergegangen ist, fokussieren Sie sanft wieder auf die physischen Geräusche selbst, nehmen beispielsweise ihre Lautstärke, Tonlage und Struktur wahr.

- Nehmen Sie die Verbindung zwischen Geräuschen und Entfernung wahr.
- Nehmen Sie jegliche Momente der Stille wahr, die möglicherweise auftauchen.
- Nehmen Sie beständige Geräusche, zeitweise auftretende Geräusche und subtile Geräusche wahr.
- Schenken Sie dem Reichtum der Geräuschlandschaft oder der Weiträumigkeit der Stille Ihre volle Aufmerksamkeit.
- Und wenn Sie merken, dass der Geist in die Gedanken entschwunden ist, akzeptieren Sie es einfach, dass der Geist wandert, und bringen ihn sanft und bestimmt zur Konzentration auf Geräusche – Ihren Anker im gegenwärtigen Augenblick – zurück.
- Weiten Sie schließlich Ihr Gewahrsein aus, um die Geräusche einige Augenblicke lang mit dem ganzen Körper zu spüren.
- Würdigen Sie jedes Gefühl von Weiträumigkeit, das bei dieser Meditation entstehen kann.
- Öffnen Sie dann sanft die Augen, schauen Sie sich um und behalten Sie das Gewahrsein der Geräusche bei, wenn Sie diese Übung zum Abschluss bringen.
- Es gibt viele Hörmeditationen, die online zugänglich sind. Hier ist ein Vorschlag: www.contemplativemind.org/audio/MB_Breath_Sound_Mediation.mp3.

Mit Ihren Schülern:

- Höraktivität (3–5 Minuten)

  Denken Sie darüber nach, mit Ihren Schülerinnen zu Beginn oder Ende einer Unterrichtsstunde oder vor einer Aktivität, die ruhige Konzentration erfordert, eine kurze Hörübung durchzuführen.

  - Bitten Sie die Schüler, zugleich bequem und aufmerksam zu sitzen.
  - Sagen Sie ihnen, dass Sie sehen wollen, wie gut sie im Zuhören sind.
  - Vielleicht bitten Sie sie, die Augen zu schließen, falls sie sich damit wohl fühlen (und falls nicht, einfach nur den Blick zu senken), sodass sie ihre gesamte Aufmerksamkeit dem Zuhören schenken können.
  - Stellen Sie einen Küchenwecker auf 2 Minuten und sagen sie den Schülerinnen, sie bräuchten in dieser Zeit nichts weiter zu tun, als still zu lauschen und wahrzunehmen, was sie hören. Machen Sie selbst bei diesem aktiven Zuhören mit.
  - Entlocken Sie den Schülern nach Ablauf der Zeit eine Auflistung all der unterschiedlichen Geräusche, die sie gehört haben (und loben Sie sie vielleicht dafür, dass sie gute Zuhörer sind; heben Sie Geräusche hervor, die sie gehört haben, Sie selbst aber nicht).
  - Entweder jetzt oder bei einer zweiten Sitzung in einer späteren Unterrichtsstunde könnten Sie sie dazu ermuntern, subtilere Geräusche wahrzunehmen.
  - Falls angemessen, könnten Sie sie bitten zu beobachten, wie sie sich nach dem Zuhören fühlen oder wie sich der Raum bei Abschluss der Hörübung anfühlt.

- Unterrichtsfokus auf den Fähigkeiten des Zuhörens

  Falls Sie Interesse daran haben, die Fähigkeiten des Zuhörens in Ihrem Unterricht stärker in den Fokus zu rücken, könnten Sie versuchen, die Aktivität auf Seite 253 als eine Möglichkeit zu nutzen, einen Dialog mit den Schülern über die Bedeutung des Zuhörens und des Gehörtwerdens anzustoßen.

  - Dieser Fokus ließe sich dahingehend ausweiten, dass das Verhalten und die Rollen, die bei der Gruppenarbeit übernommen werden, auf ähnliche Weise untersucht werden wie im Kapitel beschrieben. Sehen Sie sich den folgenden Link an, in dem es um die Rollen geht, die Menschen in Gruppen spielen (auf Englisch): http://web.stanford.edu/group/resed/resed/staffresources/RM/training/grouproles.

  - Kurze Hörübungen können Schülerinnen in jedem Unterricht helfen, sich zu beruhigen und neu zu fokussieren, und stimmen sie manchmal vielleicht auf eine etwas tiefere Ebene des Dialogs ein.

  - Ich wünsche Ihnen viel Spaß mit Höraktivitäten wie diesen aus dem Exploratorium Museum (auf Englisch): www.exploratorium.edu/listen/online_try.php.

Quellen und weiterführende Literatur

Edutopia (www.edutopia.org) ist eine großartige Quelle für Ideen und Beispiele für entdeckendes Lernen bei der Projektarbeit und für die Anwendung von SEL in Schulen.

Kessler, Rachael (2000), *The Soul of Education: Helping Students Find Connection, Compassion and Character At School.* Alexandria, VA: Association for Supervision and Curriculum Development, 2000.

Ein wunderbarer Ratgeber für die Arbeit mit Jugendlichen, der über das Wesen der Jugend, der Verbindung und des Lernens spricht.

Elias, M. und Zins, J. (1997), *Promoting Social and Emotional Learning: Guidelines for Educators.* Alexandria, VA: Association for Supervision and Curriculum Development, 1997.

Ein früher, aber einflussreicher Leitfaden zu SEL im 21. Jahrhundert, verfasst von einem Team aus Schriftstellern und Forschern, die für die Collaborative for the Advancement of Social and Emotional Learning arbeiteten.

Seligman, Martin, *Flourish – wie Menschen aufblühen: die positive Psychologie des gelingenden Lebens.* München: Kösel Verlag, 2012. Neu aufgelegt als: ders., *Wie wir aufblühen: Die fünf Säulen des persönlichen Wohlbefindens.* München: Goldmann Verlag, 2015.

Ein leicht verständliches Buch voller unterhaltsamer Geschichten, die zugleich als nützliche Einführung in die Wissenschaft und Anwendung der Positiven Psychologie dienen.

Lantieri, Linda und Goleman, Daniel (2009), *Emotionale Intelligenz für Kinder und Jugendliche.* München: Ariana-Verlag, 2009.

Praktische Übungen, die SEL mit Achtsamkeit kombinieren und Kindern helfen sollen, Stress zu bewältigen und Resilienz und Empathie aufzubauen.

7

Achtsame Lehrer – achtsame Schule: Die Schulkultur verändern

Dieses Kapitel:

- beleuchtet einige der praktischen und organisatorischen Fragen, die sich hinsichtlich der Einführung des Trainings achtsamen Gewahrseins und einer größeren Betonung der affektiven Fähigkeiten in Schulen stellen;
- wendet sich an Schulleiterinnen, die an der Unterstützung dieser Entwicklungen interessiert sind;
- untersucht Beispiele für praktische Möglichkeiten, die Kultur einer Schule zu verändern, darunter die Arbeit mit Eltern.

Die Aufnahme eines Achtsamkeitskurses für Schüler in den Lehrplan kann eine gute Möglichkeit darstellen, an einer Schule den Stein ins Rollen zu bringen. Wollen wir den Fokus der Bildung aber wirklich verlagern, haben wir eine sehr viel größere Chance auf Anregung einer nachhaltigen Veränderung, wenn wir uns die Zeit für eine ganzheitliche Betrachtung nehmen: wenn wir Achtsamkeit mit bestehenden Initiativen und Methoden verbinden und einen einheitlicheren Rahmen aufbauen. Wie wir in Kapitel 6 gesehen haben, kann das Einbinden des Trainings achtsamen Gewahrseins in bereits existierende Ansätze zum Erlernen nicht-intellektueller Fertigkeiten und Programme zur Förderung sozialer und emotionaler Kompetenzen ein effektiver erster Schritt für Schulen sein. Die Einordnung von Achtsamkeit und sozial-emotionalem Lernen in einem breiteren schulischen Rahmen des Wohlbefindens – Achtsamkeitsbasiertes Wohlbefinden – geht einen Schritt weiter und bietet eine integrierte Sichtweise, welche die zukünftige Curriculumplanung prägen kann.

Eine sachkundige Fokussierung auf das Wohlbefinden in Schulen vereint die Bedürfnisse nach körperlicher, psychischer und emotionaler Gesundheit. Mag auch, vor allem in den Medien, die Tendenz zu beobachten sein, dass man sich auf Konzepte wie Achtsamkeit stürzt, als handele es sich um eine Art Wundermittel, muss doch die Idee des Gleichgewichts im Vordergrund der Diskussionen um Wohlbefinden stehen. Viel körperliche Bewegung, gute Ernährung und genug Schlaf sind ebenso wichtig wie der Erhalt einer positiven psychischen Gesundheit.

Ein anderer Tag

In Schulen wie dem UWC Thailand, das wir uns in Kapitel 6 angesehen haben, durchzieht ein integrierter Ansatz für achtsamkeitsbasiertes sozial-emotionales Lernen den gesamten Tag. Wenn ein arbeitsreicher Schultag mit bedeutsamen Augenblicken gemeinsamer Stille durchsetzt ist, ändert sich die ganze emotionale Atmosphäre eines Klassenraums (und einer Schule). Dies kann den Stress reduzieren, die Seele nähren und dafür sorgen, dass die gesamte Erfahrung – für Lehrerinnen wie für

Schüler – weniger ein hektischer Sprint zum Ende und eher eine messbare, sogar genossene, Lernerfahrung wird. Auf diese achtsamere Weise können Schulen und Lehrerinnen die Momente der Ruhe und Erholung bieten, die unser Geist-Körper-System so dringend braucht, um den ganzen Tag lang wirklich lernen und unterrichten zu können. Indem sie Wege finden, sich der restaurativen Prozesse des „parasympathischen Nervensystems" zu bedienen, leben Lehrer jene Qualitäten ruhiger und innerer Stabilität modellhaft vor, die wir brauchen, um der Neigung zu Angst und Unsicherheit entgegenzuwirken, die gerade zu einem beinah allgemein anerkannten Merkmal des Lebens im 21. Jahrhunderts wird.

Das Tempo der Veränderung steuern

Wenn es um neue Initiativen in Schulen geht, müssen wir die Veränderung in weitherziger, gut durchdachter und einfühlsamer Weise fördern. Statt zu versuchen, einer Schulgemeinschaft neue Ideen aufzuzwingen, sollten wir einen gesunderen Ansatz wählen und dies als den Beginn eines Dialogs mit den Lehrkräften, Verwaltungsmitarbeitern, Unterstützungskräften, Schülerinnen und Eltern betrachten. Wollen wir gedeihende Gemeinschaften hervorbringen, deren Ziel eine Verbesserung des Wohlbefindens ist, stellt die Einbeziehung jeglicher interessierter Beteiligter in eine reflexive Auseinandersetzung mit dem Thema einen guten Ausgangspunkt dar. Nach Einführungsretreats und Trainingskursen zur Praxis achtsamen Gewahrseins raten wir häufig Lehrern, die höchst motiviert und begeistert sind, einen Atemzug zu machen und ein paar Schritte zurückzutreten, bevor sie beginnen, ihre Ideen Kolleginnen und Schülern vorzustellen. Drängt man, wird man unweigerlich zurückgedrängt, das weiß ich aus eigener Erfahrung. Die ersten Jahre, die ich Achtsamkeit an meiner eigenen Schule unterrichtete, waren nicht leicht. Insbesondere bei meinen Kollegen aus dem Führungsteam war ich ziemlich oft sanftem Gespött ausgesetzt. Selbst in meiner Lehrerschaft machten sich manche Mitarbeiterinnen, denke ich, bisweilen Sorgen, ich könnte zu einer sonderbaren persönlichen Odyssee aufgebrochen sein.

Zu der Zeit konnte ich keine anderen Lehrer finden, die diese Arbeit an internationalen Schulen leisteten, abgesehen von einer Lehrerin, die für ihre Schüler der sechsten Klasse (elfjährige) an der Schule der Amerikanischen Botschaft in Delhi im Fach Gesundheit einen selbst entwickelten Achtsamkeitskurs gab. Diese Lehrerin war Meena Srinivasan, die später auf der Grundlage ihrer Erfahrung in Indien das Buch *Teach, Breathe, Learn* (2014) schrieb. Sie bietet Lehrerinnen ein schönes, durch Thich Nhat Hanh inspiriertes Curriculum sowie viele wunderbare Kommentare und Erkenntnisse ihrer Schüler, die zeigen, wie berührt sie von diesen einfachen, auf den Empfindungen des Herzens aufbauenden Kursen waren. War Meena auch eine ausgesprochene Vorreiterin, was das Unterrichten von Achtsamkeit in der Schule angeht, arbeitete sie doch in einem relativ unterstützenden Kontext. Die Botschaftsschule war eine amerikanische Bildungseinrichtung der etwas anderen Art, was vielleicht auf ihren Standort in Indien zurückzuführen war – viele Lehrer praktizierten Meditation, und es gab eine solidarische Gemeinschaft aus ähnlich gesinnten Lehrern.

> Wenn du das Gefühl hast, in der Schule ein Rufer in der Wüste zu sein, kann es am Anfang schwierig sein.

Es ist nicht leicht, den gesunden Mittelweg zwischen dem Versuch, Veränderung herbeizuführen, und dem Hervorrufen von Zurückweisung zu finden. In der Zeit, als ich Schwierigkeiten hatte, Achtsamkeit an meiner eigenen Schule auf den Weg zu bringen, nahm ich glücklicherweise an Amy Saltzmans ausgezeichnetem Online-Kurs zur Lehrerfortbildung, *Still Quiet Place*, teil (einem Achtsamkeitsprogramm für Kinder und Jugendliche). Ich neigte dazu, mich an meiner Schule begeistert über Achtsamkeit auszulassen und Mission zu betreiben, und wurde dann von meinen Kollegen zurückgewiesen. Dadurch begann ich zu zögern und eine Zeitlang die Schotten dichtzumachen. Amy gab mir einen sehr guten Rat, der auf ihrer Kenntnis der Kampfkünste gründete. Sie riet mir, über ein gelasseneres Vorgehen nachzudenken, ähnlich der Bewegung beim Aikido oder Tai-Chi, bei der man in der Lage ist, sein Gleichgewicht zu bewahren und sich vorwärts, rückwärts oder zur Seite zu bewegen, je nachdem, was im aktuellen Moment erforderlich ist. Das half mir sehr – ich verringerte meine Anstrengungen, den Rest der Schule dazu zu überreden, diesen Ansatz zu übernehmen, und konzentrierte mich mehr auf meine eigene Praxis. Gleichzeitig machte es mir Spaß, den Schülerinnen der Mittelstufe, die sich zu meinen Kursen angemeldet hatten, und interessierten Lehrern Achtsamkeitstraining nahezubringen.

Allmählich begannen sich die Dinge zu wandeln – die Leiterin der Oberstufe (14- bis 18-jährige) erkundete zu der Zeit gerade für sich selbst Meditation und Yoga. Zusammen mit den Oberstufenberatern machte sie sich Gedanken um den körperlichen, mentalen und emotionalen Zustand der Schülerinnen beim Umgang mit den Herausforderungen des intensiven, auf dem International Baccalaureate Diploma basierenden Lehrplans. Es war ermutigend, als Schüler beschlossen, an kurzen, freiwilligen Achtsamkeitsprogrammen teilzunehmen. Bald waren einige Oberstufenlehrerinnen im Unterrichten von Achtsamkeit geschult, dann wurde für sämtliche Schüler der 11. Klasse (17-jährige) eine Reihe von Achtsamkeitsstunden eingeführt.

Es gab jedoch weiterhin das Problem, dass die ganze Achtsamkeitsinitiative zu sehr mit mir persönlich gleichgesetzt wurde. Ich habe mit anderen „frühen Anwendern" darüber gesprochen, wie man versucht, eine allgemeine Auffassung wie „Das ist Kevins Ding" zu überwinden. Vielleicht ist sie bei Initiativen dieser Art, bei denen es sich nicht gerade um durchschnittliche berufliche Weiterbildungsschulungen handelt, unvermeidbar. Tim Parks, der Autor von *Teach Us to Sit Still* (2012), sagte im Hinblick auf Achtsamkeit in der Bildung: „Die Füße auf dem Boden zu spüren ist in einem Klassenzimmer ein radikaler Akt." Vielleicht wird es in etwa zehn Jahren vollkommen normal erscheinen, aber bis auf weiteres kann es sich nach einer für Schulen ungewöhnlichen Richtung anfühlen. Es ist deshalb wichtig, langsam und sensibel vorzugehen.

Außerdem muss erkannt werden, dass die Einführung von Achtsamkeitskursen eine praktische Herausforderung für Schulen darstellen kann. Die Lehrerinnen müssen ihre eigene Praxis entwickeln und geschult werden; wechseln Mitarbeiter dann ihre Arbeitsstelle, nehmen sie ihre Kompetenz mit. Damit diese Form der Veränderung nachhaltig wird, sind ein Wandel der Kultur der Schule und ein ständiges Angebot von Möglichkeiten der beruflichen Weiterbildung erforderlich.

In Prag hatte ich gehofft, wir würden eine ganzheitliche, die gesamte Schule einbeziehende Überprüfung von Gesundheit und Wohlbefinden durchführen, ähnlich der an der TASIS vollzogenen, die in Kapitel 6 skizziert wurde. Leider aber geschah das während meiner Zeit an der Schule nicht. Es ist wichtig zu akzeptieren, dass die Entwicklung und Verankerung von Veränderungen jener Art, auf die wir in Schulen hoffen, lange dauern kann. Manchmal sind die Voraussetzungen für rasche Änderungen möglicherweise bereits gegeben. Häufiger aber benötigen wir Geduld und eine klare Absicht. Selbst dort, wo Schulen veränderungsresistent zu sein scheinen, zählen individuelle Anstrengungen – genau genommen sind sie sogar die wichtigsten Elemente, wenn es darum geht, die Saat der Veränderung zu säen. Neue Ideen, die unsere Annahmen über das Wesen der Schulbildung herausfordern, müssen manchmal herumkreisen und mehrmals aus unterschiedlichen Quellen gehört werden, bevor sie hängenbleiben können.

Falls Sie im Augenblick an Ihrem Arbeitsplatz keine unterstützende Umgebung haben, können Sie sich immer noch auf den Wandel in Ihnen selbst konzentrieren und die Dinge organisch wachsen lassen. Wenn die Kollegen Veränderungen an Ihnen und Ihrem Unterricht oder an Ihren Schülerinnen wahrnehmen, kann das eine mächtige Wirkung auf sie haben. Häufig ist dies sogar der wirkungsvollste Weg, um in diesem Bereich Veränderung in Gang zu setzen.

Die Schulkultur verändern: Theorie und Praxis

Wenn ich mit einer Schulgemeinschaft arbeite, beginne ich häufig mit einer Einleitung, die einer Kurzfassung von Kapitel 1 ähnelt. Dabei achte ich darauf, jedem einen erfahrungsorientierten Zugang zu verschaffen. Ich versuche das Thema auf umfassende, unkomplizierte Weise zu präsentieren und ein breites Spektrum an potenziellen Reaktionen und

Perspektiven als normal darzustellen. Ich finde, dass eine zur Reflexion einladende Übung rund um die Frage: „Was wollen wir wirklich für unsere Kinder?“ zur einer guten Dialogqualität beiträgt und einen starken Ausgangspunkt bildet, der das Ermitteln gemeinsamer Werte vieler Eltern und Lehrer ermöglicht.

Wir haben Beispiele für Schulen gesehen, die bei ihrem Bemühen, die Konzentration auf die affektiven Fähigkeiten bei ihrer Arbeit in den Mittelpunkt zu stellen, bedeutenden Fortschritt gemacht haben. Was das achtsamkeitsbasierte Wohlbefinden in der Bildung angeht, stehen wir aber weiterhin ziemlich am Anfang – es gibt nicht sehr viele etablierte Modelle, auf die wir uns stützen könnten. Wie wir gerade gesehen haben, waren wir an meiner Schule in Prag nicht in der Lage, das Konzept der Achtsamkeit in der gesamten Schule innerhalb eines ganzheitlichen Rahmens des Wohlbefindens auf die von mir gewünschte Art fest zu verankern. Dies bringt uns zu der wichtigen Frage, welche Herausforderung das Verändern der Schulkultur darstellt.

Wie können wir den Fokus einer Schule effektiv verlagern?

Schulsysteme sind notorisch veränderungsresistent, deshalb ist es wichtig, die Gründe dafür ein wenig zu verstehen. Ich werde mich hier auf ein Beispiel für den Wandel der Kultur stützen, das mir aus meiner Arbeit mit den Lehrern der Mittelstufe (11- bis 14-jährige) an der International School of Prague (ISP) bekannt ist.

Bitte beachten Sie, dass es in diesem Beispiel nicht um Achtsamkeit an sich geht. Wie Sie aber sehen werden, gibt es Verbindungen zwischen dem von mir skizzierten Ansatz und den Bedingungen, die für das Erzeugen einer tiefgreifenden Veränderung in Schulen (wie einer Verlagerung des Fokus hin zu einer Betrachtung von Wohlbefinden und affektiven Fähigkeiten als zentrale Anliegen) erforderlich sind.

Insbesondere bietet dieses Beispiel nützliche Parallelen zu folgenden Themen:

- Aufbau von Selbstgewahrsein
- Erkennen von Gelegenheiten für persönliches Engagement und von Einstiegsmöglichkeiten für Lehrer und Eltern
- Den Boden bereiten durch tiefes Zuhören und produktiven Dialog.

INTERNATIONAL SCHOOL OF PRAGUE. MITTELSTUFE. TSCHECHISCHE REPUBLIK

Als ich an der Mittelstufe der ISP anfing, war es eine wahre Freude, so ein dynamisches Team aus Erzieherinnen vorzufinden: Sie waren sehr fleißig, unterrichteten schülerzentriert und setzten sich dafür ein, das Bestmögliche aus unserer Schule zu machen. Wir waren sehr gut ausgestattet und verfügten über eine fortschrittliche Verwaltung. Und mögen die Eltern auch recht konservative Auffassungen von der Bildung gehabt haben, unterstützen sie, wie ich feststellte, doch trotzdem generell Veränderungen, wenn man sie gut vorbereitete und in die Diskussionen mit einbezog – selbst dann, wenn diese Veränderungen manchen ihrer instinktiven Vorstellungen von Schulbildung zuwiderliefen.

Doch obwohl ich insgesamt mit der Qualität der Bildung, die wir boten, zufrieden war, begann ich mich nach ein paar Jahren an diesem Arbeitsplatz ein bisschen frustriert zu fühlen: Wie kam es, dass wir in Anbetracht der gerade von mir beschriebenen Situation und meiner Absicht, die Einrichtung von der traditionellen Bildung nach amerikanischem Stil wegzubringen, die ich bei meinem Antritt übernommen hatte, immer noch mehr oder weniger dieselbe alte Sache machten? Lag es bei so einer privilegierten Position und all den Ressourcen nicht in unserer Verantwortung, etwas Progressiveres, Radikaleres hervorzubringen?

Zu dem Zeitpunkt stieß ich auf das Werk von Peter Senge, insbesondere auf sein einflussreiches Buch *Die fünfte Disziplin* (Senge, 2017), das ich für die Bedürfnisse unserer Schule sehr relevant fand.

Wir verwendeten einige seiner Ideen und Techniken direkt bei der Entwicklung neuer Visionen für die Mittelstufe. Ich stelle jetzt gerade fest, dass beinah jede Seite meines Exemplars von *Die fünfte Disziplin* unterstrichene Stellen oder Eselsohren aufweist – so viel darin schien sich unmittelbar auf Schulen anwenden zu lassen, obwohl das Buch hauptsächlich für die Geschäftswelt geschrieben wurde. Zwei Schlüsselfaktoren waren von besonderer Bedeutung für unsere Situation:

- Erstens, der Wert eines tieferen Dialogs anstelle des normalen Brainstormings und der Diskussionen, die häufig der Lehrplanentwicklung vorausgehen. Viele gut gemeinte Schulreformen verlaufen letztendlich im Sande, wenn die Lehrer nicht von Anfang an auf tiefere Weise vollständig in den Prozess eingebunden sind. Selbst geniale Programme scheitern, wenn sie zu oberflächlichen Pflichtübungen werden.

  (Ein Beispiel hierfür ist das Programm Social-Emotional Aspects of Learning (SEAL) in Großbritannien. Dieses wichtige Programm, das bis heute in vereinzelten Regionen im Vereinigten Königreich und anderen Ländern angewendet wird, fand wegen mangelnder Investition in die Einbindung der Lehrkräfte nicht den Halt, den es verdiente.)

- Zweitens, die Bedeutung des Aufspürens unserer eigenen Annahmen über das System, in dem wir arbeiten. Wir mögen alle positive Vorstellungen davon haben, wie die Dinge sein sollten oder könnten; verzichten wir aber auf eine Überprüfung der unseren Vorstellungen zugrundeliegenden Glaubenssätze, können wir nicht tief genug graben, um zu verhindern, dass neue Ideen letztendlich alte Systeme nachbilden. Dies ist ein beständiger und frustrierender Aspekt vieler Schulreformen, der zeigt, dass wir als Lehrer manchmal unbewusst Initiativen für einen Wandel untergraben können, und zwar oft, weil wir im tiefsten Inneren nicht an sie glauben (und dies häufig aus gutem Grund).

Peter Senge hat die meiste Zeit in der Industrie und im globalen Management gearbeitet, war jedoch auch sehr an der Bildung interessiert. Sein großes Geschenk bestand darin, anderen beim Verständnis der Komplexität des Systemdenkens und der Anwendung dieser Erkenntnisse auf einer praktischen Ebene zur Förderung tiefer Veränderung zu helfen. Er war zudem Co-Autor des *Fieldbook zur fünften Disziplin* (Senge, 2008), das uns bei der Überprüfung unserer Prioritäten in der Mittelstufe geholfen hat. (In diesem 5-minütigen, englischsprachigen Video können Sie Senge dabei sehen, wie er über die Zukunft der Bildung spricht: http://schoolsthatlearn.com/resources/)

Wir hatten bereits begonnen, über die Frage nachzudenken: „Was ist in der Mittelstufe wirklich wichtig?“, und wir waren uns innerhalb der Lehrerinnenschaft allgemein einig, dass eine Veränderung wünschenswert war. Zu der Zeit wurden wir auf so viele interessante Lehrplaninitiativen aufmerksam, dass wir bei der Überlegung, was wir übernehmen wollten, kritisch vorgehen mussten. Einige der Vorschläge leiteten sich aus Erfahrungen ab, die Lehrer an ihren früheren Schulen gemacht hatten, oder stammten aus Konferenzen oder Schulungen, an denen sie teilgenommen hatten. Die meisten Anregungen kamen von leitenden Mitarbeiterinnen, die mit neuen Ideen von anderen Schulen oder von Tagungen zurückkehrt waren. Es war eine Zeit, in der es schien, als würde jeder, der an einer internationalen Schule arbeitete, Curricula umschreiben, die Prinzipien der Lehrplangestaltung überdenken und unterschiedliche Lernansätze untersuchen, insbesondere infolge des Einflusses der Technologie. In mancherlei Hinsicht waren wir zu offen für mögliche Veränderungen – liefen Gefahr, von einer Initiative zur nächsten gepustet zu werden (und vielleicht oberflächliche Veränderungen vorzunehmen), ohne die Schulbildung wirklich auf die Weise zu transformieren, auf die viele von uns in ihrem tiefsten Inneren hofften.

Ein Faktor, der Veränderungen in Schulen im Wege steht und den es in Industrie und Gewerbe nicht gibt, ist die Tatsache, dass wir – Lehrerinnen, Schulleiter, Eltern – alle zur Schule gegangen sind und deshalb unsere eigenen Ansichten (unsere „mentalen Modelle") davon haben, was gute Bildung ausmacht und was nicht. Aber erst, wenn wir diese Annahmen an die Oberfläche holen und vergleichen, können wir anfangen, sie zu überwinden und mit größerer Klarheit zu sehen, „was ist" und „was möglich ist".

Wir entschieden, einen kompletten Weiterbildungstag darauf zu verwenden, unsere Position in der Mittelstufe (MS) zu überprüfen. Ein paar Lehrerinnen lasen, resümierten und präsentierten Aktivitäten aus einigen zentralen Kapiteln des *Fieldbook zur fünften Disziplin* für die restlichen MS-Lehrer. Wir verbrachten den gesamten Tag zusammen in der Schulbücherei, und von Beginn an sagte mir das Engagement der Lehrerinnen, dass diese Veranstaltung bedeutungsvoll sein würde. Indem wir einige von Senges Übungen durchgingen, die uns helfen sollten, unsere Grundannahmen über die Bildung an die Oberfläche zu holen, begannen wir auf einer Ebene in Dialog zu treten, die ich noch nie zuvor in einer Schule erlebt hatte.

Wir starteten mit einer Betrachtung der Zwecke der Schulbildung und der Frage, wie wir zu dem System gekommen waren, das wir übernommen hatten. Im *Fieldbook zur fünften Disziplin* (Senge, 2008) erstellten Senge und Kollegen eine Liste an Grund-"Annahmen", die unserem Bildungsansatz des „Industriezeitalters" implizit zugrunde zu liegen scheinen, wenn dieser aus einer Perspektive des Systemdenkens betrachtet wird (d.h. wenn die Gesamtwirkung gesehen wird, nicht nur die gewünschten Ergebnisse). Wir konzentrierten uns auf sieben von ihnen.

SIEBEN ANNAHMEN ÜBER DIE BILDUNG

1. Kinder sind unzulänglich, und Schulen beheben das.
2. Das Lernen findet im Kopf statt, nicht im gesamten Körper.
3. Jeder lernt auf dieselbe Weise oder sollte dies zumindest.
4. Das Lernen findet im Klassenzimmer statt, nicht in der Welt.
5. Wissen ist grundsätzlich fragmentiert.
6. Schulen vermitteln „Die Wahrheit".
7. Das Lernen ist primär ein individualistischer Akt, und Wettbewerb beschleunigt das Lernen.

Wenn die Schulbildung im Licht des Systemdenkens betrachtet wird, tauchen diese impliziten Annahmen auf, und wir können vielleicht besser verstehen, wie diese von Bloom entwickelten physischen und emotionalen Taxonomien (siehe Kapitel 1) letztendlich aus dem Blickfeld gerieten.

Nachdem wir dies zusammen untersucht hatten, fragten wir: „Welche versteckten Annahmen könnten unseren eigenen Vorstellungen davon, wie Kinder am besten lernen, zugrunde liegen?"

Wir dachten offen darüber nach, welchen Einfluss unsere eigene Schulbildung auf unsere nur selten überprüften Ansichten über die Natur des menschlichen Lernens und der modernen Schulbildung gehabt haben könnte. Dieses Vorgehen sprach etwas Persönliches in unseren Lehrerinnen an und schuf eine sichere gemeinsame Basis für kollektive Reflexion und Exploration. Viele der Kommentare von Lehrern, die in ihrem Feedback zum Weiterbildungstag abgegeben wurden, spiegelten diese tiefere Ebene des Engagements wider:

> „Ich war begeistert. Für mich war es das Größte, eine Zeitlang das Tempo zu verlangsamen, innezuhalten, zu reflektieren und gemeinsam nachzudenken."

„Ich fand, dass es ein sehr produktiver Tag war. Wir haben nur selten Zeit, uns wirklich mit Kolleginnen zu unterhalten. Ich habe einige neue Sichtweisen gewonnen, und die Arbeit mit anderen half mir bei der Überprüfung meiner Ansichten/Überzeugungen."

„Ich mag es, Zeit zu haben, um theoretisch/idealistisch zu denken. Das trägt dazu bei, unser konzeptuelles Denken über Schulen voranzutreiben."

„Ich habe diesen Weiterbildungstag sehr gemocht. Ich fand ihn sehr effektiv, er bot viel Neues, und man diskutierte bekannte Dinge aus einem neuen Blickwinkel/tiefgründig."

„Ich fand den Tag produktiv, weil wir meiner Meinung nach nur selten Gelegenheit erhalten, Weiterbildungszeit dafür zu nutzen, uns wirklich auszutauschen. Normalerweise übernehmen wir Ideen aus externen Quellen und von Experten von außen. Diese Veranstaltungen haben natürlich ebenfalls ihren Wert, aber zu häufig vernachlässigen wir das, was wir uns gegenseitig zu bieten haben."

„Bei Weitem einer der besten Weiterbildungstage, den es je in der Mittelstufe gab. Die Zeit wurde wertvoll genutzt, die Diskussionen regten zum Nachdenken an und das Thema war relevant und ist fortwährend aktuell."

Das Ergebnis dieses einen Tages war eine Reihe gemeinsamer Vereinbarungen zu der Frage „Was in der Mittelstufe wirklich wichtig ist". Als wir begannen, unsere Vorstellungen darüber zusammenzutragen, wie die Bildung in der Mittelstufe in einer Idealwelt aussehen sollte, entdeckten wir sehr viele Gemeinsamkeiten. Rückblickend mag das ziemlich naheliegend wirken, damals aber war es sehr wichtig, dass wir – als eine Gruppe von 30 Erzieherinnen, die kurz davor standen, einen Weg der Veränderung einzuschlagen – die gemeinsame Basis visualisieren und explizit formulieren konnten, von der aus – und zu der hin – wir zu arbeiten hatten.

Zur gleichen Zeit fand in der gesamten Schule (d.h. in der Grund-, Mittel- und Oberstufe) eine Überprüfung des Leitbilds statt. Ich glaube zwar, dass die ISP aufrichtig versuchte, nach ihrem Leitbild zu leben, hatte aber das Gefühl, das Erzielen dieser gemeinsamen Vereinbarungen in der Mittelstufe war von weit größerer Bedeutung dafür, wie sich das Lernen in den nächsten paar Jahren entfalten und entwickeln würde, als irgendetwas anderes, das wir ausprobiert hatten. Es war nicht so, dass wir einen fest umrissenen „strategischen Dreijahresplan" aufgestellt oder klare Ergebnisse und Beurteilungsmethoden ausgearbeitet hätten, die uns den Fortschritt in Richtung Zielerreichung angezeigt hätten. Manchmal können derartige Ansätze recht gut funktionieren, häufig aber verlieren sich Schulen in den Details und scheitern daran, ihre Ziele wirklich auf einer grundlegenderen Ebene umzusetzen. Ich glaube, es war alles sehr viel einfacher – wir hatten einen Prüfstein erschaffen, eine Reihe von Wegweisern, anhand derer wir von Zeit zu Zeit unser Vorgehen überprüfen und, wenn nötig, korrigieren konnten. Was wichtig ist: Dank der Prozesse der persönlichen Reflexion und des Dialogs hatten wir eine Ebene der gemeinsamen Einigung erzielt, der sich jeder Lehrer von Herzen anschließen konnte. Im letzten Teil der Sitzung versuchten wir die Lehrerinnen mit Fragen einzubeziehen, die Schlüsselbegriffe aus dem Leitbild der Schule enthielten:

„Welches ist Ihre persönliche Vision der Bildungserfahrungen, die ein ‚gesundes, erfüllendes und sinnvolles Leben fördern' können?"

„Wie können Sie Ihre Schüler am besten ‚motivieren, inspirieren und stärken'"?

„Was reizt Sie an den Möglichkeiten weiterer Entwicklungen?"

„Welche einschränkenden Faktoren erkennen Sie?"

Überraschend war für mich, dass wir einige Jahre später rückblickend feststellten, auch ohne detailliertes Planen wirklich erhebliche Fortschritte in Richtung einiger dieser wichtigen Punkte gemacht zu haben. Bei anderen waren wir nicht so erfolgreich gewesen, also mussten wir entscheiden, ob wir bewusst planen wollten, auf diese Ziele hinzuarbeiten – oder ob wir sie loslassen wollten.

Auf diese Weise sickerten unsere Vorstellungen davon, „was wirklich wichtig ist", in die Psyche unserer Schule ein, und im Laufe der Zeit wurden einige ziemlich transformierende Ideale verwirklicht. Ich glaube, dass der tiefe Dialog und diese auf das große Ganze ausgerichteten Ziele auf einer fast unterbewussten Ebene fortwährend Einfluss auf unsere Entscheidungen darüber hatten, wofür wir unsere kostbare Zeit und Energie verwenden wollten – darüber, was wir einbeziehen und, ganz entscheidend, was wir loslassen oder nicht übernehmen wollten. Als Schulen und als Lehrer nehmen wir häufig zu viel auf uns, deshalb ist es wichtig, sich dies genau anzusehen. Wir müssen einander darin unterstützen, nicht zu versuchen, alles zu tun, was notwendig erscheint – zu vereinfachen und uns die Erlaubnis zu geben, „nein" oder „nicht jetzt" zu sagen.

Das Verständnis der Gesamtwirkung des Systems, in dem wir als Lehrkräfte arbeiten, ist von grundlegender Bedeutung für die Fähigkeit, bei der Veränderung dieses Systems zu helfen, dazu beizutragen, dass es menschlicher wird. Obwohl wir das Beste für unsere Schüler wollen, vermittelt die Schulbildung Letzteren letztendlich häufig Botschaften, die nicht unbedingt förderlich sind. Man könnte es einem jungen Menschen nachsehen, wenn er denkt, dass es bei Bildung ausschließlich darum geht, gute Noten zu bekommen, um sich seinen Platz an der Universität zu sichern – damit man den Job erhält, den man am meisten haben möchte und verdient, damit man das Geld verdienen kann, das man braucht, um für die Familie das Haus zu bauen, das man haben will. Dass man hart arbeitet, damit man schließlich in Rente gehen und entspannen kann.

Dass das Leben eine Reise von A nach B, nach C, nach D ist und dass wir zu irgendeinem Zeitpunkt in der Zukunft irgendwo landen können, wo wir glücklich und erfolgreich sein werden. Aber beim Lernen geht es ums Leben, nicht nur um die Vorbereitung fürs College.

Die Überlappung von beruflicher Weiterbildung und persönlichem Wachstum

In einigen der in Kapitel 6 betrachteten Beispiele für Schulen, die Fortschritte bei der Implementierung einer ganzheitlicheren Vision gemacht haben, gab es für Lehrer eine wichtige Wahlmöglichkeit: Sie konnten entscheiden, wie sie sich persönlich auf die angebotenen Schulungen einlassen wollten. Auch wenn Achtsamkeit sehr anpassungsfähig und (glaube ich) für alle potenziell nützlich ist, denke ich nicht, dass Lehrerinnen dazu gezwungen werden sollten, Kurse achtsamen Gewahrseins zu belegen. Beschließt eine Schule jedoch, auf das Wohlbefinden zu fokussieren, ist es Sache aller Lehrer, auf die eine oder andere Weise mitzuwirken. Für mich gleicht das ein bisschen dem, was passierte, als die Informationstechnologie in ihrer Entwicklung in der Bildung eine bestimmte Stufe erreichte. Eine Zeitlang waren es nur die frühen Enthusiastinnen, die sich mit Computern beschäftigten, Netzwerke betrieben, im Klassenraum die Vorreiterrolle spielten. Aber an einem gewissen Punkt wurde es in den meisten Schulen für einen Lehrer unvertretbar, zu sagen: „Ich benutze in meiner Klasse keine Computer." Nach einer Weile wurde nicht mehr verhandelt – es hieß einfach: „Das machen wir hier so". Und ich glaube, dasselbe könnte bei einer Verlagerung in Richtung Wohlbefinden passieren: dass diese ein übergreifendes Konstrukt für eine Vielzahl bereichernder Ansätze in Schulen wird.

Nicht jeder möchte das Meditieren erlernen, aber es wäre gut, Lehrerinnen zumindest eine grundierte, erfahrungsorientierte Einführung in die Achtsamkeit zu geben. Dann wissen sie aus erster Hand, worum es hierbei geht, statt eine Meinung zu vertreten, die auf einem indirekten Verständnis beruht. Aus meiner Erfahrung der Arbeit mit Schulen weiß ich, dass die meisten der Lehrer, die sich zunächst zu sträuben scheinen, nach einer angemessenen Einführung sagen: „Ah, jetzt verstehe ich, *darum* geht es“. Vielleicht möchten sie nicht unbedingt in Achtsamkeit geschult werden oder selber Achtsamkeit unterrichten. Aber wenn die Schule tatsächlich beschließt, diesen Bereich zu entwickeln, ist es weniger wahrscheinlich, dass sie die Initiative unterminieren, wenn sie über ein unmittelbares Verständnis des Themas verfügen. Einige dürften weiterhin skeptisch bleiben, viele aber werden auch spüren, dass diese Sache für sie selbst und für die Schülerinnen sehr wichtig ist.

Wenn wir das Training achtsamen Gewahrseins unter einem ganzheitlichen Schirm des Wohlfindens, Aufblühens oder Ähnlichem einordnen, je nachdem, was für eine spezielle Schulgemeinschaft am besten funktioniert, können wir Lehrern innerhalb dieses Rahmens unterschiedliche Möglichkeiten anbieten, aus denen sie für ihr eigenes Wachstum und ihre eigene Entwicklung wählen können. So etablieren wir eine Kultur, in der die Steigerung des Wohlbefindens in unserer Schulgemeinschaft etwas ist, dem wir alle in der einen oder anderen Form beipflichten können – der „größte gemeinsame Nenner“.

Die soziale Neurowissenschaft liefert der Bildung umfangreiche Unterstützung für die Ansicht, dass es einfach nicht reicht, zu sagen: „Ich unterrichte Geschichte (oder Geografie oder Mathe) und damit hat sich's“. Denn das Unterrichten ist so ein sozialer Beruf, und die Rolle des Lehrers ist auf evolutionäre Veranlagungen angewiesen, die dafür sprechen, dass Menschen durch Beziehung lernen. Tiefes und effektives Lernen unserer Schüler ist dermaßen abhängig von zahlreichen Fertigkeiten und Fähigkeiten der Lehrer sowie von deren verkörperten Präsenz, dass das bestmögliche Entwickeln dieser Fähigkeiten in uns einfach ein normaler Teil unserer Tätigkeit werden muss. Für viele von uns ist die Chance, sich mit Bereichen der beruflichen Weiterbildung zu befassen, die mit unserem persönlichen Wachstum überlappen, einfach ein Bonus. Nicht zuletzt deshalb, weil dies darüber entscheiden kann, ob wir einen angenehmen, dauerhaften Beruf haben oder einen, der möglicherweise zu Erschöpfung oder Burn-out führt.

Werden schließlich Zeit und Raum für einen aufrichtigen Dialog innerhalb einer ganzen Schulgemeinschaft über das Thema Wohlbefinden gefunden und entscheidet die Schule dann, den Fokus in diesen Bereich zu verlagern, besteht immer noch keine Notwendigkeit, die Umsetzung zu übereilen. Wenn eine Änderung der Einstellung stattgefunden hat, kann dies allein schon die Curriculumplanung prägen und die Übernahme neuer Initiativen anregen. Bei Betrachtung der integrativen Natur achtsamkeitsbasierten Wohlbefindens kann eine Schule viele Gelegenheiten zum Einbau einer Reihe von Strategien erkennen, die eine sehr viel gesündere Gemeinschaft zur Folge haben können.

Die achtsame Schulleiterin

Das Kultivieren achtsamen Gewahrseins in unserer Leitungs- und Verwaltungsarbeit stellt ein großes Potenzial für uns dar, und ich werde auf diesen Punkt am Ende dieses Abschnitts noch einmal zurückkommen. Erst einmal möchte ich mich jedoch auf Vorschläge zur Unterstützung von Schulleitern konzentrieren, die Achtsamkeit in ihrer Schulgemeinschaft einführen wollen. Falls Sie selbst bereits Erfahrung mit Achtsamkeit oder Meditation haben, verfügen Sie über beste Voraussetzungen, um mit anderen an Ihrer Schule zu arbeiten. Schulleiterinnen, die mit dieser Art von Hintergrund arbeiten, sind ein starkes Vorbild. Rar, aber es gibt sie! Falls Sie nicht diese Erfahrung haben, macht es nichts. Alles, was Sie für den Anfang brauchen, sind Interesse und Begeisterung.

Vorschläge für Schulleiter:

- Finden Sie heraus, welche Lehrerin, Verwaltungsmitarbeiter oder Eltern Meditation praktizieren und wer in der Lage sein könnte, freiwillige Sitzungen für interessierte Lehrerinnen und Eltern zu leiten.
- Versuchen Sie eine Gruppe aus Lehrern zusammenzustellen, die an Achtsamkeit interessiert sind, und machen Sie Achtsamkeitstrainerinnen für Erwachsene in der Region ausfindig, die dieser Gruppe einen achtwöchigen Kurs bieten können.

- Haben Sie an Ihrer Schule bereits einige Lehrer, die über Erfahrung mit Achtsamkeit in der Bildung verfügen? Dies sind die Leute, mit denen es sich zu verbünden gilt. Lassen Sie wissen, dass Sie Interesse haben, sie zu unterstützen. Diese Unterstützung kann zunächst einfach moralischer Natur sein, wird aber irgendwann hoffentlich praktischer werden. Beispielsweise können finanzielle Mittel für Schulungen bereitgestellt werden, kann bei Mitarbeiterinnenbesprechungen Zeit freigehalten werden und so weiter.

- Am häufigsten sieht es an Schulen so aus, dass das Interesse an Achtsamkeit mit einem oder zwei enthusiastischen Lehrern (oder Beraterinnen oder Schulpsychologen) seinen Anfang nimmt. Diese sind selbstmotiviert und haben vielleicht schon einen Achtsamkeitskurs absolviert. Manchmal haben sie bereits den nächsten Schritt unternommen und sich schulen lassen, um Schülerinnen in Achtsamkeit zu unterrichten. Indem Sie hier Ihre Unterstützung zeigen, vermitteln Sie jedem die starke Botschaft, dass Ihnen und der Schule die Gesundheit und das Regenerationsvermögen der Lehrer am Herzen liegen.

- Denken Sie darüber nach, eine leitende Lehrperson, die Erfahrung mit Achtsamkeit hat, um einen Vortrag für die Mitarbeiterinnen zu bitten. Ziehen Sie alternativ einen Spezialisten hinzu, damit er eine Einführung in Achtsamkeit und Wohlbefinden gibt. *Betrachten Sie dies als den Beginn eines Dialogs und nicht als die Umsetzung eines Aktionsplans.*

- Falls Sie in einer Schule arbeiten, die das Glück hat, Schulpsychologinnen, Schülerberater oder Spezialistinnen für Wohlbefinden zu Ihrem Kollegium zu zählen, können Sie diese in die Arbeit mit einbeziehen. Als Experten, die – was die Kompetenz sowie die organisatorischen Abläufe angeht – für „das Herz der Schule“ verantwortlich sind, verfügen sie über gute Voraussetzungen, um Initiativen zu erleichtern und manchmal zu beaufsichtigen, die auf ganzheitliche Weise Achtsamkeit, affektive Fähigkeiten und das Wohlbefinden fördern.

- Wenn einige zentrale Mitarbeiterinnen das Erwachsenentraining abgeschlossen haben, können Sie diese weiterhin unterstützen, indem Sie ihnen Zeit zur Verfügung stellen, in der sie sich treffen können. Dies sollte, wenn möglich, innerhalb der für die berufliche Weiterbildung vorgesehenen Zeit stattfinden. Durch den Austausch von Erfahrungen werden sie eine Gemeinschaft bilden und einander unterstützen, damit ihr wachsendes achtsames Gewahrsein ihren Unterricht beeinflussen kann (d. h. damit sie achtsam unterrichten können).

- Wenn Sie selbst sich schulen lassen, geben Sie damit gegenüber der Schulgemeinschaft eine sehr starke Erklärung ab – und werden wahrscheinlich zudem persönlichen Nutzen daraus ziehen!
- Sobald die Grundlagen geschaffen sind, sollten Sie nach hochwertigen Kursen Ausschau halten, um Lehrerinnen mit einer etablierten persönlichen Praxis dazu zu bringen, sich für das Unterrichten von Schülern in Achtsamkeit schulen zu lassen (siehe Seite 205).
- Überstürzen Sie diesen Prozess nicht, lassen Sie ihn organisch wachsen – und erwarten Sie nicht von Lehrerinnen, die eine Zertifizierung zum Unterrichten von Achtsamkeit besitzen, dass sie beginnen, ihre Kollegen zu trainieren. Sollten andere Lehrerinnen Interesse haben, ermuntern Sie sie dazu, als unerlässlichen ersten Schritt selbst Achtsamkeitskurse für Erwachsene zu belegen. Dies ist deshalb so wichtig, weil Lehrer ansonsten übereilt beginnen können, Schülerinnen zu unterrichten, ohne über die nötige Kompetenz oder Erfahrung zu verfügen. Sieht das Unterrichten von Achtsamkeit auch sehr einfach aus, kann es, wenn nicht mit Integrität ausgeführt, Menschen das Thema doch leicht verleiden.
- Denken Sie darüber nach, einen Plan für die laufende Schulung von Mitarbeitern mit verschiedenen Einstiegniveaus auszuarbeiten. Ein Beispiel hierfür – *The American School of the Hague Continuum* – finden Sie am Ende des Kapitels.
- Legen Sie bei einer Mitarbeiterinnenschulung den Fokus auf das Thema Wohlbefinden – nach Art der Übung aus dem *Fieldbook zur fünften Disziplin* –, um vorhandene Annahmen darüber zu untersuchen, *was beim Lernen wirklich wichtig ist.*

- Leiten Sie einen Dialog mit der Schulgemeinschaft in die Wege, bei dem Eltern, Lehrerinnen und Schüler über das Thema Wohlbefinden diskutieren.
- Schauen Sie sich Ihren Plan zur Lehrplanentwicklung an, um zu sehen, wo sich das Achtsamkeitstraining für Schülerinnen am besten unterbringen ließe – vielleicht im Gemeinschaftskundeunterricht oder in Tutoriums- oder Arbeitsgruppen. Andere Möglichkeiten wären eigenständiger Achtsamkeitsunterricht oder zunächst freiwillige Kurse.
- Erwägen Sie, das Trainieren von Schülern mit dem besten Jahrgang Ihrer Schule zu beginnen, und denken Sie darüber nach, wie sich die Entwicklung der Erfahrungen, die mit achtsamem Gewahrsein gemacht werden, steigern ließe.
- Überlegen Sie beim Betrachten der Entwicklungsplanung für die gesamte Schule, wie Sie diesen Bereich am besten in die Zukunft der Schule einbinden können. *Ist es Zeit für eine Überprüfung von Gesundheit und Wohlbefinden?*
- Erwägen Sie die Entwicklung eines ganzheitlichen, langfristigen Plans zu der Frage, *wie* und *wo* das Achtsamkeitstraining am besten mit affektiven Fähigkeiten/SEL und bestehenden Kursen und Aktivitäten verwoben werden kann. *Schauen Sie sich den Rahmen für das „Gedeihen" in Kapitel 6 an. Dies ist ein Beispiel für eine kohärente Abbildung der Fertigkeiten und Erfahrungen, denen die Schülerinnen beim Durchlaufen der Schule begegnen.*
- Denken Sie darüber nach, Kontakt mit einer Universität der Gegend aufzunehmen, die Interesse daran haben könnte, zu Achtsamkeit in Schulen zu forschen. Es gibt heute viele Forscher, die an diesem Thema arbeiten wollen.
- Stellen Sie auch Kontakt zu anderen Schulleiterinnen und Schulen her. Bei diesen ersten Schritten sind gegenseitige Unterstützung und das Voneinanderlernen äußerst hilfreich.

- Bauen Sie in Ihrer Schule eine Gemeinschaft rund um dieses Thema auf. *Es wird sich bezahlt machen – Sie werden einfühlsamere, weniger reaktive Lehrer, bessere Schülerinnen-Lehrerinnen-Beziehungen, Schüler mit einem praktischen Werkzeugkasten an Lebenskompetenzen und eine gesündere, vielleicht sogar glücklichere Schulumgebung haben. Sie verlagern den Fokus!*
- Abbildung 7.1. am Ende dieses Kapitels ist eine vereinfachte Version möglicher Ansätze zur Einführung von Achtsamkeit in Schulen.

RATSCHLÄGE VON ERZIEHERN

„Sie müssen der Integration der Achtsamkeit Zeit geben. Bei uns begann dieser Weg, als wir den Mitarbeitern Training anboten. Erst ein Jahr später machten einige Mitarbeiterinnen weiter und absolvierten Schulungskurse, um den Schülern Achtsamkeit beizubringen. Was im Laufe der Zeit wirklich entscheidend ist, sind die Schülerinnen und das, was sie darüber sagen. Es ist gewaltig für Lehrer, diese Stimme der Schülerinnen zu hören."

Grundschulleiter

„Gehen Sie langsam vor. Es ist besser, authentisch zu sein, als etwas durchzuboxen, das sich aufgezwungen anfühlt."

Sekundarlehrer

„Gehen Sie es langsam an! Ein paar zentrale Personen, die selbst praktizieren, werden in der Lage sein, Interesse und Begeisterung zu wecken. Praktizieren Sie! Wenn Sie nicht selbst aufrichtig praktizieren, kann dies nicht funktionieren."

Oberstufenberater

Man sollte von einem potenziellen Widerspruch wissen, mit dem Schulleiterinnen, die Achtsamkeit für Lehrer unterstützen, irgendwann konfrontiert werden können. Manche Lehrerinnen klagen möglicherweise: „Die Schulen sagen mir, dass ich Achtsamkeit unterrichten und achtsamer sein soll, aber gleichzeitig laden sie mir zu viel Arbeit auf und erzeugen bei mir Stress." Meiner Ansicht nach ist das keine Heuchelei, sondern das Aufzeigen eines Widerspruchs. Wir haben es mit den Realitäten des Schullebens zu tun. Jedoch müssen wir in der Lage sein, zwei Dinge offen zu besprechen:

- wie wir besser für uns sorgen;
- wie wir Wege finden, den Stress für uns und für unsere Schüler soweit wie möglich zu reduzieren.

Was bringt mir das?

Zusätzlich zu den positiven Veränderungen, die eine achtsamere Schule mit sich bringt, können Sie als Schulleiterin persönlich einen großen Gewinn aus dem Entwickeln eines achtsameren Gewahrseins in Ihrem Berufs- und Privatleben ziehen. Darum geht es im Grunde in diesem Buch, deshalb muss ich hier nicht noch einmal den Nutzen von Achtsamkeit an sich wiederholen. Es lohnt sich jedoch anzumerken, dass Schulleiter, selbst wenn sie den Wert der Entwicklung dieses Bereiches für ihre Lehrerinnen und Schüler zu schätzen wissen, häufig die Letzten sind, die glauben, sie könnten die Zeit und Mühe zu ihrem eigenen Vorteil investieren. Dies ist wahrscheinlich hauptsächlich auf den Arbeits- und Zeitdruck zurückzuführen. Aber der positive Nutzen, den wir für uns selbst aus dem Achtsamkeitstraining ziehen können, ist die Anstrengung wert. Als auf sich selbst eingestimmter, sensible Leiterin, die ihren Stress effektiv zu bewältigen weiß und über die empathischen Fähigkeiten und das Verständnis verfügt, um andere auf diesem Gebiet zu unterstützen, können Sie zu einem starken Rollenmodell für Lehrer und Schülerinnen werden. Und positive, weise und wohlwollende Führungspersönlichkeiten sind etwas, das wir dringend brauchen – Menschen, die ein Gleichgewicht zwischen Klugheit und Weisheit, analytischen Fähigkeiten und Mitgefühl, Kopf und Herz demonstrieren können.

AKZEPTANZ

Ich glaube, ich bin immer jemand gewesen, der durch Gefühle, Stimmungen und Körperempfindungen gesteuert wurde. Meiner Gedanken war ich mir jedoch nie sehr bewusst – als Lehrerin wurde ich eher durch meinen Magen und meinen Darm gesteuert. Wenn ich bei meiner Arbeit Schulleitern unterstand, die viel Stress erzeugten, wachte ich morgens überwältigt von einer Woge der Übelkeit auf. Beim Achtsamkeitstraining ging ich in Gedanken meinen Tag durch, um zu verstehen, wodurch diese Übelkeit verursacht wurde. Jemand aus dem Kurs relativierte das für mich – nicht jeder Gedanke ist wahr, und ich muss mich nicht von Gedanken und Körperempfindungen beherrschen lassen. Nach dem Motto: Wenn mir am Morgen richtig übel ist, habe ich vielleicht nur Magenschmerzen, und das ist okay. Akzeptanz statt Grübelei. Das war verblüffend für mich – ich gewann eine andere Sichtweise und etwas Kontrolle über meine Gedanken und meinen Körper. Das war ein gewaltiger Wendepunkt. Ich bin jemand, der das Herz auf der Zunge trägt, und das Verständnis, das ich durch die Achtsamkeit gewonnen habe, half mir, ein bisschen von diesen Emotionen zurückzutreten. Nicht, dass ich keine mehr hätte – empathisch zu sein und eine gute emotionale Intelligenz zu besitzen, ist wichtig für eine Leiterin –, aber ich bin nicht mehr so wankelmütig wie früher! Ohne die Fähigkeit, mich zu erden, wäre ich sicherlich nicht in der Lage gewesen, diese schnellen Beförderungen anzunehmen.

Schulleiterin

Was mich selbst angeht, gewann ich durch die Entwicklung achtsamen Gewahrseins nicht nur eine neue Begeisterung für meine Arbeit – und insbesondere für den täglichen Umgang mit Kindern und Erwachsenen –, sondern stellte außerdem fest, dass es bei meiner Arbeit als Mittelstufenleiter viele Einsatzmöglichkeiten für dieses Gewahrsein gab. Ich möchte an dieser Stelle von einem praktischen Beispiel erzählen, das die Überlappung von achtsamem Gewahrsein und sozial-emotionalen Kompetenzen, von persönlichem Wachstum und beruflicher Entwicklung verdeutlicht.

Schwierige Gespräche

Ich stellte fest, dass erhöhtes Selbstgewahrsein mir half, in herausfordernden Situationen meine emotionalen Reaktionen zu regulieren. Der Umgang mit Konflikten und schwierigen Interaktionen kann für jede Lehrerin eine Herausforderung darstellen. Eine der Aufgaben, bei denen man als Schulleiter am meisten auf die Probe gestellt wird, ist das Führen „schwieriger Gespräche", manchmal mit Eltern, vor allem aber mit Kolleginnen. Die hierbei benötigten Fertigkeiten lohnt es sich in jedem Beruf bzw. jeder Beziehung zu kultivieren, aber erstaunlicherweise tauchen sie in der Ausbildung von Lehrern oder Schulleiterinnen nur selten auf.

Während meiner Zeit in Prag entwickelte ich einen Ansatz, der sich bei mir sehr bewährt hat. Ich stützte mich hierbei auf die Bücher *Heikle Gespräche* (Patterson et al., 2005) und *Heilsame Konflikte* (Patterson et al., 2006) und mischte meine eigenen Elemente achtsamen Gewahrseins unter die Empfehlungen. Wenn mir ein heikles Gespräch bevorstand, reflektierte ich erst einmal, indem ich entweder meditierte oder Tagebuch schrieb oder die Sache mit einem wohlwollenden Kollegen durchsprach. Ich konzentrierte mich darauf, das vorherrschende Gefühl zu erkennen, das meinem Geisteszustand zugrunde lag:

- War ich sauer auf eine Lehrerin, weil sie etwas getan hatte, das – wie mir mitgeteilt worden war – ungerecht, gemein oder engherzig war? Vielleicht etwas, das einem Schüler Schmerzen oder Unbehagen bereitet hat?
- Oder fühlte ich mich schuldig, weil ich schon eine Zeitlang von einer Angelegenheit gewusst hatte und erst jetzt Anstalten machte zu handeln?
- War es ein bisschen von beidem? Oder etwas anderes?

Was auch immer es war – dadurch, dass ich es benannte, mich ihm stellte, *die Kontrolle darüber hatte*, bevor ich mich mit der Person hinsetzte, konnte ich das „Gefühl" und folglich das Ergebnis des anvisierten Gesprächs verändern.

Seite an Seite

Ich nannte dies „sich Seite an Seite stellen“, denn für mich – und ich glaube auch für den Lehrer – beseitigte es das Gefühl zwischenmenschlicher Spannung oder den Machtkampf, die den Umgang mit der Angelegenheit an sich hätten behindern können. Es versetzte mich in die Lage, das Problem in einer Weise zu präsentieren, auf die der Lehrer sich einlassen konnte. Statt ihn in die Defensive zu drängen, brachte ich das Thema klar auf den Tisch, sodass wir Seite an Seite (im übertragenen, manchmal aber auch im wortwörtlichen Sinne) sitzen und eine Herangehensweise an das Problem ausarbeiten konnten. Der Schwerpunkt lag weiterhin darauf, dass der Lehrer sich mit der Angelegenheit beschäftigt, und es schien ihm die Stärke zu verleihen, den Stier bei den Hörnern zu packen und am Ende mit einem klareren Verständnis des Problems und der Entschlossenheit, es zu lösen, wegzugehen.

Manchmal konnten diese Momente der Reflexion mir wertvollen Raum eröffnen. Dass ich mir einfach die Erlaubnis gab, dieses Problem jetzt *nicht* lösen zu müssen und meine Rolle als Autoritätsfigur nicht übertriebenen Druck auf mich ausüben zu lassen, reichte zum Auflösen der Spannung. Das Bewusstsein, dass die Lösung in diesem Fall bei der anderen Person liegen musste, konnte außerdem die Art und Weise verändern, wie ich innerlich an die Situation heranging. Das Anerkennen dieser Gefühle des Ärgers, der Schuld, der Verwirrung und des Drucks bedeutet nicht unbedingt, dass sie verschwinden, aber es bedeutet, dass wir *mit* ihnen arbeiten können und es nicht zulassen, dass sie die Sache noch verworrener machen. Inmitten von Unruhe und Chaos einen klaren Kopf zu behalten, ist etwas, das Schulleiterinnen hoch schätzen, und Achtsamkeit kann dies gewiss unterstützen.

Was ist mit den Eltern?

Diese Frage kommt unweigerlich auf, wenn es um die Einführung von Programmen zur Kultivierung achtsamen Gewahrseins in Schulen geht.

Selbstverständlich hängt die Antwort stark von der speziellen Schulgemeinschaft ab, aber ich habe die Erfahrung gemacht, dass dieser Schritt für Eltern kein Problem darstellt. Ganz im Gegenteil sogar – manchmal wollen Eltern Initiativen dieser Art sehr und es ist die Schule, die sich als weniger aufgeschlossen erweist.

Was die International School of Prague (IPS) betrifft, war zu der Zeit, als ich Achtsamkeit zu unterrichten begann (2008), alles noch sehr neu – gänzlich unbekannt sogar. Da ich das Amt des Mittelstufenleiters innehatte, fing ich einfach an und erzählte den Eltern nichts davon. Ich erwartete allerdings immer, dass mir bei einem Elternabend jemand auf die Schulter klopfen und mich auffordern würde, zu erklären, warum ich etwas so Ungewöhnliches tue. Vor allem fragte ich mich, ob die Eltern vermuteten, dass es sich hier um eine Art religiöser Indoktrination handelte. Es kamen keine Beschwerden, nicht einmal Fragen. Aber dann, im dritten Jahr, kam – genau so, wie ich es erwartet hatte – auf einem Elternabend der Mittelstufe (11- bis 14-jährige) eine Mutter zu mir, tippte mir auf die Schulter und sagte: „Herr Hawkins, zu dieser Sache mit der „Achtsamkeit", die Sie da unterrichten", und ich dachte: „Jetzt geht's los – endlich!"

„Also", fuhr sie fort, „ich habe meinen Sohn letzte Woche zur Schule gefahren, und wir waren spät dran, standen im Stau, und ich hasse es, spät dran zu sein, deshalb ließ ich mich über den Verkehr aus, und dann unterbrach er mich und sagte: „Hey, Mama, ist schon gut. Reg dich nicht auf. Probier mal dies: Versuch deine Hände auf dem Lenkrad wahrzunehmen; entspann deine Finger einfach ein bisschen …" Das tat ich, und dann leitete er mich durch diese Atemübung, und das half wirklich, deshalb fragte ich: „Wo hast du das her?" und er sagte: „Herr Hawkins" und begann über all diese Dinge zu reden, von denen ich überhaupt nicht wusste, dass er sie kennt. Wie dem auch sei, Herr Hawkins, ich wollte Ihnen nur dafür danken, dass Sie ihm diese Sachen beibringen – er sagt, es würde ihm wirklich helfen, besonders beim Sport."

Vielleicht würden es nicht alle Eltern so sehen, die Wahrheit aber ist, dass viele Eltern ebenfalls gestresst sind und häufig Interesse an einer Methode haben, von der sie glauben, dass sie ihnen – und ihren Kindern – helfen könnte, zu lernen, sich zu entspannen und zu konzentrieren.

Ich begann den Eltern dann von den Kursen zu erzählen, und etwa ein Jahr später baten mich einige Mitglieder des Schulvereins, bei einem der monatlich stattfindenden morgendlichen Treffen für Eltern von Mittelstufenschülern über das Training achtsamen Gewahrseins zu sprechen. Wir boten bei diesen Zusammenkünften häufig Gespräche zu Entwicklungen in der Schule an, deshalb sagte ich: „Natürlich, warum nicht?" Sie machten ein paar Aushänge, und während ein durchschnittliches Treffen dieser Art ungefähr 30–40 Eltern um 8.15 Uhr in die Schule zog, war der Raum an diesem speziellen Tag brechend voll – mehr als 60 Eltern.

Gegen Ende der Veranstaltung fragte jemand, ob man nicht eine Liste auslegen könnte, in die sich diejenigen eintragen würden, die an weiterem Training interessiert waren. Ich hatte nichts dagegen, war aber vollkommen überrascht von dem Gedränge, das am Ende in der Ecke des Raumes herrschte – aus der einen Liste wurden schnell drei, weil sich 45 Eltern von Mittelstufenschülern für einen achtwöchigen Abendkurs in Achtsamkeit eintrugen!

Emma Naisbett von der English Martyrs School in Liverpool, England, hat eine ähnliche Erfahrung gemacht wie ich.

> „Die Eltern haben es auch gemerkt. Sie kommen rein und sagen: ‚Mein Kind macht schon länger diese … ' oder ‚Er hat mir gesagt, ich solle diese Übung machen'. Wenn Eltern sich streiten, schlagen Kinder manchmal vor, sie sollten diese oder jene Übung durchführen. Eine Mutter schickte uns ein Foto – sie war bei ihrer Tochter ins Zimmer geplatzt, als diese gerade mit einer Freundin, mit der sie über FaceTime verbunden war, eine Übung machte. Andere Eltern erzählten mir, dass ein Mädchen mit ihrer Mannschaft an einem Sportwettkampf teilgenommen und dem gesamten Team eine Atemübung beigebracht habe, weil alle sehr nervös waren. Also machten alle Mitglieder des Teams, ob sie nun auf unsere Schule gingen oder nicht, die Atemübung, die sie anleitete."

Da die Schüler von Amy Footmans Grundschule Stanley Grove in Manchester zu 90 Prozent Moslems sind, war ich gespannt darauf zu erfahren, ob es irgendeinen Widerstand vonseiten der Eltern gegen das verpflichtende Achtsamkeitstraining für 7- bis 10-jährige gegeben habe:

> „Keinen. Ich glaube, das liegt an der richtig guten Beziehung, die wir mit der Gemeinschaft haben. Wir schrieben den Eltern einen begeisterten Brief darüber. Wir haben das Gefühl, sie vertrauen darauf, dass wir tun wollen, was für ihre Kinder am besten ist."

Einige Schulen informieren die Eltern von Anfang an über ihre Achtsamkeitsprogramme, manche aber entscheiden sich dagegen, wie es bei vielen Lehrplaninitiativen der Fall ist. Je nach Ihrer Situation kann es eine gute Idee sein, einen Informationsabend für die Eltern anzubieten, insbesondere, wenn er in den Kontext eines Dialogs über Wohlbefinden eingebettet wird. Es mag die Ausnahme sein, aber in einigen Schulen kam der Auslöser für das Achtsamkeitstraining tatsächlich aus der Elterngemeinschaft. Selbstverständlich ist Achtsamkeit heutzutage, dank großer Medienaufmerksamkeit, im öffentlichen Bewusstsein sehr präsent. Viele Eltern wissen deshalb bereits etwas darüber, und so manche sind durch Freunde oder Verwandte oder am Arbeitsplatz darauf gestoßen. Eine Reihe multinationaler Unternehmen (wie Google, General Mills und Apple), viele Universitäten und Krankenhäuser (darunter die Mayo Clinic, eine US-amerikanische Non-Profit-Organisation) sowie etliche Anbieter von Dienstleistungen, wie z. B. Polizeikräfte, Armeen und die US Marines, binden Achtsamkeit jetzt in ihre Schulungsprogramme für die Mitarbeiter ein.

Im letzten Kapitel denken wir darüber nach, wie wir unsere Anstrengungen beim Entwickeln des Trainings achtsamen Gewahrseins und der affektiven Fähigkeiten in eine Linie bringen können mit der wachsenden Anerkennung des Wertes eben dieser Fähigkeiten in der Welt.

WAS IST WIRKLICH WICHTIG?

- Langsam vorgehen.
- Das Schaffen sicherer Räume für einen tieferen Dialog.
- Eine aufgeschlossene, unterstützende Schulleitung.
- Beharrlichkeit.

Bewusstsein schärfen Einen Dialog beginnen	**Mit zentralen Werten aufblühen** • Einführungen in die Achtsamkeit und das soziale und emotionale Lernen für Mitarbeiter, Schüler und Führung (intern von Lehrern oder extern von Spezialisten von außen) • Workshops für die Elterngemeinschaft (oder die Lehrer- und Elterngemeinschaft)

Trainieren und praktizieren
 	
Achtsam sein
 	
Achtsam unterrichten
 	
Achtsamkeit unterrichten
	ACHTSAM SEIN
	
	Möglichkeiten für ein Basistraining:
	• Finden Sie in Ihrer Gegend einen Trainer für Erwachsene (achtwöchige Gruppenkurse)
	  ◦ Achtsamkeitsbasierte Stressreduktion (MBSR)
	  ◦ Achtsamkeitsbasierte kognitive Therapie (MBCT)
	  ◦ „.b Foundations“ des Mindfulness in Schools Project (GB)
	  ◦ Achtsamkeitskurse wie die der Organisation „breathworks“
	
	• Absolvieren Sie einen Online-Kurs
	  ◦ University of Massachusetts Medical School Centre for Mindfulness (MBSR)
	
	• Führen Sie einen selbstgesteuerten Kurs durch
	  ◦ „Achtsamkeit“, achtwöchiger Kurs, „Das Achtsamkeitstraining: 20 Minuten täglich, die Ihr Leben verändern“

	Praktizieren: • Formelle und informelle Übungen • Apps mit Achtsamkeitsmeditationen • Retreats zur Achtsamkeitsmeditation
	ACHTSAM UNTERRICHTEN • Kurs *Cultivating Awareness and Resilience in Education* (CARE) • Kurs *Stress Management and Resiliency Techniques* (SMART) • Es gibt noch nicht viele andere Kurse, im Abschnitt „Weiterführende Literatur" der Kapitel 4 und 5 finden Sie jedoch ein paar hilfreiche Bücher
	ACHTSAMKEIT UNTERRICHTEN • Programm „.b" (11–18-Jährige) und Paws b (7–11-Jährige) des *Mindfulness in Schools Project* • MBSR-T – *Stressed Teens Programme* (online) • *Still Quiet Place* (5–18-Jährige) (online) • *Mindful Schools* (5–18-Jährige) (online und vor Ort)
Verankern und ausweiten Kultur der gesamten Schule	• Unterstützung der Lehrer durch die Schule, sowohl bei der Unterrichts- als auch bei der persönlichen Praxis • Koordination und Beaufsichtigung des Achtsamkeitsunterrichts • Ermittlung der Bedürfnisse der Mitarbeiter mithilfe eines Kontinuums des Trainingsbedarfs (siehe S. 295) • Curriculum zur Förderung des achtsamen Gewahrseins mit von Jahr zu Jahr zunehmender Vertiefung • Einbindung in einen größeren Rahmen des Wohlbefindens sowie des sozialen und emotionalen Lernens • Herstellen von Verbindungen zu anderen Fachgebieten und schulischen Aktivitäten • Leitbild/Vision – integrierte intellektuelle + sozial-emotionale Planung

Abbildung 7.1 Wege zu achtsamkeitsbasiertem Wohlbefinden für Schulgemeinschaften
Anmerkung: Für jede Stufe sind nur ein paar Beispiele aufgeführt.

Kontinuum der beruflichen Weiterbildung im Bereich Achtsamkeit

Entworfen von Bart Dankaerts und Kili Lay

American School DenHaag (ASH)

Sie können dieses Kontinuum nutzen, um zu bestimmen, wo Sie gerade stehen und wie Sie die nächste Ebene erreichen. Wenn Sie Interesse an Achtsamkeitstraining haben, sprechen Sie darüber bitte mit Ihrer Abteilungsleiterin.

Achtsam sein

Schritt 1: Neugieriger Neuling

- Wer: Für Menschen, die noch keine Erfahrung mit Achtsamkeit haben und neugierig sind, mehr darüber zu erfahren, was Achtsamkeit ist und wie sie sie in ihrem eigenen Leben nutzen könnten.
- Was: Ein achtwöchiger Kurs (mit einem ca. 1-stündigen Treffen pro Woche), der auf dem .b-Kurs aufbaut, welcher auch für Schüler unterrichtet wird. Zusätzlich zur Teilnahme an dem wöchentlichen 1-stündigen Treffen wird von den Teilnehmerinnen erwartet, dass sie jeden Tag 5 bis 15 Minuten lang einige Techniken zu Hause praktizieren.

Schritt 2: Anfänger

- Wer: Für Menschen, die den achtwöchigen Kurs abgeschlossen haben oder bereits über Erfahrung mit Achtsamkeit verfügen und ihre eigene persönliche Achtsamkeitspraxis weiter entwickeln wollen.
- Was: Ein einjähriges Abo von Headspace (www.headspace.com), das es Menschen ermöglicht, ihre eigene persönliche Praxis zu entwickeln. Voraussetzung hierfür ist, dass jeden Tag etwa 20 bis 30 Minuten lang praktiziert wird.

Schritt 3: Neugieriger Praktizierender

- Wer: Für Menschen, die eine persönliche Achtsamkeitspraxis etabliert haben und diese vertiefen wollen, weil sie eine Lizenz zum Unterrichten von Schülern in Achtsamkeit erwerben möchten.
- Was: Ein achtwöchiger MBSR-Kurs (etwa 2 Stunden pro Woche Treffen plus persönliche Praxis zu Hause). Bei genügend Anmeldungen kann dieser Kurs an der ASH stattfinden.

Achtsam unterrichten

Schritt 4: Der achtsame Lehrer

- Wer: Für Lehrerinnen, die ihre eigene persönliche Achtsamkeitspraxis etabliert haben und Strategien und Übungen für die Integration von Achtsamkeit in ihre täglichen Unterrichtsabläufe entwickeln möchten.
- Was: Ein eintägiger Workshop mit dem Titel „Teaching Mindfully" („Achtsam unterrichten"), angeboten von MindWell.

Achtsamkeit unterrichten

Schritt 5: Erfahrene Praktizierende

- Wer: Für Menschen, die Schülern Achtsamkeit vermitteln wollen. Voraussetzung für die Zulassung zu diesem Kurs ist die Teilnahme am MBSR-Kurs (siehe Schritt 3).
- Was: Ein 4-tägiger Zertifizierungskurs, .b (für 11- bis 18-jährige) oder Paws b (für 7- bis 11-Jährige) (http://mindfulnessinschools.org/). Dieser Kurs wird mehrmals im Jahr an unterschiedlichen Orten Europas und der übrigen Welt unterrichtet. Bei ausreichendem Interesse kann er auch an der ASH stattfinden.

PROBIEREN SIE ES AUS!

Für Sie selbst:

- Formelle Praxis – Versuchen Sie:
  - Ihre formelle Sitzpraxis auszuweiten
  - das achtsame Gehen zu erkunden (siehe Seite 96)
  - oder einen längeren Body-Scan durchzuführen (siehe Seite 97)
- Informelle Praxis:
  - Probieren Sie einige der Ideen aus der Übung „Achtsame Augenblicke einflechten“ auf Seite 99 aus, um die Aufmerksamkeit immer wieder in den Körper zurückzuholen und diese Woche in der Schule präsenter zu sein:
    - Schreiben Sie Ihre Beobachtungen auf
    - Seien Sie sanft mit sich selbst, wenn sie nicht daran denken, die Ideen zu nutzen
    - Erneuern Sie Ihre Absicht, es noch einmal zu versuchen.
- Denken Sie darüber nach, in Ihrer Gegend einen MBSR-, MBCT- oder einen ähnlichen Achtsamkeitskurs für Erwachsene zu belegen.
  - Falls bei Ihnen in der Gegend kein Kurs angeboten wird, können Sie Online-Kurse oder selbstgesteuerte Kurse ausprobieren (siehe Abb. 7.1).
  - Erwägen Sie, an einem Retreat zum Thema Achtsamkeitsmeditation teilzunehmen.

Für Ihre Schule:

- **Überlegen Sie, einige der Ansätze und Übungen zu verwenden,** die aus dem Fieldbook zur fünften Disziplin von Peter Senge stammen und auf den Seiten 271 bis 278 erläutert werden. Je nach den Bedürfnissen Ihrer Schule könnten Sie damit beginnen, dass Sie Annahmen über die Schulbildung im Allgemeinen oder über die Bedeutung des Wohlbefindens, des sozial-emotionalen Lernens oder der affektiven Fähigkeiten an die Oberfläche holen.
- **Schulleiter** (und Wegbereiter!): Probieren Sie die Vorschläge auf den Seiten 281 bis 285 aus. Sehen Sie sich den Rahmen für Wege zu achtsamkeitsbasiertem Wohlbefinden an (Abb. 7.1) und nehmen Sie sich die Zeit, darüber nachzudenken, was für Ihre Schule ein Einstieg sein könnte. Wer kann Ihnen helfen, Ideen über die ersten Schritte zu diskutieren?

Falls Sie bereits eine Achtsamkeitsmeditationspraxis etabliert haben, können Sie Folgendes in Erwägung ziehen:

- die Einrichtung einer kurzen Praxissitzung für Lehrerinnen und andere Mitarbeiter vor oder nach der Schule (oder zur Mittagszeit).
- das Anbieten einer Veranstaltung, die Schülerinnen spontan besuchen können, oder einer Aktivität nach der Schule, um interessierten Schülern die säkulare Achtsamkeitsmeditation vorzustellen.
- sich schulen zu lassen, um Achtsamkeitslehrerin zu werden!

Quellen und weiterführende Literatur

Senge, Peter et al. (2008), *Das fieldbook zur fünften Disziplin.* Stuttgart: Schäffer-Poeschel Verlag, 2008.

Senge und sein Team entschlüsseln die überholten Grundannahmen, die Bildungssysteme zusammenhalten, und erkunden gemeinschaftliche Wege, tiefgreifende, systemische Veränderung herbeizuführen.

Marturano, J. (2015), *Mindful Leadership: ein Weg zu achtsamer Führungskompetenz.* Freiburg: Arbor Verlag, 2015.

Es gibt viele Ratgeber zu achtsamer Führung, aber Marturanos Werk scheint bei Schulleitern besonders guten Widerhall zu finden.

Abbott, John und MacTaggart, Heather (2010), *Overschooled but Undereducated: How the Crisis in Education is Jeopardizing our Adolescents.* 21st Century Learning Initiative. London: Continuum Press International Publishing Group, 2010.

Radikale Überlegungen zur Schulbildung und dazu, warum sie „dem jugendlichen Gehirn gegen den Strich geht".

Goleman, Daniel und Senge, Peter (2014), *Triple Focus: A New Approach to Education* (e-Book). Florence, MA: More than Sound, 2014.

Eine sehr schnell zu lesende, aber zum Nachdenken anregende Begründung für die Notwendigkeit, die Schulbildung neu auszurichten.

Powell, W. und Kusuma-Powell, O. (2013), *The OIQ Factor: Raising Your School's Organizational Intelligence.* Woodbridge: John Catt Educational.

Eine intelligente und praktische Ressource, geschrieben von weisen, erfahrenen Erziehern:

„Lehrer und Schulleiterinnen müssen sich lösen von dem täglichen Fokussieren darauf, mehr zu leisten, vom Streben nach „Ergebnissen", und heilige Zeit für die persönliche Entwicklung sowie die der Gruppe schaffen … Bei der Steigerung der Organisationsintelligenz geht es um die Erneuerung der Kultur der Schule … Es bedarf nicht nur einer Veränderung der Verhaltensweisen und Fertigkeiten, sondern der Werte, Überzeugungen und sogar der Identität."

8

Außerhalb unserer Klassenzimmer:

Sich an der übrigen Welt ausrichten

Dieses Kapitel:

- betrachtet aktuelle Entwicklungen (lokale und globale), die Individuen, Schulen und Bildungsorganisationen ein Gefühl des Einklangs und der Stärke geben können;
- bezieht aus einigen interessanten Initiativen in Universitäten den Mut für die Frage, ob es Zeit ist für eine „neue Metrik", die in Schulen und Universitäten neben der intellektuellen Leistung das Wohlbefinden ins Visier nimmt und misst;
- untersucht, welchen Wert eine ausgewogenere Bildung auf Individuen, die Gesellschaft und den Planeten hat.

Das Fokussieren darauf, *was wirklich wichtig ist*, kann uns helfen, die tieferen Zwecke der Bildung im Blick zu behalten. Wenn wir über die Wände unseres Klassenzimmers oder unserer Schule hinausschauen, entdecken wir eine Reihe an Entwicklungen – in der Bildung und darüber hinaus –, die widerhallen vom Verständnis des Wertes, den die Verlagerung unseres Fokus hin zu einer zentraleren Einbindung der affektiven Bereiche unserer menschlichen Erfahrung in den Lernprozess hat. Wir können die Reichweite und die Relevanz der Arbeit im Bereich des Trainings achtsamen Gewahrseins und sozial-emotionalen Lernens verstärken, wenn wir uns eine umfassendere Sichtweise zu eigen machen – wenn wir den Kontext berücksichtigen und das größere Bild sehen. Dies erreichen wir dadurch, dass wir unsere Anstrengungen damit in Einklang bringen, was bereits anderswo in der Bildung und in der übrigen Welt passiert.

Stellen wir die Frage: „Was wollen wir wirklich für unsere Kinder und für unsere Gesellschaft?“, kann uns dies zu einem tieferen Dialog über den Zweck der Regierung führen. Wenn wirtschaftliches Wachstum kein Ziel an sich ist, was ist dann das Ziel? Gibt es ein höheres Ziel, das die Schaffung einer gesunden, nachhaltigen Gesellschaft in sich begreift? Einige Regierungen haben begonnen, diese Frage zu überdenken, und es besteht ein erhebliches Interesse an der Ökonomie des Wohlbefindens. Es ist wichtig, was man misst; es hat Einfluss auf die Art, wie man plant, und folglich auf das, was man bekommt. Indem wir sowohl den Fortschritt beim Wohlbefinden als auch das Bruttoinlandsprodukt messen, sind wir in einer besseren Position, um die Bewegung in diese Richtung zu unterstützen. Wirtschaftlicher Wohlstand, der über das für Sicherheit und Komfort notwendige Maß hinausgeht, macht uns nicht unbedingt glücklicher. Wenn wir besser verstehen, wie wir uns schulen und bilden können, um eine weisere, mitfühlendere und nachhaltigere Gesellschaft hervorzubringen, werden die Schulen bei der Vorbereitung unserer jungen Menschen hierfür eine sehr wichtige Rolle spielen.

Positive Psychologie

Einige Schulen, insbesondere in Australien, aber zunehmend auch (hauptsächlich unabhängige) Bildungsstätten in Großbritannien, haben Lernansätze entwickelt, die auf der Positiven Psychologie fußen (ein Beispiel ist der Ansatz des Wellington College zur Förderung von Glück und Wohlbefinden: www.wellingtoncollege.org.uk/2288/school-life/well-being/). Die Arbeit von Martin Seligman, einer führenden Autorität auf dem Gebiet der Positiven Psychologie, hat in Unternehmen und Institutionen das Interesse daran geweckt, Wege zur Steigerung unserer Fähigkeit zum „Gedeihen" zu finden. Die Konzentration auf das Wohlbefinden statt auf das, was uns krank macht, zeigt in vielen Bereichen der Wissenschaft und der Gesellschaft mächtige Wirkung.

Hinter dieser neuesten Fokussierung auf die Frage, wie man eine gedeihende Gesellschaft misst und fördert, steht seriöse ökonomische und soziologische Forschung. Felicia Huppert, Gründerin und ehemalige Direktorin des Well-being Institute an der University of Cambridge, war an einer wichtigen europäischen Untersuchung beteiligt (der European Social Survey), um verschiedene Elemente zu messen und zu vergleichen, die zu einer gesunden Nation führen. Es sind Methoden entwickelt worden, um zum Beispiel Charakteristika wie Resilienz, Beziehungen, Engagement, Selbstwertgefühl usw. zu quantifizieren und dann ländergreifend vergleichen zu können.

Das Entwickeln von Indikatoren für Glück und Wohlbefinden als ein Mittel, die öffentliche Politik zu messen und zu leiten, wird heute durchaus von globalen Institutionen wie der OECD, UNICEF und der UN unterstützt. Im Jahr 2011 hatte eine Initiative aus Bhutan zur Folge, dass Glück zu einem offiziellen Indikator der UN für nationale Entwicklung wurde (Helliwell et al., 2015).

Entwicklungen bei Achtsamkeit in der Bildung

Wenn also einige Nationen, globale Gemeinschaften und weltweit tätige Organisationen anfangen, die Bedeutung zu erkennen, die bewusstes und strategisches Planen für die Förderung von Wohlbefinden hat, beginnen dann auch Bildungsorganisationen diese Bedeutung zu erkennen?

Sind auch nur kleine Schritte unternommen worden, beginnen wir doch einige wesentliche Entwicklungen zu sehen. Bei unserer Arbeit mit Erzieherinnen in der ganzen Welt merken wir, dass manche Schulen und Organisationen sich in den letzten Jahren bewegt haben, um den Fokus in diese Richtung zu verlagern. Achtsamkeit in der Bildung folgt tendenziell auf Entwicklungen im Bereich der psychischen Gesundheit. Häufig ist eine bewährte Anwendung von Achtsamkeit in diesem Bereich in einem Land deshalb eine gute Voraussetzung für Achtsamkeit Praktizierende, um diese Fertigkeiten an Lehrer weiterzugeben, sobald das Interesse an Achtsamkeit in der Bildung sich zu regen beginnt.

Großbritannien

Auf nationaler Ebene ist Großbritannien ein führendes Beispiel für die Entwicklung von Achtsamkeit in der Bildung. Vielleicht herrscht in Großbritannien auf den oberen Regierungsebenen im Moment ein größeres Verständnis für Achtsamkeit als in den meisten anderen Ländern dieser Welt. Jon Kabat-Zinn stattete der Downing Street im Jahr 2012 einen Besuch ab, und 2013 leitete Thich Nhat Hanh eine Meditation im House of Lords, dem britischen Oberhaus, an. Seitdem hat Mark Williams Westminster mit Achtsamkeit bekannt gemacht, und gemeinsam mit Chris Cullen und Richard Burnett schult er Parlamentsabgeordnete und Mitglieder des House of Lords (Peers) in achtwöchigen Achtsamkeitskursen, die sich großer Beliebtheit erfreuen. Einige Politiker haben sich in der Öffentlichkeit über die Wirkung des Trainings geäußert:

Lord Andrew Stone sprach darüber, wie Achtsamkeit ihm geholfen habe, auf einer Reise nach Ägypten dem Stress schwieriger Verhandlungen zu begegnen. Die konservative Parlamentsabgeordnete Tracey Crouch erzählte, Achtsamkeit habe ihr geholfen, aus einer Situation der Angst herauszukommen, die sie zur Einnahme von Antidepressiva veranlasst habe. Erst jetzt fühle sie sich in der Lage, sich öffentlich dazu zu äußern. (Halliwell, 2014)

„Ich bin einer von ungefähr 130 Abgeordneten und Peers, die in den letzten dreieinhalb Jahren im Parlament an einem Achtsamkeitskurs teilgenommen haben. Wie viele meiner Kollegen fand ich den Kurs fesselnd und stellte fest, dass er einen persönlichen Nutzen für das Alltagsleben hat.

Umfangreiches Forschungsmaterial zeigt, dass die Aufmerksamkeit grundlegend für die geistige Funktionsfähigkeit ist. Der achtwöchige Achtsamkeitskurs, an dem die Parlamentarierinnen teilnahmen, vermittelte uns, wie wir unsere Aufmerksamkeit darauf trainieren, fokussierter und bei der Erfahrung des gegenwärtigen Moments zu bleiben. Indem man seine Aufmerksamkeit auf diese Art stabilisiert, kann man lernen, mit klarerem Kopf sowie wendiger und kreativer auf tägliche Entscheidungen und Herausforderungen zu reagieren, anstatt sich von Gewohnheiten und Impulsen steuern zu lassen. Diese einfachen, zugänglichen geistigen Fähigkeiten können jeder beigebracht werden, aber wie bei so vielen Sachen gilt auch hier, dass sie sich am effektivsten in der Kindheit erlernen lassen." (Nicholas Dakin, britischer Parlamentsabgeordneter, September 2016)

Im Jahr 2015 berichtete die parteiübergreifende parlamentarische Arbeitsgruppe „Achtsamkeit" dem britischen Parlament von dem Jahr, in dem sie die Macht und das Potenzial des Achtsamkeitstrainings in Gefängnissen sowie in den Bereichen psychische Gesundheit und Bildung untersucht hat (siehe Kapitel 5).

Im Laufe der letzten paar Jahre war im gesamten Großbritannien eine beträchtliche Zunahme an Schulen (darunter viele staatliche Einrichtungen) zu verzeichnen, die beginnen, Lehrer und Schüler in achtsamem Gewahrsein zu trainieren.

Andere Länder

Entwicklungen im Bereich Achtsamkeit in der Bildung finden in der ganzen Welt statt. Hier sind nur ein paar Beispiele, die dies verdeutlichen sollen:

- In den USA gibt es vielfältige Ansätze zur Anwendung von Achtsamkeit in zahlreichen Kontexten. In seinem Buch *A Mindful Nation* (Ryan, 2012) skizzierte der Kongressabgeordnete Tim Ryan verschiedene Wege, wie Achtsamkeit zu einer modernen Gesellschaft beitragen kann. Er erhielt eine staatliche Förderung in Höhe von 1 Mio. Dollar, um in seinem Heimatbezirk in Ohio Achtsamkeit in Schulen zu unterrichten.
- In Kanada sind diverse Initiativen im Gange, insbesondere in der Provinz British Columbia, wo man seit vielen Jahren das kindliche Wohlbefinden verfolgt und sozial-emotionale Lernprogramme – manche mittlerweile achtsamkeitsbasiert – einführt.
- In Europa verfügen Deutschland und vor allem die Niederlande über gut entwickelte Ansätze zur Etablierung von Achtsamkeit in der Bildung.
- In Australien bildet der Ansatz der Positiven Psychologie in einer Reihe von Schulen den Hintergrund für die Lehre, und einige Einrichtungen beginnen jetzt, ihn mit Achtsamkeit zu kombinieren.
- In Neuseeland bietet die Mental Health Foundation Achtsamkeitskurse für Schulen, die das einzigartige Konzept des Bildungsministeriums, Hauora – Wohlbefinden für alle, unterstützen.
- In Asien ist die Meditation selbstverständlich in vielen Ländern Bestandteil der Religion und Kultur. In Singapur bietet die in Kapitel 6

erwähnte Priorisierung der sozialen und emotionalen Fähigkeiten potenziell einen neuen Kontext für das Training achtsamen Gewahrseins in Schulen, und selbst einige buddhistische Organisationen schicken jetzt Berater und Psychologen zu Trainings, in denen die westlichen, säkularen Varianten der Achtsamkeit für Schulen vermittelt werden.

Das Folgende ist ein Beispiel für derzeitige Bemühungen, ein solches Training an die Universität Hong Kong zu holen.

UNIVERSITÄT HONG KONG, FACHBEREICH PSYCHOLOGIE

Moderne Ansätze für die Schulung Erwachsener in säkularer Achtsamkeit sind in Hong Kong hauptsächlich durch Dr. Helen Ma in Zusammenarbeit mit dem Oxford Mindfulness Centre eingeführt worden. Der Fachbereich Psychologie an der Universität Hong Kong (HKU) schafft jetzt die Voraussetzungen für das Unterrichten pädagogischer Psychologen, Lehrerinnen und Studenten in Achtsamkeit.

Professorin Shui-fong Lam, Direktorin für das Programm Pädagogische Psychologie and der HKU, sagt:

Mein Ziel im Fachbereich Psychologie an der HKU ist es, MBCT (Achtsamkeitsbasierte kognitive Therapie) in grundständige Kurse des zwölfwöchigen Semesters einzubinden. Da wir es hier mit Psychologiestudentinnen zu tun haben, hoffe ich, dass sie nicht nur ein theoretisches Verständnis von kognitiver Therapie und Achtsamkeit gewinnen, sondern MBCT zudem auch erfahrungsorientiert erlernen können.

Ich begann mich durch einen Studenten für Achtsamkeit zu interessieren, den ich bei seiner Doktorarbeit betreute. Ich war keine Expertin, aber ich hatte Interesse, weil ich die Validität und die Methoden der Forschung kenne und ein bisschen über Achtsamkeit weiß. Bei seiner Forschung verglich der Student 14- bis 15-jährige Schüler nach dem Absolvieren eines Trainings zur Kultivierung von Achtsamkeit und Liebender Güte mit einer Kontrollgruppe. Weil ich involviert war, konnte ich deutlich beobachten, wie sich die Achtsamkeit auf die Kinder auswirkte. Konkrete Daten und Beweise zeigten, dass Achtsamkeit jenen mit Stressproblemen hilft, aber auch jene, die nicht unter Stress leiden, können sie anwenden, um aufzublühen und zu gedeihen. Zu sehen, was die Achtsamkeitspraxis bei den jungen Heranwachsenden bewirkte, weckte in mir das Gefühl, dass ich sie wirklich vorantreiben sollte.

Es gibt einen enormen Achtsamkeitsbedarf, aber weil hier ein so großer Wettbewerb herrscht, haben die Menschen das Gefühl, keine Zeit dafür zu haben. In Hong Kong ist besonders das Bildungssystem durch hohen Wettbewerb geprägt. Es ist wie ein Dampfdrucktopf. Wir leben in einer prüfungsorientierten Kultur, und wir legen die ganze Betonung auf das Akademische, nicht auf das soziale und emotionale Lernen. Es herrscht ein Gerangel um Studienplätze, deshalb sind die Schülerinnen viel Stress ausgesetzt. Wir halten den bedauernswerten „Rekord" über den jüngsten Menschen der Welt, der aus schulischen Gründen Selbstmord begangen hat: Kürzlich nahm sich ein siebenjähriges Kind das Leben, nachdem es bei einem Chinesisch-Diktat schlecht abgeschnitten hatte.

Ich habe Schüler in Achtsamkeit unterrichtet, die in den regulären Schulen nicht überleben konnten. Dies sind die Benachteiligten. Am Anfang waren sie sehr gleichgültig, aber dann wurden einige von ihnen aufmerksamer. Ich sah, dass sogar die ungezogensten und unkooperativsten Kinder wegen ihrer Anspannung, ihrem Stress und ihrem geringen Selbstwertgefühl etwas Interesse an dem Unterricht verspürten. Die achtwöchige Erfahrung unterschied sich irgendwie sehr von ihren anderen Kursen. Ich bin glücklich, dass es ihnen gefiel. Es öffnete eine kleine Tür, deshalb können sie sich in Zukunft daran erinnern.

Internationale Bildung

- Das European Council of International Schools widmet dem Bereich Gesundheit und Ernährung seit einiger Zeit einen Konferenzstrang; seit 2004 gibt es zudem ein Komitee, das sich speziell auf die Förderung des „Gedeihens in Schulen" konzentriert.
- Zu den Maßstäben, die bei den vom Council of International Schools durchgeführten, der Akkreditierung dienenden Inspektionen internationaler Schulen angelegt werden, gehört nun auch das Wohlbefinden der Schülerinnen und der gesamten Schulgemeinschaft.
- Die International Baccalaureate Organization hat kürzlich begonnen, mit ihren überarbeiteten Lernansätzen Achtsamkeit sowie affektive Fähigkeiten zu fördern.
- Die International School Counselor Association, eine Organisation zur Unterstützung der Schulberater an internationalen Schulen, hat unlängst die Bedeutung des Achtsamkeitstrainings für Beraterinnen hervorgehoben.

Unrealistische Hoffnungen?

Als Erzieher, die versuchen, Schulen besser auf die ganze Palette von Bedürfnissen unserer Schüler abzustimmen, werden wir häufig durch das langsame Tempo der Veränderungen entmutigt. Und stets scheint es so, als würden die Anforderungen der Hochschulausbildung tiefgreifenden Wandel in unseren Schulen verhindern. Unsere Verwirrung darüber, ob das wirkliche Ziel der Sekundarschulbildung darin besteht, die Schülerinnen auf das Leben und die Arbeit vorzubereiten oder als Filtersystem für die Hochschule zu dienen, hat erhebliche Folgewirkungen. Können wir das Wohl der Schüler also wirklich ganz oben auf unsere Agenda setzen? Oder hört sich dies alles zu idealistisch an – nach unrealistischen Hoffnungen?

Vielleicht tut es das, aber die Dinge verändern sich *doch* – selbst in tertiären Bildungssystemen.

Zulassungsverfahren an Universitäten und Colleges – wendet sich das Blatt?

Eines der größten Hindernisse für grundlegenden Wandel an Schulen stellen vielleicht die Zulassungsvoraussetzungen und -verfahren der Universitäten und Colleges dar. Wir üben letztendlich so viel Druck auf junge Leute aus, sowie auf die Schulen, die sehr hart daran arbeiten, Letztere für zunehmend wettbewerbsorientierte Anforderungen für die Aufnahme an die Universität und für einen sich rasant verändernden Arbeitsmarkt zu rüsten.

Selbst hier liegen jedoch kleine Anzeichen für Veränderung in der Luft. 2015 ließ die George Washington University die Prüfungsanforderungen für die Zulassung fallen und schloss sich damit über 125 privaten Colleges und Universitäten in den USA an, die jetzt ganzheitlichere Möglichkeiten zur Entscheidung über die Zulassung prüfen (Anderson, 2015).

Ein kürzlich veröffentlichter Bericht, „Harvard turning the tide" (2015), der von der Harvard Graduate School of Education initiiert und von mehr als 100 Rektoren und Zulassungsdekanen einiger der besten Colleges in den USA unterstützt wurde, versucht die Botschaften zu verändern, die Highschool-Schülern durch das Zulassungsverfahren übermittelt werden. Der Bericht ist hauptsächlich eine Antwort auf Forschungsergebnisse, die zeigen, dass die Empathie junger Menschen abnimmt (Harvard Graduate School, 2014). Er empfiehlt aber auch, weniger Gewicht auf standardisierte Testverfahren zu legen. Der Bericht erkennt, dass die erhebliche Belastung durch Highschool-Prüfungen auf hohem Niveau, die als Aufnahmeprüfungen für das College dienen, oft „als Ursache für Schlafentzug, Angst und Depression unter Schülern an reicheren Schulen" genannt wird (Bruni, 2016). Stephen Farmer, Vizekanzler an der University of North Carolina at Chapel Hill und dort verantwortlich für die Immatrikulation und die Zulassung von Studentinnen, sagt: „Menschen einfach durch die Mangel zu drehen, weil wir das können – das wollen wir nicht, insbesondere, wenn man bedenkt, wie willkürlich diese Mangel sein kann" (Bruni, 2016).

Filtersysteme

Universitäten und Colleges müssen sich einmal genau anschauen, auf welche Weise ihre Zugangsbedingungen Schüler und die Schulbildung negativ beeinflussen, und Prüfungsausschüsse müssen in dieser Angelegenheit ebenfalls mehr Verantwortung übernehmen. Ein hohes Stressniveau unter den Schülerinnen in Großbritannien, die nach dem 2. und 6. Schuljahr verpflichtende Tests ablegen (Standard Assessment Tests) oder dem deutschen Realschulabschluss und dem deutschen Abitur vergleichbare Abschlüsse machen (General Certificate of Secondary Education und Advanced Level), gibt Anlass zu zunehmender Besorgnis (Stone, 2015). Das International Baccalaureate (IB) Diploma Programme hat kürzlich begonnen, sich mit einer Studie namens *IB workload and stress survey* auf diesen Bereich zu konzentrieren. Diese auf zwei Jahre angelegte Untersuchung soll abschätzen, welche Auswirkungen das IB Diploma Programme auf Schüler hat. David Hawley, Akademischer Rat an der International Baccalaureate Organization (IBO), erkennt, dass einige Schülerinnen auf dieser Stufe ihres Bildungsweges enormen Stress empfinden, und gesteht ein: „Wir prüfen die kognitiven Attribute gut … Aber wir achten nicht genug auf die sozialen, emotionalen, mit Gesundheit und Wohlbefinden zusammenhängenden Aspekte wie „fürsorglich“, „offen“, „ausgeglichen“. Wir wollen Schulen auf alle Entwicklungen im Zusammenhang mit sozialem und emotionalem Lernen (SEL) aufmerksam machen und Wege finden, in diesem Bereich Ressourcen für Lehrer bereitzustellen. Dazu soll auch gehören, dass wir aufzeigen, was an Ansätzen zur Förderung von Achtsamkeit, Aufmerksamkeit und Zeitmanagement funktioniert“ (Hawley, 2016). (Lehrerinnen an Schulen, die das IB Diploma anbieten, können jetzt im Online Curriculum Centre/Programme Resource Centre des IB auf Ressourcen zugreifen, welche die Entwicklung von SEL und Achtsamkeit unterstützen.)

Wenn Universitäten tatsächlich beginnen, sich zu verändern, würde dies einen Anreiz für Schulen schaffen, die Reduzierung von Stress und die Verbesserung der Lebenskompetenzen zur Steigerung des Wohlbefindens weiter voranzutreiben. Zwischenzeitlich muss die Bildung in

Grund- (5- bis 10-Jährige) und Mittelstufe (11- bis 14-Jährige) an einem Lernen festhalten, das der Entwicklung angemessenen ist und nicht zu sehr durch Druck gesteuert wird, der von einem späteren Punkt im System ausgeht. John Dewey sagte bereits 1897:

> Bildung ist keine Vorbereitung auf das Leben, Bildung ist das Leben selbst. Bildung ist deshalb ein Prozess des Lebens und nicht eine Vorbereitung auf das weitere Leben.

Wir können es also nicht rechtfertigen, etwas einfach deshalb in einer bestimmten Phase zu unterrichten, weil es in einer anderen benötigt werden könnte. Der Fokus muss darauf liegen, was für den Lernenden relevant und bedeutsam und notwendig ist – *jetzt*.

Wenn wir diesen Druck verringern können, werden wir beginnen, die Schulbildung für Schüler (und Lehrerinnen) stressfreier zu machen. Und dann können wir anfangen, ehrlicher, offener und kreativer darauf zu schauen, *was wirklich wichtig ist* – ausgehend von der Perspektive des Lernenden statt einfach von den wahrgenommenen Bedürfnissen der Gesellschaft.

Wohlbefinden an Universitäten – eine neue Metrik?

Viele Colleges und Universitäten in der ganzen Welt richten Programme zu den Themen achtsames Gewahrsein und Wohlbefinden ein. Dies geschieht teilweise aus Interesse am potenziellen Nutzen des Achtsamkeitstrainings, aber auch aus Sorge wegen eines zunehmend beunruhigenden psychischen Gesundheitsniveaus bei den Studenten.

Hier sind einige Beispiele für jüngste Entwicklungen in der tertiären Bildung:

- An der Université de Montréal in Kanada ist es für Medizinstudentinnen jetzt Pflicht, Kurse zum Thema Wohlbefinden zu belegen, die das Erlernen einiger Achtsamkeitsstrategien zum eigenen Nutzen beinhalten. Auch dies ist teilweise auf das Wissen zurückzuführen, dass Selbstfürsorge in einem ausgesprochen anspruchsvollen Beruf zunehmend unverzichtbar ist, und teilweise auf das während des Medizinstudiums bei den Studenten zu beobachtende Niveau an Stress und Belastung.

- Die University of Rochester School of Medicine and Dentistry (USA) und die Monash Medical School (Australien) haben Achtsamkeit in ihre Studienpläne integriert. Mindestens 12 weitere medizinische Hochschulen bzw. Fakultäten in der ganzen Welt bieten ihren Studenten heute Achtsamkeitstraining an. „Untersuchungen zeigen, dass Studenten, die an diesen Programmen teilnehmen, eine verringerte psychische Belastung und eine verbesserte Lebensqualität aufweisen" (Dobkin und Hutchinson, 2013).
- Viele Universitäten bieten ihren Studenten jetzt Achtsamkeitskurse an. An der Duke University in North Carolina, USA, gibt es beispielsweise das evidenzbasierte Curriculum „Koru Mindfulness". Dieses wurde speziell für die Vermittlung von Achtsamkeit, Meditation und Stressmanagement an Collegestudenten und andere junge Erwachsene entwickelt.
- An der George Mason University in Virginia, USA, wird mit dem Lehrkörper und mit Studentinnen an der Fokussierung auf das Wohlbefinden gearbeitet. Hierbei stützt man sich auf die Positive Psychologie und das Konzept der Achtsamkeit. Gallup betreibt Forschung zu diesem Projekt, und Brandon Busteed, geschäftsführender Direktor von Gallup Education, glaubt:

> „Einfach ein Diplom zu besitzen, wird nicht die Währung der Zukunft sein. Man wird fragen: „Hat dieses Diplom die Wahrscheinlichkeit, dass ich einen tollen Job und ein tolles Leben habe, erheblich erhöht?" Das könnte die neue Metrik sein, an der Universitäten in Zukunft gemessen werden."
> (Watts, 2014)

Unter folgendem Link können Sie ein Video über die Schritte sehen, die zur Schaffung einer „auf Wohlbefinden gründenden Universität" an der George Mason University unternommen werden: https://vimeo.com/114250339

Das Herz des Lernens

Führende Denker in der ganzen Welt haben die Aufmerksamkeit auf wichtige Lernbereiche gelenkt, die üblicherweise von herkömmlichen Bildungssystemen übersehen werden – Systemen, die sich immer noch zu sehr auf das Unterteilen der Schüler in zweckmäßige „Bündel" zum Zwecke der „Weiterverarbeitung" nach der Zeit an der weiterführenden Schule konzentrieren. Sir Ken Robinsons mit Cartoons unterlegter TEDx Talk über den überholten Bildungsansatz aus dem Industriezeitalter ist ein gutes Beispiel für diese Kritik: https://www.ted.com/talks/ken_robinson_changing_education_paradigms.

In seinem Buch *Overschooled but Undereducated* (Abbott und Mac Taggart, 2010) sagt John Abbott: „Die Weltkrise, die über uns gekommen ist, ist die ungewollte Konsequenz eines Bildungssystems, das in einer anderen Zeit zu einem anderen Zweck entwickelt wurde und heute für die Bedürfnisse der Menschen und des Planeten gänzlich ungeeignet ist." Abbott hat sein Leben der Bildung gewidmet – dem Unterrichten und dem Zusammenfügen von Informationen über unser Verständnis von effektivem menschlichem Lernen – und hierbei versucht, Regierungen und Bildungsbehörden von der dringenden Notwendigkeit einer Veränderung unserer Herangehensweise an die Schulbildung zu überzeugen. Er ist ebenso Holzarbeiter wie Erzieher, und zu seinen Ausdrücken, die ich am liebsten mag, gehört eine Metapher, mit der er den Bedarf nach einem Lernen beschreibt, das dem jugendlichen Gehirn entspricht – das ihm nicht gegen den Strich geht, sondern das „mit dem Strich geht". Als Präsident der 21st Century Learning Initiative ist John Abbott ein radikaler und inspirierender Denker. Mehr über die von ihm angeregte Bewegung – Battling for the Soul of Education – finden Sie unter www.21learn.org.

Peter Senge tat sich unlängst mit dem bahnbrechenden Autor des Buches *EQ: Emotionale Intelligenz,* Daniel Goleman (Goleman, 2007), zusammen, um ein kleines Buch mit dem Titel *Triple Focus: A New Approach to Education* (Goleman und Senge, 2014) zu produzieren. In diesem Büchlein plädieren die Autoren für drei Schwerpunktbereiche, die ihrer Überzeugung nach den Kern effektiver Bildung ausmachen sollten:

- Nach innen fokussieren und sich selbst verstehen.
- Sich in andere hineinfühlen und verstehen, wie man verbundene Beziehungen aufbaut.
- Nach außen fokussieren mit dem Ziel, die größere Welt zu verstehen und sich in diese zu integrieren.

Das Konzept ist im Grunde genommen eine einfache, aber mächtige Kombination aus Achtsamkeit, SEL und dem Systemdenken. In einer komplexen Welt ist es zunehmend wichtig, junge Menschen mit den Fähigkeiten auszustatten, diese komplizierten und sich überlappenden Bereiche verstehen zu können. Bis vor Kurzem erkannten wir zum Beispiel nicht in vollem Umfang, welche Auswirkungen die technologischen Fortschritte des Menschen auf die Umwelt – vielleicht sogar auf unsere Zukunftsfähigkeit als Spezies – haben. Jetzt, da wir dies wissen, tragen wir eine Verantwortung und haben sowohl beim Verstehen komplexer Systeme wie der Erderwärmung und dem Klimawandel als auch beim Einschreiten dagegen eine Rolle zu spielen.

Menschen sind unglaublich erfinderisch. Wir besitzen einen solchen Einfallsreichtum und eine derartige Intelligenz, dass sich die meisten Probleme lösen oder zumindest handhabbar machen ließen, wenn wir uns gemeinsam auf die Herausforderungen konzentrieren würden, denen die Menschheit gegenübersteht. Aber wir müssen auch unser Herz daran hängen. Es ist vielleicht kein Zufall, dass das Angstniveau unserer jungen Menschen in derselben Zeit ansteigt, in der wir tiefsitzende, hinreichend publik gemachte Zukunftsängste haben. Unsere Kinder werden einen großen Werkzeugkasten an inneren Reserven und Kompetenzen benötigen, um mit einigen schwierigen globalen Problemen fertig zu werden – ökologischen, politischen, religiösen, psychologischen –, die nicht so schnell verschwinden werden.

Neil Postman sagt in *Keine Götter mehr: das Ende der Erziehung* (Postman, 1995): „die Erzählungen, die unserer derzeitigen Vorstellung von Schule zugrundeliegen, leisten uns keine guten Dienste." Postman beschreibt die meisten Bildungsreformen als „technisch", befasst mit der Effizienz der Ausführung, doch berührten sie „selten die Frage: Wofür sind Schulen da?"

Wir brauchen neue Erzählungen, die sich sowohl mit dem Warum als auch mit dem Wie der Bildung beschäftigen. Würde ich eine Schule ganz neu entwickeln, wäre dies ihr Fokus:

> Unseren Schülern
> im Kontext dieser Gemeinschaft helfen,
> zu lernen, wie man diesen Planeten am besten miteinander teilt.

Alle Schlüsselbereiche des Lernens – intellektuelle, technologische, physische und soziale – können aus dem Versuch erwachsen, dieses zentrale Thema anzugehen. In diesem Kontext können wir grundlegende Fertigkeiten für den Aufbau des inneren Gleichgewichts und der Resilienz entwickeln, die notwendig sind, um das Leben im 21. Jahrhundert zu meistern.

Wenn wir Lehrerinnen und Eltern zu unseren Einführungsveranstaltungen zum Thema Achtsamkeit einladen, entdecken wir häufig das gemeinsame Bewusstsein, dass etwas dieser Art gebraucht wird, dass wir alle in unterschiedlichem Ausmaß ein wenig dezentriert leben und dass es einen Hunger nach einem tieferen Gefühl von Ruhe und Raum sowie nach einer Wiederverbindung mit unserem Körper, unseren Emotionen und miteinander gibt. Wir sehen dies nicht nur in den privilegierten Privatschulen Englands, nicht nur in den reich mit Ressourcen ausgestatteten internationalen Schulen Europas, sondern auch bei angespannten und gestressten Lehrern aus innerstädtischen Schulen sowie in Bildungsstätten und Organisationen in den Amerikas, in Asien und Australasien.

Wir scheinen zunehmend auf isolierten Inseln zu leben. In einem Zeitalter der Super-Konnektivität könnte man denken, dass unsere Isolation abnimmt. Dies mag in mancherlei Hinsicht auch wahr sein, ist aber nur ein Teil des Bildes. Wir sind „virtuell" vielleicht besser verbunden, aber eine Bedeutung des Begriffs „virtuell" (englisch *virtually*) ist „nicht ganz". Haben wir im Laufe der industriellen und technologischen Revolutionen der letzten paar Jahrhunderte etwas verloren? Vielleicht das Gefühl, Teil etwas Größeren zu sein; Teil einer Gruppe, eines Stammes, eines Volkes; das Gefühl, dazuzugehören.

Die Erosion unserer traditionellen gemeinschaftlichen Grundlagen erklärt möglicherweise zum Teil, warum es derzeit ein Interesse an Selbstentfaltung, emotionalem Gewahrsein und der Suche nach Gleichgewicht gibt. Praktiken wie Achtsamkeit können unsere Bemühungen unterstützen, uns stärker zu erden und das weitschweifige Denken loszulassen, das unser Gefühl der Isolation erhöhen kann. In einer Welt, in der jede übermäßig beschäftigt zu sein scheint und in der niemand uns wirklich dazu ermuntert, einen Moment innezuhalten und ein wenig langsamer zu werden, scheint Achtsamkeit einen dringend benötigten Tempowechsel zu bieten. Einen geschäftigen Tag mit ein paar Augenblicken der Ruhe zu durchsetzen, kann uns wieder zu uns selbst zurückbringen. Eine Stille mit anderen zu teilen, kann manchmal unerwartet nährend sein. Ein Gefühl der Verbundenheit mit einem tieferen Selbst kann uns anderen näher bringen.

Dasselbe Gefühl von einem verbundenen Selbst könnte das Vakuum füllen, das viele junge Menschen – hilflos in einer Welt, die sich fragmentiert, ungerecht und sogar psychologisch irreal anfühlen kann – empfinden. Bleibt es unerkannt, kann dieses Gefühl der Leere unsere jungen Menschen anfällig für rücksichtslose Manipulation (sexueller, politischer oder religiöser Natur) machen. Und dieselbe Leere wird von vielen mit der Einnahme von Drogen, mit Alkoholkonsum oder anderem Sucht- bzw. zwanghaftem Verhalten gefüllt.

Eine Leitfrage ist für uns bei dieser Arbeit: „Können wir dadurch, dass wir uns selbst und einander besser verstehen, lernen, zurechtzukommen, aufzublühen und zu gedeihen?"

Erhöhte Aufmerksamkeitsfähigkeiten, ein tieferes Selbstgewahrsein, eine bessere Emotionsregulation und verbesserte kollaborative Fähigkeiten können sämtlich unterstützt werden, wenn Achtsamkeit in eine sich entwickelnde Schulkultur eingebunden wird. In eine Schulkultur, die das Verständnis unserer selbst – das Verständnis unseres Geistes, unseres Körpers und unserer Emotionen – in den Kern ihrer Arbeit einflicht. Wird dies kombiniert mit einer Fokussierung auf das Verständnis anderer und das Verständnis unseres Platzes in der Umwelt und der Prozesse, in denen wir leben und arbeiten, kann das Training achtsamen Gewahrseins zu einer wertvollen Komponente der Bildung des 21. Jahrhunderts werden.

Wir sind keine Lehrer.
Wir sind Menschen.
Menschen, die unterrichten.

Und wir tun unser Bestes, um jungen Menschen zu helfen, zu lernen, ihr Bestes zu tun. Als Lehrer, als Personen, können wir in der Welt nicht viel ausrichten. Aber jeder Schritt, den wir auf dem Weg der Realisierung unserer eigenen Authentizität und Verbundenheit gehen, ist ein Schritt hin zu einem tieferen Austausch mit uns selbst und mit unseren Schülern. Unsere Rolle als Menschen, die unterrichten, ist entscheidend.

Ist Achtsamkeit die Antwort auf alle Probleme des Lebens? Ich glaube nicht. Aber ich glaube, dass wir bei dem Bemühen, die inneren Erfahrungen von Schülerinnen und Lehrerinnen zu bestätigen und zu unterstützen, grundlegende Fragen – transformierende Fragen – über die Art stellen, wie wir die Schulbildung organisieren, über die nachhaltige Berufsfähigkeit als Lehrende und über die mentale und emotionale Ernährung von Lehrern und Schülern. Darüber, was in der Bildung wirklich wichtig ist.

Danksagung

Zu großem Dank verpflichtet bin ich all den Menschen, die mir die freundliche Erlaubnis gaben, ihre Worte, Erfahrungen, Ideen und Bilder zu nutzen: Tim Burns, David Rock, Richard Burnett, Chris Cullen, Krysten Fort-Catanese, Jason Tait, Jason Pendel, Petr Dimitrov, Solange Lewis, Catherine Ottaviano, Andy Mennick, Richard Brown, Katinka Gøtzsche, Helle Jensen, Ann Maj Nielsen, Peter Senge, Mette Böll, Lucy Hawkins, Katherine Weare, Kathlyn Gray, Amy Saltzman, Meena Srinivasan, Linda Dusenbury, Mark Greenberg, Shui-Fong Lam, Stanley Chan, Emma Naisbett, Amy Footman und Liz Lord.

Fast alles, was ich über das Lehren und Lernen weiß, stammt von anderen Lehrern und Schülern. Ich bin sehr dankbar dafür, dass ich in Yorkshire (Keighley Upper School, Swire Smith Middle School, Waverley Middle School), in Tansania (International School Moshi, Arusha Campus – *Hamjambo!*) und an der International School of Prague (hier insbesondere mit den Mittelstufenlehrern und Arnie Bieber) mit einigen wunderbaren Erziehern, Beratern, Verwaltungsmitarbeitern, Schülern, Eltern und Unterstützungskräften zusammenarbeiten konnte. Ein spezieller Dank geht auch an: Bart Dankaerts, Kili Lay und die Lehrer der American School of The Hague; an Malcolm Nicolson, Robert Harrison, Lucia Capasso, Phillippa Elliot und Christelle Bazin von der IBO (was für ein Team!); an Derek Harwell and alle anderen von ELMLE; an Cheryl Brown und Brooke Fezler von der ISCA.

Meine Denkweise über das Gesamtziel der Bildung wurde vor vielen Jahren durch das Zusammentreffen mit John Abbott radikal erneuert. Er kam zweimal nach Tansania, um dort – unentgeltlich – mit meiner Schulgemeinschaft zu arbeiten, und sein tiefgreifendes Denken über die Geschichte, den Zweck und das Potenzial der Bildung liegt einem großen Teil dieses Buches zugrunde.

Meine Achtsamkeitsreise wurde zutiefst dadurch bereichert, dass ich Gelegenheit hatte, direkt von einigen fantastischen Menschen und Lehrern zu lernen, darunter Mark Williams, Thich Nhat Hanh, Saki Santorelli, Jon Kabat-Zinn und Chris Cullen. Ein großer Dank geht auch an die Trainer und Mitarbeiter des Mindfulness in Schools Project – insbesondere an Claire Kelly, James Gibbs und, natürlich, Richard Burnett.

Ein besonderer Dank gilt Kara Smith, dafür, dass sie den Anstoß zur Gründung von MindWell gegeben und Amy gefunden hat. Unsere Verbindungen im Rahmen von MindWell sind eine reiche Quelle der Freude und Inspiration – danke an Krysten, die das Herz des Ganzen darstellt.

Die wunderbare Sarah Hennelly hat die späteren Entwürfe überprüft (sämtliche Fehler stammen von mir) und viele hilfreiche und scharfsinnige Bemerkungen abgegeben – danke, Sarah. Mein Meditationspartner, Gefährte beim Unterrichten von Achtsamkeitskursen und guter Freund Tony Ackerman gab nützliches Feedback zu meinen Ideen, meinem Stil und meiner Kommaschwäche. Ich danke dir, und auch Helena, für das Refugium.

Ist es möglich, ein Buch zu schreiben, in dem man andere dazu berät, wie sie ruhiger und achtsamer werden, und sich trotzdem immer noch selbst stressen zu lassen? Ja, absolut! Die Achtsamkeitspraxis hat mir, um ehrlich zu sein, beim Schreiben dieses Buches sehr geholfen, doch schulde ich auch meiner Mitstreiterin, Arbeitspartnerin, Beraterin und besseren Hälfte großen Dank: meiner Frau Amy Burke. Zu sagen, dass es ohne sie niemals geschehen wäre, ist eine gänzlich wahre, klischeehafte Untertreibung. Dieses Buch stützt sich auf Arbeit, die Amy und ich gemeinsam entwickelt haben, und von der ersten leisen Idee bis zu den letzten Überarbeitungen spät am Abend war sie den gesamten Schreibprozess hindurch an meiner Seite und hat zum Entstehen des Werkes beigetragen. Sie ist eine großartige Lektorin, jederzeit bereit zu lesen, zu begutachten, zu unterstützen und zu hinterfragen. Vor allen Dingen danke, Amy, für deine gute Laune, deine Liebe und deine Fürsorge – du hast mich bei Verstand gehalten!

Ich bin Jude Bowen, meiner Herausgeberin vom Verlag SAGE, zutiefst dankbar für ihren klugen Rat, ihre Begeisterung und Ermutigung über den gesamten Zeitraum hinweg. Durch ihre Führung und ihr Feedback ist dies ein viel besseres Buch geworden. Danke an George Knowles für seine wertvolle Unterstützung, an Nicola Carrier aus der Produktion, Dilly Attygalle aus dem Marketing und an den gesamten Rest der Mannschaft von SAGE. Ich schätze mich sehr glücklich, bei meinem ersten Buch mit so einem großartigen Team zusammengearbeitet zu haben.

Zu guter Letzt ist es mir unmöglich, auf angemessene Weise mein Gefühl tiefer Dankbarkeit zu artikulieren, das ich gegenüber drei jungen Menschen empfinde, mit denen ich einen Weg des Wachstums und der Entdeckung teilen durfte: meinen fantastischen Kindern Lucy, Rosa und Billy. Danke für euer Interesse und eure Ermutigung. Insbesondere danke ich euch für alles, was ihr mir über Kinder, das Leben, das Lernen und die Liebe beigebracht habt.

Möge es euch allen gut gehen!

Kevin Hawkins

Literaturverzeichnis

Abbott, John und MacTaggart, Heather (2010), *Overschooled but Undereducated: How the Crisis in Education is Jeopardizing our Adolescents*. 21st Century Learning Initiative. London: Continuum Press International Publishing Group, 2010.

Ali, Aftab (2016), *Childline expresses concern over rise in number of students under exam stress*. In: Independent, 11. Mai 2016 (auf: www.independent.co.uk/student/student-life/health/childline-expresses-concern-overrise-in-number-of-students-under-exam-stress-a7023746.html (Stand: 24. 1. 2018).

Allen, Micah (2012), *Mindfulness and neuroplasticity – a summary of my recent paper*. In: Neuroconscience, 23. 11. 2012.

American Mindfulness Research Association (2016), *AMRA resources and services*. Auf: https://goamra.org/resources/ (Stand: 11. 3. 2018).

Anderson, Nick (2015), *George Washington University applicants no longer need to take admissions tests*. In: The Washington Post, 27. Juli 2015. Auf: www.washingtonpost.com/news/grade-point/wp/2015/07/27/george-washington-university-applicants-no-longer-need-to-take-admissions-tests/ (Stand: 11. 3. 2018).

Andrews, G., Poulton, R. und Skoog, I. (2005), *Lifetime risk of depression: restricted to a minority or waiting for most?* In: British Journal of Psychiatry, 187 (6), 2005, S. 495–496.

National Commission of Social, Emotional, and Academic Development (2018), *How Learning Happens: Supporting Students' Social, Emotional, and Academic Development*. Aspen Institute, 23. Januar 2018. Auf: https://www.aspeninstitute.org/publications/learning-happens-supporting-students-social-emotional-academic-development/ (Stand: 8. 3. 2018).

Biegel, Gina, et al. (2009), *Mindfulness-based stress reduction for the treatment of adolescent psychiatric outpatients: A randomized clinical trial*. In: Journal of Consulting and Clinical Psychology, 77 (5), 2009, S. 855–866. Auf: https://kirkwarrenbrown.vcu.edu/wp-content/pubs/Biegel%20et%20al%20JCCP%202009.pdf (zuletzt besucht: 6. 3. 2018).

Bloom, Benjamin et al. (Hg.) (1972), *Taxonomie von Lernzielen im affektiven Bereich.* Weinheim und Basel: Beltz Verlag, 1972.

Brown, Patricia (2007), *In the classroom, a new focus on quieting the mind.* In: The New York Times, 16 Juni 2007 (http://www.nytimes.com/2007/06/16/us/16mindful.html – Stand: 2. 3. 2018).

Bruni, Frank (2016), *Rethinking College Admissions.* In: The New York Times, 19. 1. 2016. Auf: https://www.nytimes.com/2016/01/20/opinion/rethinking-college-admissions.html (Stand: 11. 3. 2018).

Burns, T. (2016). Educare. www.timburns-educare.com/ (Stand: 6. 12. 2016).

Callard, Felicity und Margulies, Daniel (2011), *The subject at rest: novel conceptualizations of self and brain from cognitive neuroscience's study of the „resting state".* In: Subjectivity, 4 (3), 2011, S. 227–257 (doi: 10.1057/sub.2011.11) (auf: http://link.springer.com/article/10.1057/sub.2011.11 (Stand: 30. 1. 2018).)

Council in Schools (2010), *The Ojai Foundation.* 18. 11. 2010. Auf: www.youtube.com/watch?v=fKSh73dO49s (Stand: 11. 3. 2018).

Cozolino, Louis (2013), *The Social Neuroscience of Education: optimizing attachment and learning in the classroom,* New York, NY: W. W. Norton and Company, 2013.

Dakin, Nicholas (2016), *Mindfulness in Schools – (Mr Charles Walker in the Chair).* Auf: https://www.theyworkforyou.com/whall/?id=2016–09–06b.111.1 (Stand: 11. 3. 2018).

Davidson, Richard (2016), *The four keys to well-being.* In: The Greater Good Magazine, 21 März 2016 (auf: http://greatergood.berkeley.edu/article/item/the_four_keys_to_well_being – Stand: 3. 3. 2018).

de Bruin, E. et al. (2015), *MYmind: mindfulness training for youngsters with autism spectrum disorders and their parents.* In: Autism, 19 (8), 2015, S. 906–914. Auf: http://aut.sagepub.com/content/19/8/906 (zuletzt besucht: 6. 3. 2018).

Dewey, J. (1897), *My pedagogic creed.* In: School Journal, 54 (Januar), S. 77–80. Auf: http://dewey.pragmatism.org/creed.htm (Stand: 11. 3. 2018).

Diamond, David et al. (2007), *The Temporal Dynamics Model of Emotional Memory Processing: A Synthesis on the Neurobiological Basis of Stress-Induced Amnesia, Flashbulb and Traumatic Memories, and the Yerkes-Dodson Law.* In: Neural Plasticity, 2007 (doi:10.1155/2007/60803).

Dobkin, Patricia und Hutchinson, Tom (2013), *Teaching Mindfulness in Medical School: Where are We Now and Where Are We Going?* In: Medical Education, 47, 2013, S. 768–779. Auf: www.mcgill.ca/wholepersoncare/files/wholepersoncare/teaching_mindfulness.pdf (Stand: 11. 3. 2018).

Durlak, Joseph et al. (2011), *The impact of enhancing SEL, A meta-analysis of school-based universal interventions.* In: Child Development, 82 (1), 2011, S. 405–432.

Dweck, Carol (2009), *Selbstbild: wie unser Denken Erfolge oder Niederlagen bewirkt.* München u. Zürich: Piper Verlag, 2009, 2: 2015.

Elbert, T. et al. (1995), *Increased cortical representation of the fingers of the left hand in string players.* In: Science, New Series, 270 (5234), 1995, S. 305–307. Auf: www.ncbi.nlm.nih.gov/pubmed/7569982 (Stand: 25. 1. 2018).

Elias, M. und Zins, J. (1997), *Promoting Social and Emotional Learning: Guidelines for Educators.* Alexandria, VA: Association for Supervision and Curriculum Development, 1997.

Farb, N. et al. (2007), *Attending to the present: Mindfulness meditation reveals distinct neural modes of self-reference.* In: Social Cognitive and Affective Neuroscience, 2 (4), 2007, S. 313–322 (doi: 10.1093/scan/nsm030). Auf: www.ncbi.nlm.nih.gov/pubmed/18985137 (Stand: 8. 2. 2018).

Feinberg, C. (2013), *The placebo phenomenon.* In: Harvard Magazine, Januar/Februar 2013 (auf: http://harvardmagazine.com/2013/01/the-placebo-phenomenon (Stand: 29. 1. 2018).

Felver, Joshua et al. (2015), A systematic review of mindfulness-based interventions for youth in school settings. Mindfulness, 7 (1), 2015. Auf: www.researchgate.net/publication/273349460_A_Systematic_Review_of_Mindfulness-Based_Interventions_for_Youth_in_School_Settings (Stand: 6. 3. 2018).

Fielding, Michael (2005), *Putting hands around the flame: reclaiming the radical tradition in state education.* In: FORUM, 47 (2), 2005, S. 61–70. (doi: 10.2304/forum.2005.47. 2. 17).

Gallagher, Robert (2015), *National Survey of College Counseling Centers 2014.* O.O.: The International Association of Counseling Services, Inc. Monograph Series Number 9V, 2015. Auf: http://0201.nccdn.net/1_2/000/000/088/0b2/NCCCS2014_v2.pdf (Stand: 9. 2. 2018).

Ginott, Haim (1980), *Takt und Taktik im Klassenzimmer: Szenen aus d. Schulalltag.* Freiburg: Herder Verlag, 1980.

Goldsmith, Sara et al. (Hg.) (2002), *Reducing Suicide: A National Imperative. Committee on Pathophysiology and Prevention of Adolescent and Adult Suicide.* Washington, D.C.: National Academies Press, 2002. Auf: www.nap.edu/read/10398/chapter/1#ii (Stand: 9. 2. 2018).

Goleman, Daniel (2007), *EQ: Emotionale Intelligenz.* München: Hanser Verlag, 1995. Neu aufgelegt: Frankfurt a. M.: Deutscher Taschenbuch Verlag, 19. Aufl. 2007.

Goleman, Daniel (2015), *Konzentriert Euch! Eine Anleitung zum modernen Leben.* München: Piper Verlag, 2015.

Goleman, Daniel und Senge, Peter (2014), *Triple Focus: A New Approach to Education.* Florence, MA: More than Sound, 2014.

Gunaratana, Banthe Henepola (1996), *Die Praxis der Achtsamkeit: Eine Einführung in die Vipassana-Meditation.* Heidelberg: Werner Kristkeitz Verlag, 1996.

Halevi, Yossi (2002), *Introspection as a prerequisite for peace.* In: The New York Times, 7. September 2002. Auf: www.nytimes.com/2002/09/07/opinion/introspection-as-a-prerequisite-for-peace.html (Stand: 6. 3. 2018).

Halliwell, Ed (2014), *Can mindfulness transform politics? More on the new All-Party Parliamentary Group on Mindfulness in the UK* In: Mindful, 23. Mai, 2014. Auf: www.mindful.org/can-mindfulness-transform-politics-2/ (Stand: 11. 3. 2018).

Harari, Yuval Noah (2013), *Eine kurze Geschichte der Menschheit.* München: Pantheon, 2013 (orig. ders., *A Brief History of Mankind – Kizur Toldot Ha-Enoshut.* Or Jehuda: Kinneret Zmora-Bitan Dvir, 2011).

Harvard Graduate School (2014), *The children we mean to raise.* Auf: http://mcc.gse.harvard.edu/the-children-we-mean-to-raise (Stand: 11. 3. 2018).

Harvard Graduate School (2015), *Harvard turning the tide: inspiring concern for others and the common good through college admissions.* Auf: http://mcc.gse.harvard.edu/files/gse-mcc/files/20160120_mcc_ttt_report_interactive.pdf (Stand: 11. 3. 2018).

Hawley, David (2016), *Investigating stress in the DP.* In: IB World, 73, 2016, S. 16 (auf: https://issuu.com/internationalbaccalaureate/docs/ibo_eng_mar16_digi-mag4mb (Stand: 23. 1. 2018).

Helliwell, John, Layard, Richard und Sachs, Jeffrey (Hg.) (2015), *World Happiness Report 2015.* New York, NY: Sustainable Development Solutions Network, 2015. http://worldhappiness.report/wp-content/uploads/sites/2/2015/04/WHR15.pdf (zuletzt besucht: 6. 12. 2016).

Hennelly, S. (2010), *The immediate and sustained effects of the.b mindfulness programme on adolescents' social and emotional well-being and academic functioning.* Masterarbeit zum Thema Research in Psychology. Oxford Brookes University: unpubliziert 2010.

Huppert, Felicia und So, t (2011), *Flourishing across Europe: application of a new conceptualframework for defining well-being.* Auf: Soc Indic Res, 15. 12. 2011 (doi: 10.1007/s11205–011–9966–7).

Huxter, Malcolm (2016), *Healing the Heart and Mind with Mindfulness.* London: Routledge, 2016.

Ingersoll, R. und Stuckey, D. (2014), *Seven Trends: The Transformation of the Teaching Force.* CPRE Report (RR#-80). Philadelphia: Consortium for Policy Research in Education, University of Pennsylvania, 2014.

James, William (1950), *The principles of psychology.* New York, NY: Dover Publications, 1950 (orig. New York, NY: Henry Holt, 1890).

Jennings, Patricia, et al. (2015), *Promoting teachers' social and emotional competence and classroom quality: a randomized controlled trial of the CARE for Teachers professional development program. Draft submission EDU-2015–1078R2.* In: Journal of Educational Psychology, 2015.

Jennings, Patricia (2017), *Achtsamkeit im Klassenzimmer: Mit einfachen Strategien eine gute Lernatmosphäre schaffen.* Freiburg: Arbor Verlag, 2017.

Jensen, Elsebeth, Bengaard Skibsted, Else und Christensen Vedsgaard, Mette (2015), *Educating teachers focusing on the development of reflective and relational competences.* In: Educational Research for Policy and Practice 14 (3), 2015, S. 201–212 (http://link.springer.com/article/10.1007/s10671–015–9185–0. Stand: 28. 2. 2018).

Johnson, D. et al. (2014), *Modifying resilience mechanisms in at-risk individuals: a controlled study of mindfulness training in marines preparing for deployment.* In: American Journal of Psychiatry, 171 (8), 2014, S. 844–853 (auf: www.ncbi.nlm.nih.gov/pubmed/24832476 (Stand: 7. 2. 2018), doi: 10.1176/appi.ajp.2014.13040502).

Kabat-Zinn, Jon (2013), *Gesund durch Meditation: das große Buch der Selbstheilung.* Bern: O. W. Barth-Verlag 1991. TB-Ausgabe Frankfurt a. M.: Fischer Taschenbuch Verlag, 2006 (vollst. überarb. Aufl. München: Knaur-Verlag 2013).

Kaiser Greenland, Susan (2011), *Wache Kinder: Wie wir unseren Kindern helfen, mit Stress umzugehen und Glück, Freude und Mitgefühl zu erleben.* Freiburg: Arbor Verlag, 2011.

Kallapiran, Kannan et al. (2015), *Effectiveness of mindfulness in improving mental health symptoms of children and adolescents: a meta-analysis.* In: Child and Adolescent Mental Health, 20 (4), 2015, S. 182–94. Auf: http://onlinelibrary.wiley.com/doi/10.1111/camh.12113/full (zuletzt besucht: 6. 3. 2018).

Kemeny, Margaret et al. (2012), *Contemplative/emotion training reduces negative emotional behavior and promotes prosocial responses.* In: Emotion, Journal of the American Psychological Association, 12 (2), 2012, S. 338–350. Auf: www.paulekman.com/wp-content/uploads/2013/07/Contemplative-emotion-training-reduces-negative-emotional-behavior-and-promotes-prosocial-responses.pdf (Stand: 15. 2. 2018) (doi: 10.1037/a0026118).

Kessler, R. (2000), *The Soul of Education: Helping Students Find Connection, Compassion and Character At School.* Alexandria, VA: ASCD.

Killingsworth, Matthew und Gilbert, Daniel (2010), *A Wandering Mind Is an Unhappy Mind.* In: Science, 330 (6006), 2010, S. 932 (doi: 10.1126/science.1192439) (auf: http://science.sciencemag.org/content/330/6006/932.full (Stand: 30. 1. 2018).)

Kornfield, Jack (2017), *Frag den Buddha und geh den Weg des Herzens: was uns bei der spirituellen Suche unterstützt.* Müchen: Kösel Verlag, 2017 (orig. ders., *A Path with Heart: A Guide through the Perils and Promises of Spiritual Life.* New York, NY: Bantam Books, 1993).

Kuyken,Willem et al. (2013), *Effectiveness of the Mindfulness in Schools Programme: non-randomised controlled feasibility study.* In: British Journal of Psychiatry, 203 (2), 2013, S. 126–31. Auf: http://bjp.rcpsych.org/content/203/2/126.full.pdf+html (zuletzt besucht: 6. 3. 2018).

Kyriacou, C. (2001), *Teacher stress: directions for future research.* In: Educational Review, 53, 2001, S. 28–35.

Lantieri, Linda und Goleman, Daniel (2009), *Emotionale Intelligenz für Kinder und Jugendliche.* München: Ariana-Verlag, 2009.

Lau, Hakwan und Rosenthal, David (2011), *Empirical support for higher-order theories of conscious awareness.* In: Trends in Cognitive Sciences, 15 (8), 2011, S. 365–373 (auf: http://neurocognitiva.org/wp-content/uploads/2014/04/Lau-2011-Empirical-support-for-higher-order-theories-of-conscious-awareness.pdf – Stand: 3. 3. 2018).

Lueke, Adam und Gibson, Brian (2014), *Mindfulness meditation reduces implicit age and racebias: The role of reduced automaticity of responding.* In: Social Psychological and Personality Science, 24. 11. 2014, SAGE Journals. Auf: http://journals.sagepub.com/doi/abs/10.1177/1948550614559651 (Stand: 6. 3. 2018).

Magee, Rhonda (2015), *How mindfulness can defeat racial bias.* In: The Greater Good, Science of a Meaningful Life, 14. Mai 2015. Auf: http://greatergood.berkeley.edu/article/item/how_mindfulness_can_defeat_racial_bias (Stand: 6. 3. 2018).

Maguire, Eleanor, Woollett, Katherine und Spiers, Hugo (2006), *London Taxi Drivers and Bus Drivers: a Structural MRI and Neuropsychological Analysis.* In: Hippocampus, 16, 2016, S. 1091–1101. Auf: www.ucl.ac.uk/spierslab/Maguire-2006Hippocampus (Stand: 24. 1. 2018).

MAPPG (Mindfulness All-Party Parliamentary Group) (2015), *Mindful Nation UK.* London: The Mindfulness Initiative. Auf: http://themindfulnessinitiative.org.uk/images/reports/Mindfulness-APPG-Report_Mindful-Nation-UK_Oct2015.pdf (Stand: 6. 3. 2018).

Marturano, Janice (2015), *Mindful Leadership: ein Weg zu achtsamer Führungskompetenz.* Freiburg: Arbor Verlag, 2015.

Marzano, Robert und Pickering, Debra (2011), *The Highly Engaged Classroom.* Bloomington, IN: Marzano Research Laboratory, 2011.

Massachusetts General Hospital (2011), *Mindfulness meditation training changes brain structure in 8 weeks.* In: News Release, 2. Januar 2011 (auf: www.massgeneral.org/news/pressrelease.aspx?id=1329 (Stand: 29. 1. 2018).)

Mental Health Foundation (2015), *Fundamental facts about mental health.* Auf: www.mentalhealth.org.uk/sites/default/files/fundamental-facts-15.pdf (Stand: 6. 12. 2016).

Microsoft Canada (2015), *Attention spans. Consumer Insights.* Auf: http://docplayer.net/13720026-Microsoft-attention-spans-spring-2015-msadvertisingca-msftattnspans-attention-spans-consumer-insights-microsoft-canada.html (Stand: 2. 3. 2018).

Moffitt, Terrie et al. (2011), *A gradient of childhood self-control predicts health, wealth, and public safety.* In: PNAS, 108 (7), 2011, S. 2693–2698 (doi: 10.1073/pnas.1010076108).

Murphy, Margaret und Fonagy, Peter (2012), *Chapter 10: Mental health problems in children and young people.* In: Annual Report of the Chief Medical Officer, Our Children Deserve Better: Prevention Pays. 2012. Auf: www.gov.uk/government/uploads/system/uploads/attachment_data/file/252660/33571_2901304_CMO_Chapter_10.pdf (zuletzt besucht: 8. 2. 2018).

NASUWT (2016), *Urgent action needed to reduce stress faced by teachers.* Auf: https://www.nasuwt.org.uk/article-listing/action-needed-to-reduce-stress-faced-by-teachers.html (zuletzt besucht: 15. 2. 2018).

National Education Association (NEA) (2015), *Research spotlight on recruiting and retaining highly qualified teachers.* Auf: www.nea.org/tools/17054.htm (Stand: 11. 3. 2018).

National Institute for Health and Care Excellence (2009), *Depression in adults: recognition and management. NICE guidelines CG90.* Aktualisiert: April 2016. Auf: https://www.nice.org.uk/guidance/cg90 (Stand: 8. 2. 2018).

Parks, Tim (2012), *Die Kunst stillzusitzen. Ein Skeptiker auf der Suche nach Gesundheit und Heilung.* München: Verlag Antje Kunstmann, 2012.

Pattakos, Alex (2005), *Gefangene unserer Gedanken: Viktor Frankls 7 Prinzipien, die Leben und Arbeit Sinn geben.* Wien: Linde Verlag, 2005.

Patterson, Kerry et al. (2005), *Heikle Gespräche: worauf es ankommt, wenn viel auf dem Spiel steht; die 7-Punkte-Strategie; die 6-Minuten-Meistertechnik.* Wien: Linde Verlag, 2005.

Patterson, Kerry et al. (2006), *Heilsame Konflikte: Beziehungen verbessern, Konflikte lösen; richtiger Umgang mit uneinglösten Versprechen, unerfüllten Erwartungen und unpassendem Benehmen.* Wien: Linde Verlag, 2006.

Pbert, Lori et al. (2012), *Effect of mindfulness training on asthma quality of life and lung function: a randomised controlled* trial. In: Thorax, 67 (9), 2012, S. 769–776. Auf: www.ncbi.nlm.nih.gov/pmc/articles/PMC4181405 (Stand: 8. 2. 2018).

Pinger, Laura und Flook, Lisa (2016), *What if schools taught kindness?* In: Greater Good Magazine, 1. 2. 2016 (auf: http://greatergood.berkeley.edu/article/item/what_if_schools_taught_kindness (Stand: 3. 3. 2018).

Postman, Neill (1995), *Keine Götter mehr: das Ende der Erziehung.* Berlin: Berlin Verlag, 1995.

Powell, William und Kusuma-Powell, Ochan (2010), *Becoming an Emotionally Intelligent Teacher.* London: Corwin, 2010.

Powell, William und Kusuma-Powell, Ochan (2013), *The OIQ Factor: Raising Your School's Organizational Intelligence.* Woodbridge: John Catt Educational, 2013.

Rechtschaffen, Daniel, *Die achtsame Schule: Achtsamkeit als Weg zu mehr Wohlbefinden für Lehrer und Schüler.* Freiburg: Arbor Verlag, 2016.

Research Autism (2016), englischsprachige Plattform zu Autismus. Auf: http://researchautism.net/autism-interventions/types/psychologicalinterventions/cognitive-and-behavioural-therapies/mindfulness-training-andautism/mindfulness-and-autism-publications (Stand: 6. 3. 2018).

Robinson, Ken (2010), *Changing education paradigms.* Auf: www.ted.com/talks/ken_robinson_changing_education_paradigms (Stand: 11. 3. 2018).

Rock, David (2009), *The neuroscience of mindfulness.* In: Psychology Today, 11. Oktober 2009 (auf: www.psychologytoday.com/blog/your-brain-work/200910/the-neuroscience-mindfulness (Stand: 26. 1. 2018).

Rodenburg, Patsy (2009), *Presence: How to Use Positive Energy for Success in Every Situation.* London: Penguin Books, 2009.

Ryan, Tim (2012), *A Mindful Nation: How a Simple Practice Can Help Us Reduce Stress, Improve Performance and Recapture the American Spirit.* Carlsbad, CA: Hay House Press, 2012.

Saltzman, Amy, *Ein stiller, ruhiger Platz.* Freiburg: Arbor Verlag, 2018.

Sanger, Kevanne und Dorjee, Dusana (2016), *Mindfulness training with adolescents enhances metacognition and the inhibition of irrelevant stimuli: evidence from event-related brain potentials.* In: Trends in Neuroscience and Education, 5 (1), 2016, S. 1–11 (auf: www.sciencedirect.com/science/article/pii/S2211949316300011 – Stand: 2. 3. 2018).

Sapolsky, Robert (1998), *Warum Zebras keine Migräne kriegen: wie Streß den Menschen krank macht.* München u. Zürich: Piper Verlag, 1998.

Saron, Clifford (2013), *The Shamatha Project Adventure: a personal account of an ambitious meditation study and its first result.* In: Compassion – Bridging Practice and Science, Kapitel 19. München: Max Planck Gesellschaft, 2013 (auf: www.compassion-training.org/en/online/files/assets/basic-html/page345.html – Stand: 2. 3. 2018).

Scelfo, Julie (2015), *Teaching peace in elementary school.* In: The New York Times, 14. November 2015. Auf: www.nytimes.com/2015/11/15/sunday-review/teaching-peace-in-elementary-school.html?_r=2 (Stand: 8. 3. 2018).

Schank, Roger und Cleave, John (1995), *Natural learning, natural teaching: changing humanmemory.* In: Morowitz, Harold und Singer, Jerome (Hg.), *The Mind, the Brain, and Complex Adaptive Systems.* Reading, MA: Addison-Wesley, 1995. Auf: https://searchworks.stanford.edu/view/2996709 (Stand: 6. 3. 2018).

Schoeberlein-David, Deborah (2009), *Mindful Teaching and Teaching Mindfulness: A Guide for Anyone Who Teaches Anything.* Somerville, MA: Wisdom Publ., 2009.

Schonert-Reichl, Kimberly et al. (2015), *Enhancing cognitive and social-emotional development through a simple-to-administer mindfulness-based school program for elementary school children: a randomized controlled trial.* In: Developmental Psychology, 51 (1), 2015, S. 52–66 (doi: 10.1037/a0038454). Auf: www.ncbi.nlm.nih.gov/pmc/articles/PMC4323355/ (Stand: 9. 3. 2018).

Seligman, Martin (2015), *Flourish – wie Menschen aufblühen: die positive Psychologie des gelingenden Lebens.* München: Kösel Verlag, 2012. Neu aufgelegt als: ders., dt. *Wie wir aufblühen: Die fünf Säulen des persönlichen Wohlbefindens.* München: Goldmann Verlag, 2015

Senge, Peter (2017), *Die fünfte Disziplin: Kunst und Praxis der lernenden Organisation.* Stuttgart: Schäffer-Poeschel Verlag, 11. überarb. Auflage 2017.

Senge, Peter et al., *Das fieldbook zur fünften Disziplin.* Stuttgart: Schäffer-Poeschel Verlag, 2008.

Srinivasan, Meena (2014), *Teach, Breathe, Learn: Mindfulness In and Out of the Classroom.* Berkely, CA: Parallax Press, 2014.

Stone, Jon (2015), *Over focus on exams causing mental health problems and self-harm among pupils, study finds.* In: The Independent, 6. Juli 2015. Auf: www.independent.co.uk/news/uk/politics/over-focus-on-exams-causing-mental-293health-problems-and-self-harm-among-pupils-study-finds-10368815.html (Stand: 11. 3. 2018).

Teasdale, John (2000), *Prevention of relapse/recurrence in major depression by mindfulnessbased cognitive therapy.* In: Journal of Consulting and Clinical Psychology, 68 (4), 2000, S. 615–623. Auf: www.radboudcentrumvoormindfulness.nl/media/Artikelen/Teasdale2000.pdf (Stand: 8. 2. 2018) (doi: 10.1037//0022–006X.68. 4. 615).

Twenge, Jean (2000), *Age of anxiety? Birth cohort changes in anxiety and neuroticism 1952–1993.* In: Journal of Personality and Social Psychology, 79 (6), 2000, S. 1007–1021. Auf: www.apa.org/pubs/journals/releases/psp7961007.pdf (Stand: 8. 2. 2018) (doi: 10.1O37//OO22–3514.79. 6. 1007).

Vickery, Charlotte und Dorjee, Dusanna (2016), *Mindfulness training in primary schools decreases negative affect and increases meta-cognition in children.* In: Frontiers in Psychology, 12. 1. 2016. Auf: http://journal.frontiersin.org/article/10.3389/fpsyg.2015.02025/full (Stand: 6. 3. 2018).

Wake Forest Baptist Medical Center (2015), *Mindfulness meditation trumps placebo in pain reduction.* In: ScienceDaily, 10. 11. 2015 (auf: www.sciencedaily.com/releases/2015/11/151110171600.htm (Stand: 29. 1. 2018).)

Watts, Trent (2014), *George Mason's „Well-Being University"* (extended cut). Auf: https://vimeo.com/114250339 (Stand: 11. 3. 18).

Weare, Katherine (2013), *Developing mindfulness with children and young people: a review of the evidence and policy context.* In: Journal of Children's Services, 8 (2), 2013, S. 141–153. Auf: https://mindfulnessinschools.org/wp-content/uploads/2013/03/children-and-mindfulness-journal-of-childrens-services-weare.pdf (Stand: 6. 3. 2018).

Weare, Katherine (2014), *Evidence for mindfulness: impacts on the wellbeing and performance of school staff.* Mindfulness in Schools Project, University of Exeter, 2014. Auf: https://mindfulnessinschools.org/wp-content/uploads/2014/10/Evidence-for-Mindfulness-Impact-on-school-staff.pdf (Stand: 15. 2. 2018).

Weaver, L. und Wilding, M. (2013), *The Five Dimensions of Engaged Teaching: A Practical Guide for Educators.* Bloomington, IN: Solution Tree Press, 2013.

Willard, Christopher (2016), *Aufwachsen in Achtsamkeit. Einfache Übungen, um Kindern, Heranwachsenden und Familien dabei zu helfen, Gelassenheit, Ruhe und mehr Resilienz zu entwickeln.* Freiburg: Arbor Verlag, 2016 (orig. ders., *Growing Up Mindful – Essential practices to help children, teens, and families find balance, calm and resilience.* Boulder, CO: Sounds True, 2016).

Williams, Mark (2010), *Mindfulness and psychological process.* In: Emotion, 10 (1), 2010, S. 1–7 (auf: www.contemplativemind.org/enewsletter/2011_Spring/Mindfulness_and_Psychology-Mark_Williams.pdf (Stand: 26. 1. 2018).)

Williams, Mark und Penman, Danny (2011), *Meditation im Alltag: Gelassenheit finden in einer hektischen Welt.* München: Arkana, 2011. Neu hg. als: Dies., *Das Achtsamkeitstraining: 20 Minuten täglich, die Ihr Leben verändern.* München: Goldmann, 2015 (orig. dies., *Mindfulness: A practical guide to finding peace in a frantic world.* London: Piatkus, 2011. Ebenso als dies., *Mindfulness: an eight-week plan for finding peace in a frantic world.* Emmaus, PA: Rodale Books, 2012).

Williams, Mark, Teasdale, John, Segal, Zindel und Kabat-Zinn, Jon (2013), *Der achtsame Weg durch die Depression.* Freiburg: Arbor Verlag, 2009, 4. Aufl. 2013 (orig. dies., *The Mindful Way Through Depression: Freeing Yourself from Chronic Unhappiness.* New York: Guilford Press, 2007).

Williams, Mark et al. (2012), *Pre-adult onset and patterns of suicidality in patients with a history of recurrent depression.* In: Journal of Affective Disorders, 138 (1–2), 2012, S. 173–179. Auf: www.bangor.ac.uk/mindfulness/documents/earlyonsetdepression.pdf (Stand: 11. 3. 2018).

Williams, Mark und Penmam, Danny (2011), *Meditation im Alltag: Gelassenheit finden in einer hektischen Welt.* München: Arkana, 2011. Neu hg. als: Dies., Das Achtsamkeitstraining: 20 Minuten täglich, die Ihr Leben verändern. München: Goldmann, 2015 (orig. dies., *Mindfulness: A practical guide to finding peace in a* frantic world. London: Piatkus, 2011. Ebenso als dies., *Mindfulness: an eight-week plan for finding peace in a frantic world.* Emmaus, PA: Rodale Books, 2012).

Williams, Mark, Teasdale, John, Segal, Zindel und Kabat-Zinn, Jon (2013), *Der achtsame Weg durch die Depression.* Freiburg: Arbor Verlag, 2009, 4. Aufl. 2013 (orig. dies., *The Mindful Way Through Depression: Freeing Yourself from Chronic Unhappiness.* New York: Guilford Press, 2007).

World Health Organization (WHO) (2012), *Depression: A Global Crisis – World Mental Health Day, October, 10th 2012.* Auf: www.who.int/mental_health/management/depression/wfmh_paper_depression_wmhd_2012.pdf (Stand: 6. 12. 2016).

World Health Organization (WHO) (2016), *Adolescents: health risks and solutions. Fact Sheet 345.* Auf: www.who.int/mediacentre/factsheets/fs345/en/ (Stand: 6. 12. 2016).

Yerkes, Robert und Dodson, J. (1908), *The relation of strength of stimulus to rapidity of habit-formation.* In: Journal of Comparative Neurology and Psychology, 18, 1908, S. 459–482.

Zeidan, Fadel et al. (2015), *Mindfulness meditation-based pain relief employs different neural mechanisms than placebo and sham mindfulness meditation-induced analgesia.* In: Journal of Neuroscience, 35 (46), 2015, S. 15307–15325 (auf: www.ncbi.nlm.nih.gov/pubmed/26586819 (Stand: 29. 1. 2018).)

Über den Autor

Kevin Hawkins hat über 30 Jahre lang in Großbritannien, anderen Ländern Europas und in Afrika als Lehrer, Schulleiter und Sozialarbeiter in unterschiedlichen Zusammenhängen mit Kindern und Jugendlichen gearbeitet. In London war er als Berater für Drogenkonsumenten und in der Wiedereingliederung junger Obdachloser tätig. An öffentlichen Schulen und internationalen Bildungsstätten unterrichtete er sämtliche Altersstufen und legte einen Schwerpunkt auf die Entwicklung des gesamten Kindes, indem er ein Gleichgewicht zwischen den akademischen, den sozialen und den emotionalen Aspekten des Lernens herstellte. Er war Direktor des Arusha Campus der International School Moshi in Tansania und zehn Jahre lang Mittelstufenleiter an der International School of Prague in der Tschechischen Republik.

Kevin Hawkins begann 2008, Schüler, Lehrer und Eltern in achtsamem Gewahrsein zu unterrichten. 2012 war er Mitbegründer der Organisation MindWell (*www.mindwell-education.com*), die Bildungsgemeinschaften bei der Förderung von Wohlbefinden durch Achtsamkeit und sozial-emotionales Lernen unterstützt. Er arbeitet selbstständig als Redner, Berater und Lehrerfortbilder. Kevin Hawkins hat drei erwachsene Kinder und lebt mit seiner Frau und Arbeitspartnerin Amy Burke in Prag.

Weblink zu MindWell

Besuchen Sie die Seite *http://www.mindwell-education.com*
Kevin Hawkins ist Mitbegründer der Organisation MindWell Education, die ein umfassendes Netz bewährter Praktiken und evidenzbasierter Ansätze für soziales und emotionales Lernen und für Achtsamkeit bietet.

Die Website von MindWell enthält auch eine spezielle Seite über das vorliegende Buch, auf der Sie Verknüpfungen zu sämtlichen in diesem Werk enthaltenen Links finden.

Weitere Literatur aus dem Arbor Verlag

Daniel Rechtschaffen

Die achtsame Schule

Leicht anwendbare Anleitungen für die Vermittlung von Achtsamkeit

Dieses Praxisbuch bietet ein Schritt-für-Schritt-Programm aus Achtsamkeitsübungen: unmittelbar anwendbar für den Unterricht und Ihre persönliche und berufliche Weiterentwicklung. Damit halten Sie die ideale Ergänzung zu Daniel Rechtschaffens grundlegendem Werk Die achtsame Schule in den Händen – jede Seite alltagstauglich und lebenspraktisch.

Einfache Übungen – speziell entwickelt für Lehrende jeder Klassenstufe – ermöglichen Ihnen, Ihren Schülerinnen und Schülern Achtsamkeit spielerisch nahezubringen und Stärken wie Aufmerksamkeit, Mitgefühl und Wohlbefinden zu fördern.

Voller effektiver und einfacher Tipps, Arbeitsblätter und geführter Übungen stattet *Die achtsame Schule – Praxisbuch* Sie mit allem Werkzeug aus, Achtsamkeit erfolgreich in den Schulalltag zu integrieren: vom Autor in langjähriger eigener Schulpraxis entwickelt und erprobt.

Ein Hort von Ideen!

ISBN 978-3-86781-184-2

Mark Coleman

Schließe Frieden mit Dir selbst

Wie wir uns mit Achtsamkeit und Mitgefühl vom inneren Kritiker befreien können

Mit *Schließe Frieden mit Dir selbst* ist dem erfahrenen Meditationslehrer und Therapeuten Mark Coleman ein wunderbar originelles Buch gelungen – ein warmherziger Leitfaden voller Weisheit und Mitgefühl, der uns zeigt, wie wir dem inneren Kritiker mit Achtsamkeit und gesundem Menschenverstand die Schwere nehmen können.

Der Autor schöpft aus alten Weisheitstraditionen, zeitgenössischen Errungenschaften der Psychologie und vielen anderen Quellen: Sie bieten konstruktive Einsichten in das, was den Kritiker entstehen lässt, antreibt und entwaffnet. Coleman webt aus diesen Strängen einen pragmatischen Ansatz, den er anhand vieler Beispiele veranschaulicht und mit praktischen Übungen zum Aufbau von Einsichten und Kompetenz fundiert. Sein klarer Stil und seine mitfühlende Weisheit machen das Buch zu einem wertvollen Begleiter auf unserer Reise zur Freiheit.

„Die Transformation vom inneren Kritiker zum besten Freund ist der Schlüssel zu einem erfüllteren Leben. Schließe Frieden mit Dir selbst ist der ideale Ratgeber, um genau dorthin zu gelangen. Ein ausgezeichnetes Werk!“

James Baraz, Koautor von *Awakening Joy*

„Eine seltene Kombination aus praktischer Hilfestellung, emotionaler Bestärkung, spannender persönlicher Geschichte, wissenschaftlichen Grundlagen und spirituellen Einsichten. Ein schönes, beseeltes und enorm nützliches Buch.“

Rick Hanson, Autor von *Das Gehirn eines Buddha*

ISBN 978-3-86781-199-6

Christopher Willard & Amy Saltzman (Hg.)

Achtsamkeit für Kinder und Jugendliche

Mit einem Vorwort von Susan Kaiser Greenland

Dieser Band versammelt namhafte Autoren und Autorinnen, die aus ihrer langjährigen Erfahrung mit einer Vielzahl von Achtsamkeitsprogrammen für Kinder und Jugendliche berichten, auch für Kinder mit besonderen Bedürfnissen, wie etwa ADHS.

Prall gefüllt mit Tipps und Anleitungen aus den verschiedensten Richtungen, in die sich heute die Lehre von Achtsamkeit aufgefächert hat, bietet diese Sammlung Lehrern und Kursleitern einen praktischen Überblick über Möglichkeiten, Anforderungen und Grenzen von Achtsamkeitstechniken für Kinder und Jugendliche. Der Sammelband bietet Anleitenden eine Fülle von Anleitungen, wie sie ihre Schüler an passende Übungen heranführen – praxisnah und anregend und direkt im Klassenzimmer oder in der Kleingruppe. Auch die Wichtigkeit der eigenen authentischen Achtsamkeitspraxis der Lehrenden wird detailliert aufgezeigt.

Abschließend beschäftigen sich Beiträge mit der notwendigen kritischen Einordnung und wissenschaftlichen Bewertung der aktuell angewandten Ansätze rund um Achtsamkeit und Meditation. Die Autoren erläutern den momentanen Stand der evaluativen und klinischen Forschung und erklären, was wir aktuell darüber wissen, welche Methoden und Programme sich für welche Zielgruppen eignen.

ISBN 978-3-86781-169-9

Online

Umfangreiche Informationen zu unseren Themen, ausführliche Leseproben aller unserer Bücher, einen versandkostenfreien Bestellservice und unseren kostenlosen Newsletter. All das und mehr finden Sie auf unserer Website.

www.arbor-verlag.de

Mehr von Kevin Hawkins

www.arbor-verlag.de/kevin-hawkins

Seminare

Die gemeinnützige *Arbor-Seminare gGmbH* organisiert regelmäßig Seminare und Weiterbildungen mit führenden Vertretern achtsamkeitsbasierter Verfahren.
Nähere Informationen finden Sie unter:

www.arbor-seminare.de